福建与近现代中德关系

刘悦 杨耘硕 主编

厦门大学出版社 国家一级出版社
XIAMEN UNIVERSITY PRESS 全国百佳图书出版单位

图书在版编目（CIP）数据

福建与近现代中德关系 / 刘悦，杨耘硕主编. -- 厦
门：厦门大学出版社，2022.12
ISBN 978-7-5615-8689-1

Ⅰ．①福… Ⅱ．①刘… ②杨… Ⅲ．①中德关系-文
化交流-研究-福建-近代 Ⅳ．①G125②G151.65

中国版本图书馆CIP数据核字(2022)第141381号

出 版 人	郑文礼
责任编辑	王扬帆
美术编辑	李夏凌
技术编辑	许克华

出版发行　厦门大孝出版社

社　　　址	厦门市软件园二期望海路 39 号
邮政编码	361008
总　　　机	0592-2181111　0592-2181406(传真)
营销中心	0592-2184458　0592-2181365
网　　　址	http://www.xmupress.com
邮　　　箱	xmup@xmupress.com
印　　　刷	厦门市明亮彩印有限公司

开本	720 mm×1 020 mm　1/16
印张	18.5
字数	335 千字
版次	2022 年 12 月第 1 版
印次	2022 年 12 月第 1 次印刷
定价	80.00 元

本书如有印装质量问题请直接寄承印厂调换

厦门大学出版社
微信二维码

厦门大学出版社
微博二维码

前　言

　　福建地处东南沿海，自古以来就是中西文化交会互通的重镇。闽地作为宋元以来中国海上贸易的重要门户和枢纽，拥有海上丝绸之路起点泉州、福州、厦门等重要通商口岸，上千年来形成了厚重的中西交通实物和史料积淀，在中外交流史上有着举足轻重的作用以及深远的研究意义。"茶"及茶文化通过福建从海上走向世界，成为全球文化现象。闽南语"茶"的发音成为现代西方主要语言中"茶"一词发音的来源，就是这一文化现象影响力的明证。

　　德意志地区在历史上长时期邦国林立，直至1871年德意志帝国建立，才实现了德意志地区的统一。本书以1871年为界，在此之前统称德意志地区或德意志各邦，之后统称德国。德国作为后来居上的西方重要工业国家、现代大学诞生地、马克思主义的发源地，在中国近现代史上多次改革图强运动中占有一席之地。从19世纪末到20世纪上半叶，中德在政治、经济、军事、文化、教育等领域的交流进入繁荣阶段，经过大批留德学人、中德交流推动者和文化传播者的耕耘，其硕果及影响力一直延续至今。

　　在这一历史阶段，福建在中德关系史中发挥了不可或缺的作用。清末洋务运动兴起后，在以福州船政学堂拉开序幕的中国军事现代化进程中，无论是中国军队的建设、军事人才的培养，还是德制海防武器在中国近现代海防史上所起的作用等方面，福建在中德交往中均扮演了无可代替，甚至是举足轻重的角色。在文化交流领域，福建在近现代涌现了以严复为代表的一大批闽籍思想家、翻译家，在"西学东渐"的过程中发出了振聋发聩的声音。同时，在"东学西渐"的过程中，闽籍思想家、文学家的作品也在德国广为传播。除了为国家输送了大批具有留学背景的优秀人才,福建还诞生了作为中国教育现代化重要阵地之一的厦门大学。

1921 年,爱国华侨陈嘉庚先生创办厦门大学。作为中国第一所由华侨创办的大学,厦门大学也许是中国高校中对于"家国情怀"理解最为深刻的大学。东西文化的激荡,对不同文化、习俗、信仰、观念的包容,赋予了厦门和厦门大学独有的开放气质。2021 年,习近平总书记在致厦门大学建校 100 周年的贺信中,对厦门大学"爱国、革命、自强、科学"的优良校风,及其为国家富强、人民幸福和中华文化海外传播作出的积极贡献给予了充分肯定。

秉承"研究高深学术,养成专门人才,阐扬世界文化"的办学宗旨,厦门大学始创时即设有德语学门,现代语言学家周辨明、德国学者艾锷风等均在德语学门的发展中留下了足迹。厦大德语专业有幸分享厦门大学百年传承的荣光,始终牢记初心,立足本土,秉持院训,以培养兼具家国情怀和全球视野的人才为己任,矢志不渝做扎根在福建大地上的研究。

本书作为国内首项聚焦福建与近现代中德关系及文化交流的研究,旨在基于"以我为主,融通中外"的研究立场,发挥厦门大学地域优势及其德语学科的交叉研究力量,立足本土,强调本体,坚持基于一手史料与文献梳理近现代中德人文交往的源流和发展,聚焦福建在中德政治经济文化社会领域交流中的角色和作用,致力于叙述中外人文交流故事,激活跨文化共同记忆,建构文化研究的本土视角。由此,本书不仅在追溯中德近现代关系及其文化交流史,也在追溯福建的近现代社会文化变迁史、中西跨文化交流史、中国近现代留学史和八闽文化海外传播史。

2022 年适逢中华人民共和国和德意志联邦共和国正式建交 50 周年。2023 年,建系于 1923 年的厦大外文学科也迎来了百年华诞。本书作为献礼中德建交 50 周年以及厦门大学外文学科成立百年的成果,为促进中德人文交流进行了用心探索,不足之处恳请各方有识之士批评指正。

今天的中德关系是两国社会、经济、文化等领域长期互动和交织的产物。交织是当今世界格局形成的历史,也是现状,更是可预见的未来。共同的未来源于共同的愿景,共同的愿景又源于共同的记忆。基于交织,追溯文化之间的交流和融通,形成共同关切,构筑共同愿景,采取共同行动,是我们为构建人类命运共同体贡献力量的责无旁贷的担当。

　　无论时代如何风云变幻，文明交流互鉴始终是人类社会携手前进的主旋律。明史可以通今，溯往在于开来。谨以本书献给历久常新、方兴未艾的中德人文交流。

编者

于厦门大学外文学院

2022 年 10 月 1 日

目　录

第一章　近现代福建与德意志各邦的经贸往来 / 001 /

　第一节　近现代福建与中德经济往来概况 / 002 /

　第二节　近现代福建与德国经贸往来特点 / 017 /

　第三节　总　结 / 019 /

第二章　福建与近现代中德军事往来 / 020 /

　第一节　从传教士探路到东亚远征队的成立 / 021 /

　第二节　德军的三十年军港梦 / 024 /

　第三节　晚清福建海防与德国克虏伯火炮 / 031 /

　第四节　总　结 / 044 /

第三章　近现代德国驻闽领事馆及对闽政策 / 049 /

　第一节　近现代德国对华政策布局 / 050 /

　第二节　德意志各邦对福建的利益衡量 / 054 /

　第三节　德国驻闽领事馆 / 056 /

　第四节　总　结 / 069 /

第四章　近现代在闽德商 / 070 /

　第一节　近现代在闽德商概况 / 070 /

　第二节　近现代在闽知名德商 / 073 /

　第三节　总　结 / 090 /

第五章　福州船政学堂及赴德军事留学生 / 091 /

　第一节　福州船政学堂的历史 / 091 /

　第二节　福州船政学堂的现代化特点 / 097 /

第三节　船政留学生派遣及赴德留学生　／ 100 ／

第四节　知名船政留德学生　／ 110 ／

第五节　总　结　／ 112 ／

第六章　近现代闽籍留德学人　／ 113 ／

第一节　清代闽籍留德学人　／ 113 ／

第二节　北洋政府时期(1912—1927)的留德学生　／ 118 ／

第三节　南京国民政府时期(1927—1948)的留德学生　／ 128 ／

第四节　闽籍留德学人群像　／ 132 ／

第七章　近现代中德交往中的闽籍名人　／ 140 ／

第一节　近现代群英荟萃的福建　／ 140 ／

第二节　细数风流人物　／ 146 ／

第八章　近现代旅华德国人与福建的交集　／ 163 ／

第一节　近代及以前的中德思想文化交集　／ 163 ／

第二节　近现代旅华德国人与福建　／ 166 ／

第三节　总　结　／ 189 ／

第九章　近现代德意志形象的在闽书写与传播　／ 191 ／

第一节　早期福建人眼中的德意志形象(18—19 世纪)　／ 191 ／

第二节　近现代闽籍文人眼中的德意志形象　／ 196 ／

第三节　福建地区民国刊物中的德意志　／ 203 ／

第四节　《申报》中的德意志形象　／ 208 ／

第五节　总　结　／ 211 ／

第十章　厦门大学与近现代中德交流　／ 213 ／

第一节　厦门大学的建立与早期德文课程　／ 213 ／

第二节　德国高校评议会制度对厦门大学组织结构的影响　／ 214 ／

第三节　厦门大学与中德人员交流　／ 220 ／

第四节　总　结　／ 235 ／

第十一章　德意志地区的福建印记　／ 236 ／

第一节　福建与茶叶贸易　／ 236 ／

第二节　福建的港口及航海文化　／ 242 ／

第三节　闽籍作家著作的传播与接受　／ 247 ／

第四节　总　结　／ 264 ／

第十二章　福建的德国印记　　　　　　　　　　　　　　/ 265 /

第一节　德国驻福建领事馆　　　　　　　　　　　　　　/ 265 /

第二节　博闻书院　　　　　　　　　　　　　　　　　　/ 271 /

第三节　军事设施　　　　　　　　　　　　　　　　　　/ 273 /

第四节　电信设施　　　　　　　　　　　　　　　　　　/ 276 /

第五节　邮　局　　　　　　　　　　　　　　　　　　　/ 277 /

第六节　宗教机构及附属设施　　　　　　　　　　　　　/ 279 /

第七节　上李水库　　　　　　　　　　　　　　　　　　/ 280 /

第八节　鼓浪屿上的德国琴声　　　　　　　　　　　　　/ 282 /

第一章　近现代福建与德意志各邦的经贸往来①

　　福建位于中国东南沿海地区,优良港口众多,海上交通便利,自古以来就在我国海上贸易和对外交往中占有重要地位。据《后汉书·郑弘传》载:"建初八年,旧交趾七郡贡献转运,皆从东冶泛海而至,风波艰阻,沉溺相系"②,当时交趾七郡(越南、柬埔寨等中南半岛地区)到中国的贡物由海路在福州登陆,再由陆路转运到洛阳。③ 由此可见,福建的对外海上交通最晚始于东汉时期。自此之后,阿拉伯人、波斯人、东南亚人等许多外国商人都曾在福建留下足迹。许多闽商也前往海外发展贸易,同世界各地的人民开展经济交往。

　　中德之间的经贸往来亦有着较为久远的历史。据记载,16、17 世纪,德意志邦国的海外商社就在中国留下过零星的商业足迹,德商韦尔瑟④-福格尔⑤商社曾通过驻亚洲代表费迪南德·柯隆(Ferdinand Kron)在澳门进行贸易活动。不过,这一时期的德商都"同德国没有关系或仅保持极不重要的关系"⑥,对华贸易也未能得到长足发展。因此,中德之间最早的实质性贸易活动实际上发生在 18 世纪。18 世纪 50 年代,普鲁士国王弗里德里希二世(Friedrich

---

① 本章作者:史玉聪(厦门大学)。

② 范晔:《后汉书》,浙江古籍出版社,2000 年,第 324 页。

③ 参见福建省地方志编纂委员会编:《福建省志·外事志》,方志出版社,2004 年,第 44 页。

④ 韦尔瑟(Welser)家族(又译维尔泽家族、韦尔沙尔家族)是 15、16 世纪德意志地区著名的工商业和高利贷家族。

⑤ 福格尔(Fugger)家族(又译福格家族、佛该尔家族)是 15、16 世纪德意志地区著名的工商业和银行业家族。

⑥ (德)H.施丢克尔:《十九世纪的德国与中国》,乔松译,生活·读书·新知三联书店,1963 年,第 37 页。

Ⅱ,1712—1786)特准设立"普鲁士王家艾姆敦对华亚洲贸易公司",这应是已知最早从德意志邦国派船到中国的公司。1752 至 1757 年,该公司的船只在广州停泊了十几次,并将茶叶、生丝、丝织品、瓷器等装载回国进行拍卖。[①] 这表明,18 世纪中期,中德之间已有海上的贸易往来。

　　近代以后,中国逐步沦为半殖民地半封建社会。福州和厦门作为中国近代第一批开放的通商口岸,在中国对外贸易中有着重要地位。由于福建的地理位置优越,鸦片战争后,德商竞相赴闽进行沿海贸易。但在 1840 至 1860 年间,德商在福建的经济活动规模相对较小,重要性也尚有限。直至 1861 年清政府与德意志各邦代表签订《通商条约》后,双方的贸易才转为官方渠道,贸易规模和范围有所扩大,德意志各邦与福建的经济关系此后发展迅速。1914 至1918 年的第一次世界大战期间,福建与德国的经济交流经历了短暂的停滞,而后在 20 世纪二三十年代逐渐恢复了商贸往来。1941 年,中华民国国民政府宣告与纳粹德国断绝外交关系,福建与德国的经济交往也随即陷入低谷。近现代福建与德国的经济往来便是在这样的中国与西方政治、经济、文化互动的大背景下展开的,并伴随着世界局势和两国关系的发展不断发生变化。

第一节　近现代福建与中德经济往来概况

一、1840—1860 年

　　第一次鸦片战争后,西方列强相继进入福建,竞相争夺经济利益。1842年 8 月,中英签订《南京条约》,该条约第二款称:"自今以后,大皇帝恩准英国人民带同所属家眷,寄居大清沿海之广州、福州、厦门、宁波、上海等五处港口,贸易通商无碍。"[②]自此,福州和厦门被开辟为通商口岸。继英国之后,法国、荷兰、美国、西班牙等帝国主义国家也先后到达福建,并以福州和厦门两个港口城市为中心,向福建内地扩张其经济势力和影响范围。

　　德国当代汉学家伯恩德·埃伯斯坦(Bernd Eberstein)搜集的两幅图片(图 1-1,图 1-2)分别记录了 19 世纪的福州港和厦门港风貌。

---

① （德）H.施丢克尔:《十九世纪的德国与中国》,乔松译,生活·读书·新知三联书店,1963 年,第 37-38 页。

② 王铁崖:《中外旧约章汇编·第一册》,生活·读书·新知三联书店,1957 年,第 31 页。

图 1-1　19 世纪 90 年代的福州港

图片来源：Bernd Eberstein, *Hamburg-China：Geschichte einer Partnerschaft*，Hamburg：Christians，1988，97.

图 1-2　19 世纪的厦门港

图片来源：Bernd Eberstein, *Hamburg-China：Geschichte einer Partnerschaft*，Hamburg：Christians，1988，104.

英国在鸦片战争中的胜利以及中国这一巨大的商品市场迅速引发了德商的关注。"这场'可喜的运动'①不久席卷了欧洲整个商界。即使是总落于他国之后的德意志人——部分出于自身原因,部分由于环境所迫——现在也想及早在新开放的贸易天堂中分得一杯羹。"②正是在这种利益追求的驱动下,汉堡商人派了三条船前往中国,并且还准备继续派遣。科隆商会要求普鲁士财政部在中国采取措施,以保证普鲁士在对华贸易上分一杯羹,并建造和派遣一艘海外贸易船只。③ 然而,由于英国拥有先发优势,以及英、法以强大武力为后盾,在 1842 年以后的二十年中,德意志各邦只发展了微不足道的对华贸易,用德国学者施丢克尔的话来形容,那就是,"德意志的商人和厂主只能拾些英国商人的桌上落下来的面包屑"④。

(一)沿海贸易

近代伊始,德意志各邦的商船虽然到达过福建,但贸易规模不大,缺乏完整的数据记录。我们通过有限的文字记载,可以粗略看到这一时期福建与德意志各邦之间的贸易规模。

19 世纪 50 年代,欧美船只在中国沿海和近海运输中竞争激烈,到达厦门、福州的船只大部分属于德意志各邦和北欧国家,据《福建航运史》记载,1857 年,德商禅臣洋行也有轮船在香港、汕头和厦门之间载运客货。⑤ 但是,对于当时具体的贸易数额和商品种类尚无确切记载。根据埃伯斯坦整理的数据,我们可以进一步得知德意志各邦在当时中国对外贸易中所占地位:1858 年 8 月和 9 月,中国的五个开放港口共有 1 440 艘外国船只抵靠;其中 696 艘来自英国,236 艘来自美国,180 艘来自德意志地区,117 艘来自荷兰。⑥ 从船只数量上看,德意志各邦在与中国进行贸易的国家地区中排名第三,其中汉堡

---

① 指对华贸易,笔者注。

② Bernd Eberstein, *Hamburg-China: Geschichte einer Partnerschaft*, Hamburg: Christians, 1988, 31. 译文来自本章作者。

③ (德)H. 施丢克尔:《十九世纪的德国与中国》,乔松译,生活·读书·新知三联书店, 1963 年,第 46 页。

④ (德)H. 施丢克尔:《十九世纪的德国与中国》,乔松译,生活·读书·新知三联书店, 1963 年,第 46 页。

⑤ 林开明:《福建航运史(古近代部分)》,人民交通出版社,1994 年,第 248-259 页。

⑥ Bernd Eberstein, *Hamburg-China: Geschichte einer Partnerschaft*, Hamburg: Christians, 1988, 33.

(Hamburg)在中德贸易中占有重要地位。德国国家档案馆保存有1856至1860年福州、厦门与汉堡之间的船只往来数据(表1-1)。

表1-1 19世纪50—60年代到达福州和厦门的汉堡船只数量

到达福州的汉堡船只		到达厦门的汉堡船只	
年份	数量	年份	数量
1856	12	1859	23
1857	8	1860	49
1858	11		

数据来源:Bernd Eberstein, *Hamburg-China:Geschichte einer Partnerschaft*,Hamburg:Christians,1988,390-391.

这一阶段,西方各国向福建输入的商品主要为棉毛纺织品、农产品、金属原料及制品、鸦片等;福建输出西方的商品则以茶、糖、纸、药材等为主。[1] 其中,茶叶在福建的出口贸易中占据着最为重要的地位。鸦片战争以后,广州茶商曾一度控制着福建的茶叶贸易,武夷茶多被运往广州出口。直到1853年,太平天国运动使得广州陷入战乱,茶叶无法运销广州,福州才因此成为当时欧、美商人在华进行茶叶贸易的重要港口。[2] 据记载,1856年,福州港的红茶和绿茶出口总额约3 600万磅,排在上海之后居全国第二位;其中有9艘汉堡和1艘不来梅[3]的商船参与输出,载货总重达417.73万磅。[4]

值得注意的是,相比于其他西方国家,德商的商船更受中国各港口城市的欢迎,这一情况严重损害了英国商人的利益,一度令后者大为恼火。[5] 当时任汉堡驻上海领事的威廉·霍格(William Hogg)认为,"德商船船长之所以受到中国人的青睐,是因为他们非常诚实,可能也是因为他们背后没有条约国的特权,所以中国当局觉得和他们来往比较容易"[6]。中国近代思想家王韬也曾写道:"列国中以英人最工心计,商贾之踪几遍天下,而其高视阔步,轻蔑肆傲,每不足以服众。日耳曼人出而一反其所为,渐能与华商浃洽,贸易所至,未尝

---

① 林庆元:《福建近代经济史》,福建教育出版社,2001年,第222-224页。

② 林庆元:《福建近代经济史》,福建教育出版社,2001年,第198-199页。

③ 汉堡与不来梅均为德意志北部重要港口城市,同属"汉萨同盟"。

④ 余文堂:《中德早期贸易关系》,稻禾出版社,1995年,第122页。

⑤ 董伯先:《中德关系史研究》,山东大学出版社,2014年,第138页。

⑥ Bernd Eberstein, *Hamburg-China:Geschichte einer Partnerschaft*,Hamburg:Christians,1988,34.译文来自本章作者。

不夺英人之利薮。"[①]这些记述说明,在这一时期,时人眼中的德商相对更多地并非以侵略者的姿态出现在中国,中德之间的贸易关系相较中国与其他资本主义国家而言更为平等。

(二)在闽德商

1842 年之后,西方资本主义列强不仅控制了福州、厦门海关,夺取沿海港务权,还在福州、厦门纷纷设立洋行,从而操纵福建进出口贸易的经营权。19世纪 50 年代,德资的宝记洋行和新利记洋行先后在厦门设立。[②] 宝记洋行(Pasedag & Co.)设立于 1859 年,创始人为德国人巴仕楠(Charles Julius Pasedag)。巴仕楠被汉堡政府任命为驻厦门领事,同时也代理普鲁士、汉诺威、欧登堡在厦门港的商务。[③] 继厦门之后,福州作为重要的茶叶港口也引起了德商的注意,1860 年德商格奥尔戈·提奥多·希姆森(Georg Theodor Siemssen)在福州设立了禅臣洋行(Siemssen & Co.)分行。[④] 这家洋行主要在福州经营茶叶贸易。[⑤] 本书第四章对于在闽德商有更进一步的叙述。

总体来说,这一时期德意志各邦在福建的商业活动主要是沿海贸易,但是这种贸易状况不稳定且规模较小。在最初的几十年内,中德之间的货物交易主要以辗转经手为特征,汉堡的进口商在伦敦购入中国货,而英国的商人则经过伦敦向中国输出德意志地区的毛料,德意志各邦的厂家常常将这些货物最后销往中国,而中国的买主则往往把这些货物当做英国货。同时,德意志各邦在福建所设立的洋行多为私人性质。1860 至 1861 年到达中国的普鲁士考察团发现,德商最初往往在英国商行中任职,并在积累几年经验后创立商行,优先推销英国、美国和其他国家的工业品。[⑥] 由此可见,这一时期的中德经济往来具有间接性和依赖英国的特点。

---

① 海青:《中国近代思想家文库·王韬卷》,中国人民大学出版社,2013 年,第 224-226 页。

② 林仁川:《福建对外贸易与海关史》,鹭江出版社,1991 年,第 196-197 页。

③ 余文堂:《中德早期贸易关系》,稻禾出版社,1995 年,第 125 页。

④ Bernd Eberstein, *Hamburg-China: Geschichte einer Partnerschaft*, Hamburg: Christians,1988,39.

⑤ Ernst-Dietrich Eckhardt, *Studienwerk Deutsches Leben in Ostasien e. V*,2008,15.

⑥ (德)H.施丢克尔:《十九世纪的德国与中国》,乔松译,生活·读书·新知三联书店,1963 年,第 48-49 页。

二、1861—1913 年

1861 年 9 月 2 日,普鲁士及德意志其他各邦的代表与清政府在天津签订《中德通商条约》,由此正式跻身在中国拥有特权的国家行列。该条约第六款规定:"广州、潮州、厦门、福州、宁波、上海、芝罘、天津、牛庄、镇江、九江、汉口、琼州、台湾、淡水等口,大布国暨德意志通商税务公会和约各国民人家眷等,皆准居住、来往、贸易、工作、平安无碍。船货随时往来,常川不辍;至于赁房、买屋、租地、造堂、医院、填茔等事,皆听其便。"①依据条款,福州、厦门被迫向德开放市场,清政府予以德、英、法等帝国主义国家在华同等特权,这无疑让德意志各邦在福建的经济活动获得了有利条件。

条约签订后,福建与德意志各邦之间的经济交流发生了重要转折,由过去零星、民间的贸易逐渐转为清政府起主导作用的、常年有序的贸易。至第一次世界大战爆发前,中德贸易规模逐渐扩大,德方对华贸易逐步由民间转为官方,由间接贸易转为直接贸易,在华德资洋行不断增加,其在华贸易地位也不断上升。②

这一时期,中德贸易的发展与当时的世界发展形势紧密相关。一方面,1869 年,苏伊士运河开通,从欧洲到亚洲的航程缩短了 1 万公里左右,大大促进了中德之间的直接贸易。例如在 1869 至 1885 年间,德意志地区开往中国船只的总吨位由 13 628 吨增至 34 901 吨,而中国开往德意志地区船只的总吨位则从 5 160 吨增至 26 737 吨。③ 德方还开辟了定期的东亚航线以满足双方贸易的需要。19 世纪末,中德之间的直接贸易已远远超过间接贸易。④ 另一方面,德意志的统一和经济增长也为中德贸易发展奠定了基础。德意志民族国家形成较晚,其早期在华贸易也因缺乏政府支持和军舰保护而受制于其他欧美国家。1871 年,普鲁士统一德意志,建立了德意志帝国。随着经济迅速发展,德国大大加快了发展在华势力的步伐。相比其他西方资本主义国家,德国进入中国的时间要晚得多。在欧洲呈崛起之势的德意志帝国亟需以后来者

---

① 王铁崖:《中外旧约章汇编·第一册》,生活·读书·新知三联书店,1957 年,第 168 页。
② 周建明:《19 世纪中叶至 20 世纪中叶的中德贸易》,中国文史出版社,2005 年,第 11-12 页。
③ 吴景平:《从胶澳被占到科尔访华:中德关系 1861—1992》,福建人民出版社,1993 年,第 29 页。
④ 周建明:《19 世纪中叶至 20 世纪中叶的中德贸易》,中国文史出版社,2005 年,第 14 页。

身份向外扩张,弥补其对外利益扩张的劣势。同时由于德国工业生产的迅速崛起导致国内原料供应不足的矛盾更为突出,德国从自身利益出发,要求扩张国外市场的呼声愈发强烈,对于开展在华经济活动表现出极大兴趣,这在客观上也刺激了德国对外贸易的快速发展。[①]

除厦门、福州外,由于三都澳是广大茶区的天然航运中心,内河航道可以通达三个县,因此该地在 1899 年 5 月 8 日成为清政府在福建设立的第三个对外贸易港口。[②] 虽然在福建的近现代对外贸易中,三都澳的地位远不及福州和厦门两地,但仍是福建的主要对外交通口岸之一。福州、厦门和三都澳在客观上对福建的进出口贸易共同起到了重要作用。

(一) 沿海贸易

据厦门海关统计,1867 年,共有 179 艘外国商船抵达厦门港从事沿岸贸易,其中德意志商船共 52 艘,在数量上仅次于英国。[③] 1880 年,在进出厦门港的船只中,英国船只占总数的 72.07%,并占船只总吨位数的 82.15%,德国分别占 15.10% 和 8.08%,居第二位。[④] 福州口岸的情况也类似。据福州海关统计,1873 年,共有 286 艘船进入口岸,从船舶的所属国来看,英国居第一位,德国次之。[⑤] 在福建从事沿海贸易的外国船只中,德国在数量上仅次于英国,其中一个原因在于德国船只能很好地适应沿岸贸易的要求。据相关文献记载,"德国船性能更好,至少建造更细心,保养得更好。他们的船主大多温文尔雅,很受货主们的欢迎。而他们的船只雇佣欧洲海员,提供了更为可靠的安全保障"[⑥]。德国发往福建的船只在数量上具有一定优势,同时也得到了当地人的欢迎,侧面证明了这一时期德国在福建沿海贸易中的重要性。

一战爆发之前,福建与德国之间的贸易便已经初具规模。1905 年以前,中国海关尚无关于中德贸易的单独统计。[⑦] 即使在 1905 年之后,也没有官方

① 周建明:《19 世纪中叶至 20 世纪中叶的中德贸易》,中国文史出版社,2005 年,第 13 页。
② 中国人民政治协商会议福建省委员会文史资料研究委员会:《福建文史资料·第 10 辑:闽海关史料专辑》,福建人民出版社,1985 年,第 152 页。
③ 厦门市志编纂委员会:《近代厦门社会经济概况》,鹭江出版社,1990 年,第 15 页。
④ 厦门市志编纂委员会:《近代厦门社会经济概况》,鹭江出版社,1990 年,第 213 页。
⑤ 中国人民政治协商会议福建省委员会文史资料研究委员会:《福建文史资料·第 10 辑:闽海关史料专辑》,福建人民出版社,1985 年,第 88 页。
⑥ 厦门市志编纂委员会:《近代厦门社会经济概况》,鹭江出版社,1990 年,第 16 页。
⑦ 何炳贤:《中国的国际贸易》,上海书店出版社,1989 年,第 247 页。

文件显示福建与德国的直接贸易记录。但据记载,当时厦门的洋货中有很多出自德国,如,颜料、布匹、药品、水泥、烧碱、钟表、油漆、肥田粉、机器及零件等。[①] 这些商品很可能是从香港进入厦门,正如时任德国领事梅泽博士(Dr.C.Merz)所说,"中国商人几乎垄断了进口贸易,他们的货物主要来自香港,香港的贸易公司了解当地的需求和要求以及当地企业的信用度"[②]。此外,从汉堡出口到中国的货物有毛料、棉纱、缝衣针、钢铁制品、火柴和玻璃等。[③] 德国其他地区到福建的商品种类也大抵如此。这一时期,德国商品依旧是英国商品的有力竞争对手,以缝衣针为例,德国针虽然比英国针差些,但因价格低廉而颇受欢迎。据说,由于德国针是分包出售的,纸包上有图画及照片,很能迎合中国妇女的爱好。[④]

第二次鸦片战争以后,由于英法等国获得了中国的内河航运权和内地通商权,西方商人得以直接到中国内地收购农副产品,这使得厦门的直接对外贸易出口货值出现了长期持续增长的趋势。1867 年厦门的出口货值为 158 万余两,1877 年上升至 476 万余两,1894 年一度达到 663 万余两。[⑤] 福建出口到国外的产品种类也大大增多,其中茶叶仍然是福建的大宗出口货物。早在福州开埠前,武夷红茶就享誉中外,19 世纪 60 年代后,福州的茶叶贸易更是蒸蒸日上,吸引着世界各地的茶商。1881 年,德国船只"韦舍号"就曾在厦门港装载 698 吨茶叶前往纽约。[⑥] 位于福州的禅臣洋行也积极从事茶叶的输出贸易。[⑦] 然而,在 19 世纪 90 年代以后,由于受到日本、印度、锡兰茶的冲击,福建茶叶丧失大量海外市场,茶叶出口量迅速下降(图 1-3)。

(二)军火贸易

19 世纪 60 至 70 年代,国内的军火贸易开始兴起。[⑧] 随着清末洋务运动

---

① 中国人民政治协商会议福建省委员会文史资料委员会:《福建文史资料选辑·第 5 辑》,福建人民出版社,1981 年,第 150 页。

② Manuel Rigger, *German Involvement in Xiamen After the First Opium War 1842—1917*, Xiamen University, unpublished master thesis, 2015,61.译文来自本章作者。

③ Bernd Eberstein, *Hamburg-China: Geschichte einer Partnerschaft*, Hamburg:Christians,1988,183-186.译文来自本章作者。

④ 姚贤镐:《中国近代对外贸易史资料 1840—1895》,中华书局,2016 年,第 1184 页。

⑤ 林仁川:《福建对外贸易与海关史》,鹭江出版社,1991 年,第 212 页。

⑥ 厦门市志编纂委员会:《近代厦门社会经济概况》,鹭江出版社,1990 年,第 237 页。

⑦ 林仁川:《福建对外贸易与海关史》,鹭江出版社,1991 年,第 197 页。

⑧ 周建明:《19 世纪中叶至 20 世纪中叶的中德贸易》,中国文史出版社,2005 年,第 17 页。

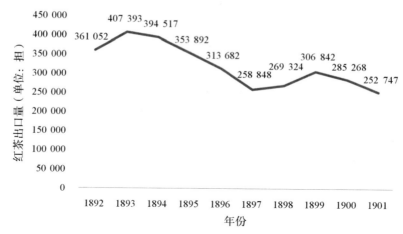

图 1-3　19 世纪末福建红茶出口情况

图片来源:《福建文史资料·第 10 辑:闽海关史料专辑》(中国人民政治协商会议福建省委员会文史资料研究委员会编,福建人民出版社,1985 年,第 109 页)。

的兴起,洋务派从德国大量进口火炮、军舰、炮台、枪支弹药等军火。[①] 1871 至 1912 年间,中国从德国总共订购了 135 门口径为 17 至 28 厘米的海岸炮。[②] 厦门市胡里山炮台至今仍保有1893 年购自德国克虏伯兵工厂的一门 280mm 克虏伯大炮,其有效射程可达 16 000 米(最远射程 19 760 米)。胡里山炮台现存档案资料中详细记载了该大炮的购买过程。1888 年 9 月,闽浙总督卞宝第上书建议在福建建造新式炮台,购买克虏伯大炮,以重点防守福州闽江口和厦门港。1891 年 9 月,两门克虏伯大炮从德国运抵闽江口,次年在福州电光山安放;1893 年底,两门克虏伯大炮运抵闽江口起顿船厂暂放,1896 年转运厦门,安置完妥。[③] 另据德国刊物 *Die Fortifikation*(《碉堡》)记载,当时共有 16 门克虏伯大炮被运往厦门的炮台,其中胡里山的两门大炮花费了 16 万盎司黄金。[④] 有关福建与中德近现代军事交往的历史将于第二章进行详述。

---

① 胡汉辉:《世界古炮王——为历史揭开尘封的记忆》,载《中华遗产》,2004 年第 1 期,第 117-118 页。

② Kurzawa Piotr, Küstenbefestigungen in Xiamen, in *Fortifikation* 28 (2014), 7-12. 译文来自本章作者。

③ 胡汉辉:《胡里山炮台与洋务运动》,厦门大学出版社,2012 年,第 60 页。

④ Kurzawa Piotr, Küstenbefestigungen in Xiamen, in *Fortifikation* 28 (2014), 7-12.

(三)吗啡贸易与苦力贸易

福州、厦门两地开埠后,渐渐成为外国鸦片向华倾销的重要集散地。据福建文史资料记载,"厦门进口的吗啡大半是德国产品。德商宝记洋行大班马天士曾多次干这种买卖"[①]。1902 至 1911 年的厦门海关十年报告记载,在这十年中,厦门海关共进口 23 722 盎司吗啡,作为鸦片的替代品。这些吗啡主要来自德国,也有部分来自日本和英国。报告还指出,通过厦门海关进口的吗啡只是小部分,大部分吗啡通过走私进入厦门。[②] 这一事实与德国学者施丢克尔声称的"德国的商人和航海家似乎未参加鸦片贸易"[③]形成了鲜明对比。

包括德国在内的西方国家在这一时期大肆从事掠卖契约华工的苦力贸易,即所谓"贩猪仔",这是西方学者无法否认的事实。"此等猪仔之贩卖,大概利用中国之奸民为代理人,即所谓猪仔头是也。猪仔头更利用小招工人,分赴内地,用种种手段,引诱无知之农民向海外工作。"[④]早在 1845 年,就有法国船只自厦门运送"苦力"出口,而后其他国家纷纷效仿,厦门一度变成了中国输出契约华工的中心。[⑤] 20 世纪初,德国宝记洋行即参与了"这种现代的奴隶贸易":1902 年,12 艘德国轮船共运送 8 234 名乘客,其中大部分为苦力;1903年,23 艘德国轮船共运送 13 960 名乘客;1904 年,16 艘德国轮船共运送 101 119名乘客。这些轮船大多数都隶属于宝记洋行。[⑥] 外国资本家们从苦力贸易中攫取了惊人的利润:一是人口贩卖利润,以古巴和秘鲁为例,1866 至 1875 年的苦力市价为 350 至 500 元,有时曾高达 1 000 元,而成本仅为 165 至 190元;[⑦]二则是运输利润,从香港到旧金山每名苦力的运费平均为 50 到 60 元,而航运成本还不到 5 元。[⑧] 被掠夺的中国苦力在出国途中和殖民地常常遭遇

---

① 中国人民政治协商会议福建省委员会文史资料委员会:《福建文史资料选辑·第 5
辑》,福建人民出版社,1981 年,第 149 页。

② 中国第二历史档案馆:《中国旧海关史料:1859—1948》,京华出版社,2001 年,第 102
页。

③ (德)H. 施丢克尔:《十九世纪的德国与中国》,乔松译,生活·读书·新知三联书店,
1963 年,第 103 页。

④ 陈翰笙:《华工出国史料》,中华书局,1981 年,第 122 页。

⑤ 陈翰笙:《华工出国史料》,中华书局,1981 年,第 121 页。

⑥ Manuel Rigger, *German Involvement in Xiamen After the First Opium War 1842—
1917*, Xiamen University, unpublished master thesis, 2015, 58.

⑦ 陈翰笙:《华工出国史料》,中华书局,1981 年,第 198 页。

⑧ 陈翰笙:《华工出国史料》,中华书局,1981 年,第 199 页。

非人待遇,死亡率极高。同时在中国劳工被运至东印度地区的过程中,也有德国轮船的身影。据《中国近代航运史资料》记载,在19世纪90年代,一家德国轮船公司曾与德里种植园主协会签订了运送中国劳工前往北苏门答腊烟叶种植园的合同,根据这一协定,该公司希望由自己来"保护中国移民的利益"。[①]

(四)德资商行

1861年《中德通商条约》签订后,福建与德意志各邦之间的经济往来逐渐增多。随着1869年苏伊士运河开通和1871年德意志国家形成,德国对福建的直接贸易有了较快增长,福建在中德贸易中的重要性逐渐增强。这一时期的在华德资公司也不断增加。1872年,在华德资洋行由1849年的4家增加到40家,到1913年第一次世界大战爆发前,德国在中国的洋行已上升至296家,数量仅次于英国和美国。[②] 截至19世纪末,厦门共有三家德资商行,分别是宝记洋行、谦记洋行、葛拉洋行;位于福州的德资商行有禅臣洋行、鸿记洋行、东亨洋行。[③] 其中,禅臣洋行是当时福建最大的德资商行。

随着福建市场被逐渐开拓,19世纪70年代,外资商行在福建创办了一系列工厂,而后掀起了德商投资当地工业的一波浪潮。1881年,德资葛拉洋行在厦门设立了一家铁锅厂。[④] 清政府素将生产铁器看作制造冷兵器的后备手段,自清初以来,一切铁器生产均由清政府严格控制。福建当地的两家富商通过缴纳巨额税款取得了专利权,垄断了铁器的生产和运销。自从葛拉洋行创办了采用西法生产的新式铁锅厂,对土法生产的富商造成了沉重的打击。[⑤] 宝记洋行则在厦门设立了制瓦厂,使用德国运来的制瓦机、印模等,获利甚厚。[⑥] 此外,福建境内有丰富的木材资源,德商从中发现了巨大的商机。1898年,禅臣洋行在福州建立锯木厂,以功率70马力以上的蒸汽机带动大排锯,将松木制成板材,装上轮船,再运销上海等地。[⑦] 1913年,福州海关留下了关于德国蛋厂的相关记录:"德国商人新创蛋厂一家,其公司名曰哥伦比亚有限公

---

① 聂宝璋:《中国近代航运史资料·第1辑》,上海人民出版社,1983年,第144-145页。
② 周建明:《19世纪中叶至20世纪中叶的中德贸易》,中国文史出版社,2005年,第20页。
③ 福建省地方志编纂委员会编:《福建省志·外事志》,方志出版社,2004年,第87-89页。
④ 苏文菁主编:《闽商发展史·总论卷·近代部分》,厦门大学出版社,2013年,第8页。
⑤ 苏文菁主编:《闽商发展史·总论卷·近代部分》,厦门大学出版社,2013年,第4页。
⑥ 中国人民政治协商会议福建省委员会文史资料委员会:《福建文史资料选辑·第5辑》,福建人民出版社,1981年,第153页。
⑦ 苏文菁主编:《闽商发展史·总论卷·近代部分》,厦门大学出版社,2013年,第5-8页。

司,该公司将生产的蛋白蛋黄运销外洋各处。"①由此可见,在闽德商多从事对八闽本地资源的简单粗加工,②除了就地利用原料外,德商还在当地雇用比本国廉价得多的劳动力,再加上使用新式生产方法和机器设备,获得了巨大的利润。

总的来说,这一时期可算是近现代德国在闽投资的繁荣时期,其间德商主要就地取材,利用本地资源开设加工厂,间接促进了福建自然资源的开发,提高了福建在中德贸易关系中的重要性。但当时福建贸易范围狭窄、经济欠发达等因素也造成了对德商投资的制约。

三、1914—1949 年

第一次世界大战期间,两国之间的贸易关系几乎完全中断。1913 年在华的德国商行尚有 296 家,到 1919 年则仅剩两家还在经营。③ 战后,作为战败国的德国丧失在华特权,德国(1918 至 1933 年为魏玛共和国时期)商界从自身利益出发,强烈要求政府与中国恢复外交关系,以求重返中国市场。1921年 5 月 20 日,《中德协约》正式签订,两国在平等互利的基础上,恢复了外交和商务关系。④ 该条约为中德的经贸关系发展创造了条件,此后一直到 1941 年中德再次断交以前,中德贸易再次进入快速发展时期,双方的贸易规模扩大,商品种类增多,易货贸易和军火贸易发展迅速,德国在中国对外贸易中的比重不断上升。进入 20 世纪 30 年代中后期,纳粹德国(1933 至 1945 年)实行所谓"远东政策",走上了"亲日弃华"的道路,中德贸易也逐步走向衰落。⑤ 1941年 7 月,纳粹德国政府宣布承认汪精卫伪政府,中德随即断交,双方的经贸关系也再次陷入低谷。这一时期,福建与德国的经济往来大为收缩。

(一)沿海贸易

根据 1917 年闽海关的年度贸易报告,第一次世界大战引起的贸易萧条对

① 福州海关编:《近代福州及闽东地区社会经济概况》,华艺出版社,1992 年,第 296 页。
② 苏文菁主编:《闽商发展史·总论卷·近代部分》,厦门大学出版社,2013 年,第 7 页。
③ (美)柯伟林:《蒋介石政府与纳粹德国》,陈谦平等译,中国青年出版社,1994 年,第 31 页。
④ 王扬:《一战后德国与中国重建外交关系政策研究》,载《湖北大学学报(哲学社会科学版)》,2007 年第 4 期,第 82-86 页。
⑤ 杨捷:《20 世纪 30 年代德国远东政策的嬗变及其对中德贸易的影响》,载《甘肃社会科学》,2014 年第 3 期,第 78-80 页。

福建的对外贸易影响很大，"溯当民国二年间，德国旗船只进口，尚有 42 000 吨，嗣因一战影响，迨本年内则已全归乌有矣"①。福建的茶叶贸易深受一战影响，"但观欧洲茶市，于十一月间，虽不至全然停顿，究已甚形寂寞。小种茶在德国销场最畅，不幸自起季，以迄终季，因该国正当被困之中，而其商船皆不敢越雷池一步。以故茶市交易，竟至顿绝云"②。通过表 1-2 和表 1-3 可以直观地看到，第一次世界大战后福建与德国的进出口贸易情况变化。

表 1-2　福建省通商口岸自德国进口贸易总值统计（单位：海关两）

年份	三都澳	福州	厦门
1927	184	1 595	2 174
1928	112	564	5 244
1929	—	405	2 210
1930	—	39 846	39 619
1931	13 973	264 133	792 539

数据来源：《中国各通商口岸对各国进出口贸易统计》（蔡谦、郑友揆，商务印书馆，1936 年）。

表 1-3　福建省通商口岸对德国出口贸易总值统计（单位：海关两）

年份	三都澳	福州	厦门
1927	—	319 538	112
1928	—	298 460	243
1929	—	398 896	7
1930	—	370 729	15
1931	—	265 449	340

数据来源：《中国各通商口岸对各国进出口贸易统计》（蔡谦、郑友揆，商务印书馆，1936 年）。

第一次世界大战结束后，福建并未立即恢复与德国的贸易往来，1927 年前，两国进出口贸易总值均为零。1927 至 1931 年，福建自德国进口贸易总值总体呈增长趋势，三个口岸自德国进口贸易总值在 1931 年均达到顶点。在这五年中，福建从德国进口的商品种类繁多，包括油子及各种油用子仁、豆类；工业、医药用之植物；干草、马料；酒类及其他饮料；化学品及医用材料；颜料；香

① 福州海关编：《近代福州及闽东地区社会经济概况》，华艺出版社，1992 年，第 311 页。
② 福州海关编：《近代福州及闽东地区社会经济概况》，华艺出版社，1992 年，第 307-308 页。

油以及香料;皮革;纸;毛织品;石制品和矿物制品;玻璃;铁、钢、铜等金属及其制品;各种锅炉机器及机器配件;光学、测量和其他科学仪器等。[①] 这些进口商品既包含生活用品,又包含工业制品;不仅有用于生产的原材料,还有从事生产加工用的机器和仪器。

从表1-3可知,福州在福建省对德出口贸易中占据了最显著地位。与进口商品相比,福建出口到德国的货物种类较少,海关记录在案的仅有动物原料及产品、其他金属及其制品。[②] 这种情况的出现可能有以下两个原因:一方面福州、厦门、泉州、漳州等中心地区的经济发展需求刺激了进口贸易;另一方面,德国是正在发展的工业国家,福建的物产供给与德国的市场需求不相适应。

总体而言,福建与德国的沿海贸易在20世纪20、30年代一度发展迅速。抗日战争爆发以后,日本对中国沿海地区的封锁完全扼杀了中国沿海的贸易活动。1938年日军封锁了闽江口,随即占领了厦门,外国商船通行受阻,港口船只遭到轰炸和袭击,福建的对外贸易完全停顿。[③] 从抗战胜利到1949年中华人民共和国成立之前,福建的对外贸易始终未能恢复。[④]

(二)易货贸易

1918年后,德国对华军火贸易再度兴起。中国进入军阀混战时期后,对武器的需求量不断增加,中方通过易货贸易的形式购买了大量的德国武器。根据留存下来的有限数据,1927年,福州口岸从德国进口了价值73海关两的军械军火。[⑤] 而同年胶州从德国进口的军火总值达到3 036 747海关两,上海进口的德国军火价值则为407 948海关两。[⑥] 这些数字说明,福建省通商口岸在中德军火贸易中的占比微不足道。

及至19世纪30年代,中德贸易进入了以易货贸易方式为主的商品贸易高潮。德国商人克兰在1935年为确立"中德合作基础"致蒋介石的报告称,第一次世界大战后,德国由于战败及《凡尔赛条约》,受到四面封锁压迫,经济濒于绝境,不堪贫弱。虽然经过一系列努力,经济机构已恢复健全状态,但德国

---

① 蔡谦、郑友揆:《中国各通商口岸对各国进出口贸易统计》,商务印书馆,1936年。
② 蔡谦、郑友揆:《中国各通商口岸对各国进出口贸易统计》,商务印书馆,1936年,第357、593页。
③ 林庆元:《福建近代经济史》,福建教育出版社,2001年,第629页。
④ 林庆元:《福建近代经济史》,福建教育出版社,2001年,第630页。
⑤ 蔡谦、郑友揆:《中国各通商口岸对各国进出口贸易统计》,商务印书馆,1936年,第330页。
⑥ 蔡谦、郑友揆:《中国各通商口岸对各国进出口贸易统计》,商务印书馆,1936年,第330页。

作为工业国家,大部分矿产原料必须由国外输入,农产品也必须依赖国外进口,因此,德国倾向于通过物品交换的途径来抵补其对国外生产品的需求,以达到改善经济现状,扩大经济建设的目的。而后希特勒上台,德国走上了重整军备的道路,为获取锡、钨等战略原料,德方进一步积极促成中德间的易货贸易。从中方的角度来看,当时的德国工业发达,技术进步,具有提供中国建设所需的机器及其他生产所需的能力。[1] 因此,在当时的条件下,易货贸易符合两国的利益。

1934年《中德易货协定》签订后,中德贸易量增大,德国在中华民国对外贸易中占比不断上升。1934年,德国在中国对外贸易中占比只有6.1%,这一比例在1937年已上升为11.5%。[2] 通过易货贸易,中国向德国出口大量花生及花生仁、蛋黄白、大豆、桐油、棉花、杏仁、芝麻、钨矿砂、纯锑、锡等,而德国通过易货渠道输往中国的货物则主要是钢铁制品、机器和零件、军用军械军火、化学药品、科学仪器、电气器具、颜料等,[3]中国从德国进口的商品多为工业制品,技术含量较高。反过来,福建作为一个多山地区,不适合大量生产德国所需物资,反而需要从国内外购入农产品,因此,这一阶段的中德易货交易中,福建的重要性较为有限。

(三)在闽德商

第一次世界大战爆发后,位于福建的德国商行所剩无几,厦门的宝记洋行虽然在战争期间得以幸存,但在战后复业后,业务停滞不前。1917年中国对德宣战后,该洋行名下所有财产被中国政府收缴,而后永久退出了中国市场。[4] 1920年后,北洋政府同意归还所有没收的德国人财产,在此背景下,福州禅臣洋行于1921年秋天恢复运营。借由过去累积的知名度和声誉,该洋行的负责人希姆森兄弟与在华贸易伙伴重新建立联系,并与德亚银行开展经济

---

[1] 参见中国第二历史档案馆:《中德外交密档:1927年—1947年》,广西师范大学出版社,1994年。

[2] 参见中国第二历史档案馆:《中德外交密档:1927年—1947年》,广西师范大学出版社,1994年,第226页。

[3] 中国第二历史档案馆:《中德外交密档:1927年—1947年》,广西师范大学出版社,1994年,第209-218页。

[4] 参见 Rigger Manuel, *German Involvement in Xiamen After the First Opium War 1842—1917*. Xiamen University, unpublished master thesis, 2015.

合作。① 禅臣洋行在此期间持续扩大贸易,虽然茶叶出口仍是其主要贸易活动,但其他产品贸易也日益加强,如将动物皮、帽墩、鸭毛、鹅毛以及猪肠等出口到欧洲和美国。由希姆森家族后代的记叙可知,20 世纪 30 年代初,中国国内经济形势恶化,给德国商人造成了相当大的损失,但易货贸易使得他们的财务状况有所改善。从 1934 年到第二次世界大战爆发前,易货交易方式为从中国向德国出口茶叶、皮革和猪肠提供了巨大便利。② 但是,第二次世界大战再次重创了德国在华贸易企业,福州的禅臣洋行也未能幸免,最终于 1945 年关停。近现代在闽德商历史及其发展的情况将在本书第四章进一步得到叙述。

第二节　近现代福建与德国经贸往来特点

一、经贸交流的中介——买办

买办在福建与德国的近现代经贸往来活动中扮演了重要的角色。厦门和福州的对外航运开通后,外国商船经常出入港口,由于语言不通,外商无法与当地人直接进行交流,通常需要借助买办促成贸易。福建早期的买办多是广东人,后来逐渐被当地的买办所取代。③ 据《福建文史资料》记载,洋行雇佣的买办通常是这几种人:"和官府衙门能打交道而精于市场买卖的人;有经济能力和商业活动本领的商人;为洋人所豢养的懂些洋务的知识分子。"④德国在福建的商业活动自然也离不开他们,如,厦门的宝记洋行就曾雇佣买办侯仔海、程受平、庄振抡、程秀珊、李朝基等人,这些买办从剥削活动中发家致富,作为商贸交易的中介人,他们从洋行获取了大笔的佣金或高额的薪金,同时他们多数还拥有自己的商行,用以代理洋行业务。⑤ 早期的买办有不少人向清朝

① Ernst-Dietrich Eckhardt, *Studienwerk Deutsches Leben in Ostasien e. V*, 2008, 17.

② Ernst-Dietrich Eckhardt, *Studienwerk Deutsches Leben in Ostasien e. V*, 2008, 17.

③ 参见中国人民政治协商会议福建省委员会文史资料委员会:《福建文史资料·第 5 辑》,福建人民出版社,1981 年。

④ 中国人民政治协商会议福建省委员会文史资料委员会:《福建文史资料·第 5 辑》,福建人民出版社,1981 年,第 160 页。

⑤ 中国人民政治协商会议福建省委员会文史资料委员会:《福建文史资料·第 5 辑》,福建人民出版社,1981 年,第 161-162 页。

纳资捐官,后期的买办也多有勾结官吏的行为,如德商宝记洋行的买办侯仔海父子及后来的程受平都捐过道台官衔。[1]

洋行与买办的关系纯粹建立在经济利益之上。在禅臣洋行的经营业务中,数值最大、利润最大的要数军火生意,由于军火生意是秘密交易,洋行不设专业部门,而是由洋大班及总买办直接负责。20世纪40年代,军火生意规模惊人,利润高达50%至100%,买办佣金也超出一般货物的佣金。[2] 买办能够为洋行多创造利润,虽然一时也会得到他们的"恩遇",但如果涉及洋行本身的利益问题,洋行也会不惜牺牲自己豢养的买办。[3]《福建文史资料》就记载了这样一段故事:"宝记洋行大班马天士与鼎美行讲一笔吗啡的生意,由宝记洋行买办程秀珊作保,马天士骗到定金一万多元后,伪称吗啡已夹某货入口,强索余款,鼎美行以物未到手,拒不肯交,马天士竟将买办程秀珊的押柜金三万元没收,随即溜之大吉。保人程秀珊不但丢了老本,还要偿还鼎美行的一万多元的定金。"[4]

二、经贸往来特点

近现代中德之间的经贸往来经历了曲折而复杂的演变过程。第一次鸦片战争以前,中德之间的贸易往来是零星的,缺乏组织和规模。其中福建与德意志各邦之间虽已有一定的交往,但其重要性对于中德双方来说几乎可以忽略。第一次鸦片战争之后,德商开始积极参与在闽经济活动,但由于缺乏国家的军备支持,难以与英法进行有力竞争,其贸易范围相比于之前虽有一定的发展,但发展规模十分有限。1869年苏伊士运河开通之后,德商对华直接贸易不断发展,及至1871年普鲁士统一德意志之后,中德通商关系亦进一步密切。第一次世界大战结束后,德国作为战败国不得不退出中国市场。直到1921年之后,德国的对华贸易和企业投资才又有了快速的发展。总结而言,近现代福建

---

[1] 中国人民政治协商会议福建省委员会文史资料委员会:《福建文史资料·第5辑》,福建人民出版社,1981年,第161页。

[2] 全国政协文史资料委员会:《中华文史资料文库第14卷·经济工商编:金融财税、洋行买办、其他》,中国文史出版社,1996年,第732-733页。

[3] 中国人民政治协商会议福建省委员会文史资料委员会:《福建文史资料·第5辑》,福建人民出版社,1981年,第162-163页。

[4] 中国人民政治协商会议福建省委员会文史资料委员会:《福建文史资料·第5辑》,福建人民出版社,1981年,第163页。

与德国经济关系所呈现的几个特点为：

第一，从时间上看，这种经贸往来呈现出阶段性特点，是间断性的、不连贯的；从地域上看，呈现出区域性特征，主要以厦门和福州两地为主。

第二，近现代福建和德国的经贸往来以易货贸易为主。福建从德国的进口以消费资料为主，出口则以农副产品为主。近现代福建与德国之间的进出口贸易并不对称，福建长期处于入超状态。

第三，福建与德国的经贸往来情况与中德两国之间的政治外交情况密切相关。19 世纪 30 年代中德之间军火贸易的兴盛直接反映了政治因素在双边贸易中所起的重要作用。

第三节　总　结

本章主要围绕福州和厦门这两个福建对外贸易重镇，对近现代福建和德国的经贸往来情况进行了概述。资料表明，近现代德国在闽经济活动对当地产生了不可忽视的影响。

一方面，鸦片战争后，大批外商涌入福建开展贸易活动，在福州、厦门两大港口城市进行商品倾销和资本输出，使福建逐步沦为外国侵略者的商品销售市场和原料掠夺地。与此同时，德商在福建建立洋行、开设工厂，几乎垄断了当地的商业和金融行业，导致福建的民族工商业遭受了巨大冲击。此外，在中国半殖民地半封建社会的环境下，福建的民族工商业在外国资本主义的压迫和本国封建主义的双重束缚下发展艰难，福建的现代化初期进程呈现出对外国资本强烈的依赖性。

另一方面，德商在福建拓展贸易、建立洋行和工厂，在客观上参与了福建封建经济的瓦解和城市化进程，影响了重要港口城市的经济发展和社会新陈代谢。具体而言，德商在福建开展进出口贸易，促进了福建对外贸易的增长，并在一定程度上加速瓦解了福建自给自足的自然经济，促进了福建近代民族主义的产生和发展。在金融投资方面，德商在福建开设洋行、铁锅厂、制瓦厂、锯木厂、蛋厂等，促进了各地的机械设备和生产方式革新。随着德资企业在闽的发展，先进的经营管理方法和技术人员进入福建，从而参与推动了福建民族工商业的产生和发展。

第二章　福建与近现代中德军事往来[①]

福建北连浙江,南接两广,三面环山,东部濒海,海岸线长三千多公里,占全国海岸线总长的 1/5,拥有大小港湾 125 个。台湾岛[②]是中国第一大岛,东濒辽阔的太平洋,西隔台湾海峡,与福建遥遥相望。台湾海峡水深不超过 200米,浅处仅 80 米,是大陆架延伸的一部分。[③] 台湾扼守着西太平洋整条航线的要冲,可以切断西太平洋所有海上通道,历来都是兵家的必争之地。福建海防如能有效控制沿海岛屿,则可以把守住台湾海峡要道,北可保护苏浙等省份免遭来自南部的威胁,南可以保卫两广免受从北而来的侵扰,因此,福建的地理位置决定了它的海防战略价值绝不局限在本省之内。[④] 19 世纪初,工业革命推动了西方资本主义社会生产力的迅速发展,促使西方列强向外寻求更广阔的商品销售市场和原料产地。此时的清政府完全没有意识到列强对中国海洋安全的威胁,水师建设仍以防范海盗为主要任务,导致中国的广袤海岸线最终沦为帝国主义殖民者抢滩登陆的通道。

[①]　本章作者:程玲瑛(厦门大学)。

[②]　清代福建省在行政区划上包含闽、台,1885 年台湾建省后,其行政独立于福建之外。清代福建与台湾在海防上存在关联又有相对独立性。本章主要以福建本省为研究对象,涉及台湾时,只将其作为影响福建海防的一个因素加以论述。

[③]　卢建一:《清代闽台海防一体化思想的发展与实践》,载《福建师范大学学报(哲学社会科学版)》,2001 年第 4 期,第 85 页。

[④]　胡志荣:《清代福建海防战略地位演变研究》,福建师范大学硕士论文,2011 年,第 15 页。

第一节　从传教士探路到东亚远征队的成立

西方资本主义国家在扩张版图的过程中,向远东①派出的探路急先锋不仅有军人、商人、政客等,还包括一个更为隐蔽的群体——传教士,出生于德意志地区新教区的传教士郭实腊②(Karl Friedrich August Gützlaff,1803—1851)就是其中之一。郭实腊早在 15 岁时就萌生了到异教国度传教的念头,在青年时期接触到基督教新教在近代中国的开拓者英国传教士马礼逊(Robert Morrison,1782—1834)之后,他萌生了到中国传教的强烈愿望。郭实腊原隶属于荷兰传教会(Netherlands Missionary Society),因为想到中国传教的愿望未得到教会重视,他之后脱离该会,成为一名独立传教士。③ 1831年 6 月,郭实腊接受中国商人林炯(Lin-jung)的邀请,搭乘"顺利号"(Shun-le)商船,开始了第一次中国沿海航行。7 月 30 日,郭实腊一行取道台湾海峡,途经厦门和台湾④,对两岸贸易有了初步的印象。他在马尾(Ma-oh)短暂停靠后,便一路北上,最终抵达天津,然后南返,于 12 月 13 日抵达澳门,历时 6 个月。⑤ 郭实腊以亲身经历证明,西方人可以"[……]冲破清政府的重重禁令,到广州以外的中国沿海地区,寻求更广阔的传教地域和贸易市场"。⑥ 正是郭实腊首次沿中国海岸航行的成功经历,让澳门的英美商人看到了打开中国市场的可能性,英国东印度公司澳门分公司随即采取了迅速行动。⑦

1832 年 1 月 12 日,英国东印度公司驻广州商馆大班马治平(Charles

---

① 远东(Far East)是西方国家开始向东方扩张时对亚洲最东部地区的统称,他们以欧洲为中心,把中国东部、朝鲜、韩国、日本、菲律宾和俄罗斯太平洋沿岸地区称为远东。

② 郭实腊的中文名并不统一,不同记录中也被称作郭士立、郭实猎、郭甲利、郭施拉。

③ 郭文婷:《郭实腊与鸦片战争前后中西关系研究》,暨南大学硕士论文,2016 年,第 9 页。

④ 在 19 世纪的许多欧洲文献中,台湾多被称为"福尔摩沙"。福尔摩沙一词音译自拉丁文及葡萄牙文的"Formosa",意为"美丽"。葡萄牙人在 16 世纪的大航海中首次发现台湾,便称其为福尔摩沙。郭实腊在他的三次沿海航行日记中均沿用了这个名称。

⑤ Charles Gützlaff, *Journal of Three Voyages Along the Coast of China in 1831, 1832, 1833*, London: Frederick Westley and A. H. Davis, 1834, 92-94.

⑥ 吴义雄:《在宗教与世俗之间:基督教新教传教士在华南沿海的早期活动研究》,广东教育出版社,2000 年,第 93 页。上文"林炯"中文名出自此处。

⑦ 郭文婷:《郭实腊与鸦片战争前后中西关系研究》,暨南大学硕士论文,2016 年,第 11 页。

Marjoribanks，1794—1833)密令商馆管理委员会高级大班林赛(Hugh Ham-
ilton Lindsay，1802—1881)，要其雇佣郭实腊再次沿中国海岸向北航行,目的
在于"查明这个帝国可以渐次对不列颠商业开放最适宜的北方口岸有多远,以
及土著和当地政府对此事的好感程度",①为避免不必要的麻烦,林赛化名为
"胡夏米"。2 月 27 日,英国武装商船"阿美士德号"(Lord Amherst)正式从澳
门出发,林赛是此次航行的指挥官,郭实腊则充当该船的翻译和医生。② 4 月
2 日下午,林赛一行抵达厦门,清政府官员未同意其登陆,理由是"天朝国法綦
严,定例不准抛泊,务于即日开行,勿得逗留"。③ 但郭实腊等人不但没有离
开,反而把船停在虎头山下,擅自上岸。他们私访本地商人,测探港内水深,计
算来往船只,窥探本地居民和军队的情况,甚至登上山头,察看全岛地形,直到
4 月 7 日侦察完毕才扬帆而去。④ 此后,林赛一行又于 9 日登陆澎湖(Pang-
hoo),10 日抵达台湾五条港(Woo-teaou-keang),随后经南日(Nan-jih)、海坛
海峡(Hae-tan passage)、闽江口。4 月 22 日,林、郭一行人等从福州港(Fuh-
chow)上岸,步探福州,寻总督府,闯水师营,住将军署,走街串巷,测水绘图,
广集情报,5 月 17 日才离榕。⑤ 胡夏米后来在其 1833 年所写的《阿美士德号
航行中国记》中对厦门有这样的表述:"厦门的港口是优良的[……]当地人民
似乎是天生的商人与水手。由于他们家乡的贫瘠,多数人无业可就,但更主要
的是他们的性格,驱使他们离乡背井[……]早年葡萄牙人曾在这里通商,荷兰
人接踵而至,英国人在很长的时间内也曾在这里建立过商馆。"⑥

　　经过此次大范围侦察,郭实腊所效力的英国海军基本锁定了厦门、福州为
通商目标。1840 年鸦片战争爆发后,郭实腊充当英国侵略军总司令的翻译,
直接参与了侵华战争。⑦ 1842 年,清兵节节败退,战败后的清政府被迫与英国
政府签订了中国近代第一个不平等条约——《南京条约》,厦门和福州被迫开

① (美)马士:《东印度公司对华贸易编年史(1635—1834 年)》(第 4 卷),区宗华译,广东
　　人民出版社,2016 年,第 372 页。
② 郭文婷:《郭实腊与鸦片战争前后中西关系研究》,暨南大学硕士论文,2016 年,第 11 页。
③ 许地山编:《达衷集》,商务印书馆,1931 年,第 4 页。
④ 孔立:《厦门史话》,上海人民出版社,1979 年,第 43 页。
⑤ Charles Gützlaff, *Journal of Three Voyages Along the Coast of China in 1831,
　　1832, 1833*, 201-237.
⑥ 钟叔河:《从坐井观天到以蠡测海》,载钟叔河编:《走向世界丛书·Ⅰ》,岳麓书社,1980
　　年,第 14 页。
⑦ 杜继东:《中德关系史话》,社会科学文献出版社,2011 年,第 5 页。

放成为通商口岸。1843 年 11 月 2 日,厦门开埠;1844 年 7 月,福州开埠。自此,以英国为首的欧洲资本主义势力顺利攻破中国防线,以通商口岸为突破口,一步步向中国内陆进军。

英国在华势力的大幅扩张对于德意志各邦,尤其对于普鲁士是一个很大的刺激,德意志各邦工商界人士纷纷要求同中国签订通商条约,在华德商也向普鲁士政府请愿,"要求缔结一个条约来保证他们的地位"。① 在这种背景下,普鲁士政府经过综合考量后,决定向东亚派遣远征队,希望效仿英国,扩大其在东亚地区的影响力。1859 年秋,远征队正式成立,目的是和中国、日本、暹罗签订条约。② 1860 年 3 月,远征队分两路向远东进发。远征队共有 830 名成员,由舰队和特使团两部分组成。特使团团长是普鲁士原驻华沙总领事艾林波(Albrecht Graf zu Eulenburg,1815—1881),舰队由旗舰"阿科娜号"(Arcona)、三桅快速战舰"特蒂斯号"(Thetis)、多桅帆船"弗劳恩洛伯号"(Frauenlob)和运输船"易北号"(Elbe)四舰组成。③ 1861 年 9 月 2 日,艾林波代表德意志关税同盟以及汉莎城市等共 32 个邦国,与清政府代表崇纶和崇厚在天津正式签订了《中德通商条约》,其中包括协定准许德国人在厦门和福州居住、经商、赁屋、买房、租地、建造教堂,德国船只可自由驶入开放口岸。与其他西方国家最不一样的一点在于,德方首次提出鸡笼(今基隆)开港的要求。不过,日后鸡笼真正开港在 1862 年应福州关税务司法人美里登(Baron de Meritens)的要求才真正实现。④ 该条约的签订标志着清政府与普鲁士"外交关系"的正式开始。继英、法、美、俄四国之后,尚未统一的德意志成为第五个对中国实施殖民行为的西方势力。⑤

---

① 杜继东:《中德关系史话》,社会科学文献出版社,2011 年,第 7 页。

② 杜继东:《中德关系史话》,社会科学文献出版社,2011 年,第 7 页。

③ 杜继东:《中德关系史话》,社会科学文献出版社,2011 年,第 7 页。德语舰名为本文作者根据文献中文名称,参照日本海人社编《德国巡洋舰史》(青岛出版社,2010 年)附录"舰名索引"中的同时期德文舰名推测,如从对音无法判断确切船名,则不做推测,下文同。Arcona 得名于德国吕根岛最北端的海角阿尔科纳,第 9 至 10 世纪时,此地曾建有城堡式神殿供奉战神斯万特维特(Svantovit);Thetis 是希腊神话中的海洋女神,阿喀琉斯之母;Frauenlob 是 14 世纪最具影响力的德语诗人之一,以创作宫廷歌谣闻名于世;Elbe 得名于德国境内的易北河,该词词源或与拉丁语的白色(albus)有关。

④ 许毓良:《清代台湾的海防》,社会科学文献出版社,2003 年,第 181 页。

⑤ 杜继东:《中德关系史话》,社会科学文献出版社,2011 年,第 13 页。

第二节　德军的三十年军港梦

一、前期考量

19 世纪 60 年代和 70 年代初期，一些有意在中国实施掠夺的德意志人一再提出要在中国沿海或在贴近中国的地方取得一块领土作为据点，其中不乏具体的策略和建议，这些讨论引起了普鲁士首相俾斯麦（Otto von Bismarck，1815—1898）的注意，并促使其在之后采取了相关行动。有关占领中国领土的辩论在普鲁士官方报纸《星报》（Stern-Zeitung）上开始，并在其他报刊中持续多年。①此外还出现了关于吞并厦门的声音，称要把它变为"德国的澳门或香港"。②普鲁士远征队的两名成员亥尔曼·马隆博士（Dr. Hermann Maron，1820—1882）和斐迪南·李希霍芬男爵（Ferdinand Freiherr von Richthofen，1833—1905）③还曾顺路前往因 1858 年《天津条约》而开放的台湾。④ 马隆在回国后发表的游历报告中声称，可以以台湾南部居民和普鲁士军舰"易北号"发生冲突或以岛上居民对德国商船的偶尔袭击为借口⑤对华出兵：

---

① 例如 1865 年 6 月的《北德汇报》（Norddeutsche Allgemeine Zeitung），以及 1865 年 6 月 10 日、1865 年 10 月和 11 月及 1866 年 2 月的《福斯时报》（Vossische Zeitung）。直至 1870 年 5 月《地球》（Globus）杂志仍要求"占领该岛的一部分"。（参见 M. v. Hagen，*Bismarcks Kolonialpolitik*，Stuttgart，1923，43-44；T. Sommerlad，*Der deutsche Kolonialgedanke und sein Werden im 19. Jahrhundert*，Halle，1918，52）

② Ernst Friedel，*Die Gründung preußisch-deutscher Colonien im Indischen und Großen Ocean*，Berlin，1867，62.

③ 19 世纪德国地理学家、近代西方地理学奠基人之一。李希霍芬是第一个指出罗布泊位置的地理学家，并首次提出"丝绸之路"这一名称。中国的祁连山脉至今在德语中仍被命名为"李希霍芬山脉"。1860 年，年仅 27 岁的李希霍芬以科学观察员的身份加入了由艾林波公爵带领的普鲁士东亚特使团，该团代表普鲁士及关税同盟出访中国、日本和暹罗。在进行地理地质考察的同时，他对中国经济社会的关注和想法在一定程度上激发了德国对中国的殖民扩张野心。

④ （德）H. 施丢尔克：《十九世纪的德国与中国》，乔松译，生活·读书·新知三联书店，1963 年，第 78 页。

⑤ （德）H. 施丢尔克：《十九世纪的德国与中国》，乔松译，生活·读书·新知三联书店，1963 年，第 79 页。

李希霍芬认为非常有必要"在东亚谋取一个固定据点"。德国的商业和航运利益持续增长,使得"设立海军据点的重要性日益彰显,一方面可以保障德国在华的可观权益,另一方面得以确保已经签订的条约顺利实行;此外,万一发生战事,德国的商船和军舰能有一个避难所,而且可以在该据点建设加煤站为军舰提供补给。所有这一切使得德国迫切需要在东亚取得一个固定据点,宁早勿迟"。①

在清政府与普鲁士确认"外交关系"之后,双方先后互派李福斯(Guido von Rehfues,1818—1894)和刘锡鸿为首任公使。1863 年 1 月 14 日,李福斯在上海代表普鲁士与清政府交换《中德通商条约》批准书。8 月 8 日,李福斯搭乘防护型护卫舰"羚羊号"(Gazelle)②抵达日本换约。③ "羚羊号"曾于同年驶往厦门,以让搭乘该船的李福斯收集有关台湾岛的情况。④ 该舰在次年又奉命在台湾岛物色一处适合于建立普鲁士居留地的地点,从而可以推定,普鲁士政府考虑在台湾至少建立一处或两处海军据点。⑤

1870 年初,德军政部训令前往中国的"亥而塔号"(Hertha)军舰舰长瞿勒(Köhler),要其与清政府就在中国海岸获取海军据点的问题进行谈判。但李福斯认为时机并不成熟,未向总理衙门提及此事。与此相对,他建议在厦门附近的鼓浪屿不作声张地设立一个野战医院和海军仓库。但因俾斯麦此时正忙于对法战争和国内事务,此事被搁置起来。⑥

---

① Memorandum betreffend die Wahl des geeignetesten Platzes zur Gründung einer deutschen Marine-und Handels-Station in den chinesisch-japanischen Gewässern. GA 963.15, aus Helmuth Stoecker, *Deutschland und China im 19. Jahrhundert*, Berlin: Rütten & Loening, 1958,72,译文来自本章作者。

② 也称"瞪羚号",1859 年 12 月 19 日在但泽皇家造船厂(Königliche Werft Danzig vom Stapel)下水。长 71.95 米、宽 13 米,吃水 6.35 米。1862 年至 1865 年隶属德国东亚舰队并曾载首任普鲁士总领事至日本赴任。

③ 参见 Studienwerk Deutsches Leben in Ostasien e.V., https://www.studeo-ostasiendeutsche.de/8-geschichtlicher-abriss/49-kontakte-nach-japan-im-19-jahrhundert, [2022-01-02]。

④ 李福斯致鲍特卫海军少校,1863 年 7 月 14 日,转引自(德)H.施丢尔克:《十九世纪的德国与中国》,乔松译,生活·读书·新知三联书店,1963 年,第 80 页。

⑤ Friedel, *Die Gründung preußisch-deutscher Colonien im Indischen und Großen Ocean*, 21.

⑥ 杜继东:《中德关系史话》,社会科学文献出版社,2011 年,第 30 页。

二、从厦门到胶州的转向

1871 年 5 月,普鲁士王国击败法军,取得了普法战争的胜利。这次战争促使普鲁士完成了德意志统一,取代了法国在欧洲大陆的霸主地位。德国军队在本土战场的胜利刺激了其在东亚谋求扩张的野心,德军在华的挑衅行动不断升级。1874 年,有德国人在琅峤上岸,要求参观当地军营。[1] 1875 年 11 月 15 日,一艘日耳曼兵船开到福建,据称是为了调查"晏拿号"德国帆船在闽失踪案。[2] 1882 年,驻扎在厦门的德国海军少校白兰克(Captain von Blanc)以德商私贩的焙茶铁锅被没收为由,命令巡洋快舰"施陶熙号"(Stosch)、"伊丽莎白号"(Elisabeth)和炮舰"箭号"(Pfeil)在厦门港游弋,并派陆战队登陆,封锁从码头到厘捐局的大门,抢走铁锅,恫吓、鞭打反抗者。[3] 1884 年 12 月,德国水师提督搭乘"斯到测号"赴闽。[4] 据 1887 年 9 月的《申报》报道,德国一艘小号兵船在厦门港停泊一个多月,每日早晚操练两次,有时会到大担外海演放大炮,练习打靶。[5] 1891 年 3 月,德国海军司令万而望率领三艘三枝桅大铁甲兵船驶抵厦门,并在逗留数日后前往福州。[6] 1892 年 8 月 11 日,德国"阿礼桑地哪号"(Alexandrine)三枝桅船由香港驶抵厦门,停泊于虎头山下;14 日开往福州。[7] 1895 年 8 月,三艘德国兵舰停泊在金门的后浦港,测量海陆地形,企图在金门建造军港。在发现金门四面受风,港口条件不佳后转向厦门。[8] 据当时《申报》记载,自 1895 年 9 月下旬起,德国海军五艘铁甲兵船"开撒"(Kaiser)、"依

---

① 许毓良:《清代台湾的海防》,社会科学文献出版社,2003 年,第 181 页。

② 李向群主编,中共厦门市委党史和地方志研究室编:《近代厦门历史资料汇刊·申报纪闻(第一册)》,厦门大学出版社,2020 年,第 119 页。

③ 驻闽海军军事编纂室:《福建海防史》,厦门大学出版社,1990 年,第 291 页。

④ 李向群主编,中共厦门市委党史和地方志研究室编:《近代厦门历史资料汇刊·申报纪闻(第一册)》,厦门大学出版社,2020 年,第 71 页。此处记录的"斯到测"应为前文另一记载中的"施陶熙号"。

⑤ 李向群主编,中共厦门市委党史和地方志研究室编:《近代厦门历史资料汇刊·申报纪闻(第一册)》,厦门大学出版社,2020 年,第 339 页。

⑥ 李向群主编,中共厦门市委党史和地方志研究室编:《近代厦门历史资料汇刊·申报纪闻(第二册)》,厦门大学出版社,2020 年,第 101 页。

⑦ 李向群主编,中共厦门市委党史和地方志研究室编:《近代厦门历史资料汇刊·申报纪闻(第二册)》,厦门大学出版社,2020 年,第 124 页。

⑧ 驻闽海军军事编纂室:《福建海防史》,厦门大学出版社,1990 年,第 291 页。

雷霆"(Irene)、"威利慕"(Wilhelm)、"阿格纳"(Arcona)及不知名号陆续停泊于厦门港,船上共搭载 1 500 余名水兵和水手。数船逗留至 11 月初,而后分赴福建其他地区、浙江、香港,只留"阿格纳"和"开撒"在厦。① 1896 年 4 月,德国"依的力士号"(Idris)小兵船抵厦,停泊数日后开往温州。② 1896 年 11 月,德皇威廉二世(Wilhelm Ⅱ von Deutschland,1859—1941)下令:"必须立刻占领厦门,占领成功后再与中国开始谈判。"③后来因为法、英等国反对才作罢。

1896 年 8 月,威廉二世改派尚武好战的海靖男爵(Edmund Freiherr v. Heyking,1850—1915)任驻华公使,并派海军元帅提尔皮茨(Alfred Tirpitz,1849—1930)出任德国远东舰队司令,加快了侵占中国海港的步伐。④ 提尔皮茨临行前曾考虑占领厦门、三沙和舟山群岛三个港口。然而经过考察后,提尔皮茨发现没有一处合适。在他看来,之前之所以重视厦门,是因为季风的缘故,但随着汽船的出现,这方面的意义已被削弱;此外,厦门与内地贸易的机会很少,且难于防卫。三沙被高山环绕,骡马队几乎不能穿越,不可能与内地进行贸易,而且也不易设防。同时他认为舟山群岛地势不佳,易攻难守,流向上海的贸易也不会经由此地,占领者还有可能卷入与英国的纠纷之中。⑤ 8 月 5 日,海靖与提尔皮茨在"皇帝号"(Kaiser)巡洋舰⑥上会面。由于海靖倾向选择厦门,双方在谈话中未就港口选址问题达成一致。但这次会面形成了一个明确倾向:三沙和舟山群岛被从德国的考虑目标中删掉,胶州重新被列为选项,此后德国的考虑仅限于厦门和胶州。⑦

8 月 19 日下午,海靖从喀西尼(Arthur P. Cassini,1836—1919)⑧处得知,

①　李向群主编,中共厦门市委党史和地方志研究室编:《近代厦门历史资料汇刊·申报纪闻(第二册)》,厦门大学出版社,2020 年,第 381 页。其中"开撒"应为"皇帝号"音译,"阿格纳"应为上文出现过的"阿科娜号"(Arcona)。

②　李向群主编,中共厦门市委党史和地方志研究室编:《近代厦门历史资料汇刊·申报纪闻(第二册)》,厦门大学出版社,2020 年,第 219 页。

③　孙瑞芹:《德国外交文件有关中国交涉史料选译 第一卷》,商务印书馆,1960 年,第 124 页。

④　杜继东:《中德关系史话》,社会科学文献出版社,2011 年,第 32 页。

⑤　拉尔夫·A.诺瑞姆:《德国占据胶州》,照千译,载刘善章、周荃主编:《中德关系史文丛》,青岛出版社,1991 年,第 345 页。

⑥　"皇帝号"巡洋舰(S.M.S Kaiser,全称为 Seiner Majestät Schiff,德意志第二帝国海军战舰),1874 年于伦敦下水,长 85 米,宽 19 米,吃水 7.5 米,排水量 7 650 吨,最高航速 14.4 节,船员约 650 人。隶属德国东亚巡洋舰队。

⑦　任银睦:《青岛早期城市现代化研究》,生活·读书·新知三联书店,2007 年,第 59 页。

⑧　喀西尼伯爵,1891—1895 年间担任俄国驻华公使。

胶州湾已被正式"转让"给俄国,如此一来,德国只能在中国南方寻求海军基地。厦门在德国眼中显然是南方最为适宜的海港,唯一的困难是可能来自英国方面的阻力。[①] 11月4日,德国外交部发电报询问海靖是否已经在舰队基地问题上与提尔皮茨达成一致,海靖的答复是"厦门"。[②]

德国政府如何考量海靖与提尔皮茨的建议不得而知,11月29日,威廉二世召集大臣开会,正式决定夺占胶州湾,并于12月15日制定了占领胶州湾的计划。因为暂无借口,等到1897年初,德国政府命令海靖向清总理衙门提出租借胶州湾50年的要求,总理衙门担心其他国家纷纷效仿,拒绝了德国的要求。[③] 德国仍不放弃,1897年初,基尔海军筑港工程师乔治·弗朗鸠斯(Georg Franzius,1842—1914)[④]被派前来中国考察,重点将厦门港、三沙湾和胶州湾列为调研目标。弗朗鸠斯于同年8月写出了一份详尽的考察报告。根据他的评估,厦门港不宜作为军港,原因有三:其一,航道的表面和水下密布了无数的礁石,而且潮高通常为4.5米,大潮时甚至达到6米,由此产生的强大的水流会给船舶的通航造成极大不便,清障和兴建加固措施需要巨额投资;其二,厦门气候欠佳,冬季宜人,夏季却极其有损健康,伤寒、流感、霍乱等疾病几乎常年横行肆虐,瘟疫也常常被带进来;其三,由于茶叶贸易的急剧萎缩以及向腹地铺设铁路的难度极大,厦门的销售市场几乎毫无前途。而与大陆相距更远的大、小金门岛无论从哪一个角度看,均不如厦门和鼓浪屿,甚至没有一处适宜建造港口设施的水域。[⑤] 决定放弃厦门后,弗朗鸠斯继续前往福州北部鲜为人知的三沙湾(Samsah Bay)。在那里他的考量维度和厦门大同小异:从自然条件方面评估,三沙湾地处盆地,四周为高山、低丘和浅滩环绕,潮高明显高于厦门,水流十分湍急,且夏季十分炎热,欧洲人恐怕难以适应;从经济角度来看,岛上居民以农业为主,仅有的工业产品为陶器和纸张;较之厦门,三沙湾因受天然地理环境所限,运输难度有过之而无不及,并且缺少可以通过铁路开发的大后方。如果周围山脉里没有发现便于开

---

① (德)海靖夫人:《德国公使夫人日记》,秦俊峰译,福建教育出版社,2012年,第19页。

② (德)海靖夫人:《德国公使夫人日记》,秦俊峰译,福建教育出版社,2012年,第30页。

③ 杜继东:《中德关系史话》,社会科学文献出版社,2011年,第33页。

④ 德国建筑师,精于港口工程。1871年成为普鲁士政府建筑工程师并参与基尔的军港建设。1897年2月受普鲁士王国秘密派遣到东亚,谋求在中国沿海地区选择一处合适的地址作为未来的海军基地。

⑤ (德)弗朗鸠斯:《1897:德国东亚考察报告》,刘妹、秦俊峰译,福建教育出版社,2016年,第128-132页。

采的煤矿和铁矿,那么三沙湾的工商业基本上是毫无发展潜力的。[①] 因此,弗朗鸠斯在此次访华后,从技术角度否决了厦门港和三沙湾作为军港的可行性,而对胶州湾给予了较高评价。1897 年 11 月 13 日,德国正式占领胶州湾。

在德国最终决定占领中国北部港口之前,德军仍一再到访闽地,福建地方民众、官员保持了高度警惕。1896 年夏,德国兵船开始频繁往返于厦门与金门,直至寒冬,金门地方官员才明白,德国人是要在金门借地屯兵并将此地作为海军的储粮之所。[②] 1897 年 2 月,德国海军"西泽号"大铁甲兵轮抵厦,停泊在厦门港炮台附近;另有一艘小兵船于同期停泊在海关口。[③] 1897 年春,德国海军派人面谒时任督宪边宝泉(1831—1898),商请在福建谋求一块屯兵之地(图 2-1)。当年 10 月 17 日,一艘大型德国战舰驶入福宁港,自称不久后要在台湾参与战事,要求租借沿海地区以便搭盖营房,屯兵造械。但边宝泉没有答

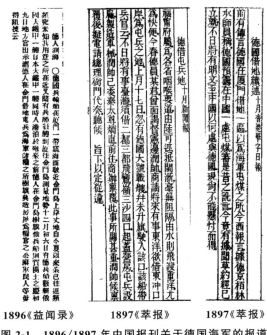

| 1896《益闻录》 | 1897《萃报》 | 1897《萃报》 |

图 2-1 1896/1897 年中国报刊关于德国海军的报道

① (德)弗朗鸠斯:《1897:德国东亚考察报告》,刘妹、秦俊峰译,福建教育出版社,2016年,第 136-137 页。

② 《益闻录》,1896 年,1547 期,第 69 页。

③ 李向群主编,中共厦门市委党史和地方志研究室编:《近代厦门历史资料汇刊·申报纪闻(第二册)》,厦门大学出版社,2020 年,第 405 页。

应,此事也就停滞下来。① 同时有消息称德国要在厦门借地为海军屯煤,闽人本来以为这只是传言,但到了1897年冬,传闻这件事已经拟定了草约,不久后就会公布官方消息之后,民间便开始纷纷揣测。②

德军从19世纪60年代开始筹谋在华占领港口,以方便军舰停靠补给,为德国在远东的势力提供保护。鸦片战争之后,列强势力在华展开角逐,德军在谋划港口选址时既要权衡与其他国家的外交关系,尽可能降低对其他列强权益的刺激,又希望港口的硬件条件能满足其攫取在华利益所需。经过不断完善自身军事实力,德国终于在近三十年后的1897年在胶州谋得军港。在漫长的筹备期内,德方始终将福建作为重要的战略位置来考虑,即便是在其军事重心已经北移到胶州的情况下,仍未完全放弃在闽势力,偶有军舰泊于闽地。据1899年4月4日《申报》记载,"日本太唔士报云,目下德国兵舰之在中国海道者,其举动异常踊跃,似乎别有深意存乎其间",德国兵舰"刁储零"、"柯宁利"均于1899年停泊在厦门港。③ 据《申报》记载,有两艘德国军舰于1900年9月驶入厦门港,中国炮台升炮九门以示敬礼,德舰也燃炮回礼。④ 停泊于厦门港的德国兵舰于1900年10月离厦赴淞。⑤ 1902年5月,有一艘德国兵舰驶入厦门港,购置了煤炭蔬菜等补给后就开往别处。⑥ 1905年2月,有两艘德国军舰由青岛抵厦,白天开到外海打靶,晚上驶回港内,停泊三周后开往别地。⑦据《新闻报》和《盛京时报》记载,1907年3月有德国测量船停泊厦门。⑧ 据德国《福斯时报》(Vossische Zeitung)记载,"虎号"(Tiger)军舰于1907年3月7日抵达厦门,3月8日驶往福州(Futschau);⑨"美洲豹号"(Jaguar)军舰于

---

① 《萃报》,1897年第12期,第14页。

② 《萃报》,1897年第13期,第13页。

③ 李向群主编,中共厦门市委党史和地方志研究室编:《近代厦门历史资料汇刊·申报纪闻(第三册)》,厦门大学出版社,2020年,第87页。

④ 李向群主编,中共厦门市委党史和地方志研究室编:《近代厦门历史资料汇刊·申报纪闻(第三册)》,厦门大学出版社,2020年,第96页。

⑤ 李向群主编,中共厦门市委党史和地方志研究室编:《近代厦门历史资料汇刊·申报纪闻(第三册)》,厦门大学出版社,2020年,第95页。

⑥ 李向群主编,中共厦门市委党史和地方志研究室编:《近代厦门历史资料汇刊·申报纪闻(第三册)》,厦门大学出版社,2020年,第327页。

⑦ 李向群主编,中共厦门市委党史和地方志研究室编:《近代厦门历史资料汇刊·申报纪闻(第三册)》,厦门大学出版社,2020年,第348页。

⑧ 《新闻报》,1907年3月18日,第0002版;《盛京时报》,1907年3月30日,第0002版。

⑨ *Vossische Zeitung* (Morgen-Ausgabe),08.03.1907,Ausgabe 113,15.

1908 年 2 月 29 日由吴淞(Wusung)驶向厦门;[1]四年后,另一艘军舰"格奈森瑙号"(Gneisenau)又在闰日当天驶入厦门。[2] 另据帝国海军成员施梅尔(Friedrich Wilhelm Schmeer)的遗稿记载,"虎号"军舰于 1913 年 3 月 2 日抵达福州,停泊 8 天后于 10 日驶离并于次日抵达厦门,停泊 3 日后驶往日本长崎(Nagasaki)。[3] 又据《大公报(天津)》记载,1917 年 3 月 18 日中国海军收管了停泊在厦门的四艘德国商船。[4]

第三节　晚清福建海防与德国克虏伯火炮

截至 1863 年,中国开放的 14 个口岸中,福建就占了 6 个,即福州、厦门、安平、淡水、鸡笼和打狗(今高雄)。东南沿海门户洞开后,外国舰船自由出入,海疆攻防战守的主动权实际上已由外国人把持,中国落入了有海无防、有国无门的境地。当时的福建水师虽有战船百余艘、官兵万余人,[5]但船炮老旧,较之列强的船坚炮利远远不如。西方经过工业革命之后,技术的进步带动了军工业的发展,对于火药的研发、器械的改良乃至武器命中率的计算,都有了长足进步。[6] 在晚清海军短暂的近现代化发展过程中,德国军火制造商克虏伯扮演了重要角色,无论是沿海的炮台炮位,还是舰队火力的配置中,克虏伯火炮都是主要武器,对中国近代海防能力的提高起到了不可忽视的作用。[7]

一、福建海岸炮台

福建省沿海炮台主要集中于厦门海口和福州海口,起始于明初的卫所,完备于清代鸦片战争前。所装火炮都为前膛炮,也称"红夷炮"、"神飞炮",炮身

---

① *Vossische Zeitung* (Morgen-Ausgabe),01.03.1908,Ausgabe 104,15.

② *Vossische Zeitung* (Morgen-Ausgabe),02.03.1912,Ausgabe 113,2.

③ 参见:https://friedrichschmeer. saschabeck. ch/reise-tagebuch-1908—1918/1911—1914-reise-auf-der-sms-tiger-in-ost-asien/,[2022-01-02]。

④ 《大公报(天津)》,1917 年 3 月 18 日,第 0003 版。

⑤ 驻闽海军军事编纂室:《福建海防史》,厦门大学出版社,1990 年,第 224 页。

⑥ 许毓良:《清代台湾的海防》,社会科学文献出版社,2003 年,第 84 页。

⑦ (德)乔伟:《德国克虏伯与中国的近代化》,天津古籍出版社,2001 年,第 195 页。

为生铁铸造,射程几百米至千余米不等。但鸦片战争的失败揭露了一个残酷的事实——中国装备的火炮已经落后于升级的战争形态,无法发挥御敌作用。以李鸿章(1823—1901)、张之洞(1837—1909)等为首的洋务派强烈意识到落后就要挨打,提出"师夷长技以制夷"的口号,林则徐(1785—1850)提出"制炮必求极利,造船必求极坚"①的主张,魏源(1794—1857)具体设计了近代兵工厂蓝图。② 在他们的推动下,清政府开始在全国展开以富国强兵为目的的洋务运动。洋务派考察团多次远赴德、法、英,考察了 38 家兵工厂,得出了"克虏伯炮之力实能致远,唯而少差可知水站之尤难命中者,更宜以克虏伯为上"③的结论。在土炮无用论的影响下,乘着洋务运动的东风,福建先后汰废了南澳、东山、金门、永宁、湄洲、海坛、镇东口、东冲、梅花、连江、三沙、秦屿、沙埕等地的数百座土炮台,④向美国、英国等国家购买了威力稍大的滑膛(无线膛)前膛炮(主要是阿姆斯特朗大炮),向德国克虏伯兵工厂则购买了大、小口径等各种规格的现代后膛快装克虏伯钢炮共计 156 门,以重点加强闽口、厦口要塞的海岸防御。⑤ 清末福建沿海炮台一览见表 2-1。

表 2-1　清末福建沿海炮台一览

地址		修建时间	火炮名称及数量	配备炮勇
长门要口	长门	1877 年建 1885 年重修	210mm 克虏伯后膛炮 1 尊	100 名
			170mm 克虏伯后膛炮 6 尊	
	电光山	1890 年建	280mm 克虏伯后膛炮 2 尊	120 名
			210mm 克虏伯后膛炮 1 尊	
			80 磅弹阿姆司脱郎后膛炮 2 尊	
	七娘湾	不详	120 磅英国老炮 1 尊	10 名
	射马	道光时旧基 1887 年重修	210mm 克虏伯后膛炮 1 尊	10 名
			170mm 克虏伯后膛炮 1 尊	
			370 磅弹法华士前膛炮 1 尊	

---

① 林则徐全集编辑委员会:《林则徐全集(奏折)》(第三册),海峡文艺出版社,2002 年,第 479 页。
② 魏源:《海国图志》(卷二·筹海篇议战),岳麓书社,1998 年,第 27 页。
③ 彭一万:《胡里山炮台与克虏伯大炮》,引自沈松宝主编:《胡里山炮台与克虏伯大炮》,海风出版社,2006 年,第 44 页。
④ 驻闽海军军事编纂室:《福建海防史》,厦门大学出版社,1990 年,第 280 页。
⑤ 韩栽茂:《胡里山炮台》,中央文献出版社,2007 年,第 56 页。

续表

地址		修建时间	火炮名称及数量	配备炮勇
长门要口	划鳅山	1884 年建 1894 年重修	240mm 克虏伯后膛炮 1 尊	58 名
			80 磅弹阿姆司脱郎后膛炮 2 尊	
		1900 年添置	150mm 克虏伯后膛炮 2 尊	
	划鳅港	1884 年建 1887 年重修	120 磅弹阿姆司脱郎前膛炮 5 尊	62 名
			210mm 克虏伯后膛炮 1 尊	
	金牌门	1883 年建 1885 年重修	150 磅弹回德准前膛炮 1 尊	70 名
			70 磅弹英国旧后膛炮 2 尊	
			40 磅弹英国旧后膛炮 1 尊	
			120mm 克虏伯后膛车炮 3 尊	
	獭石	1884 年建	110 磅弹阿姆司脱郎前膛炮 1 尊	30 名
			80 磅弹阿姆司脱郎后膛炮 2 尊	
			120mm 克虏伯后膛车炮 3 尊	
	礼台	1880 年建	210mm 克虏伯炮 4 尊	不详
闽安	北岸	1886 年重修 1894 年添建	80 磅弹阿姆司脱郎后膛炮 1 尊	60 名
			120 磅弹阿姆司脱郎前膛炮 2 尊	
			120mm 克虏伯后膛炮 2 尊	
			210mm 克虏伯后膛炮 1 尊	
			铜铁土炮 15 尊	
	南岸	1886 年重修 1895 年改建	120mm 克虏伯后膛炮 3 尊	不详
			80 磅弹阿姆司脱郎后膛炮 1 尊	
西岸	南岸	1886 年重修 1895 年改建	120 磅弹阿姆司脱郎前膛炮 1 尊	50 名
			土炮 14 尊	
	沪屿	1885 年重修 1894 年添建	120 磅弹阿姆司脱郎前膛炮 3 尊	40 名
			70 磅弹回德准前膛炮 4 尊	
			土炮 13 尊	

续表

地址		修建时间	火炮名称及数量	配备炮勇
马尾船厂	上坡	1888 年建	120mm 回德准前膛炮 3 尊	平时不配兵
	中坡	1885 年建	120mm 法华司后膛炮 2 尊	
	下坡	1886 年建	80mm 克虏伯车炮 5 尊	
崖石	崖石	1886 年建	210mm 克虏伯后膛炮 2 尊	80 名
			170mm 克虏伯后膛炮 1 尊	
			120mm 克虏伯后膛炮 1 尊	
			土炮 3 尊	
	龙山		铜铁旧炮 5 尊	
厦门要口	武口	1874 年建	120mm 克虏伯后膛炮 1 尊	练军右营兼管
			英国老炮 4 尊	
	盘石	1886 年建	210mm 克虏伯后膛炮 2 尊	40 名
	空园	1874 年建	170mm 克虏伯后膛炮 1 尊	练军前营兼管
			120mm 克虏伯后膛炮 1 尊	
			英国老炮 3 尊	
	胡里山	1896 年建	280mm 克虏伯后膛炮 2 尊	120 名
			120mm 克虏伯后膛炮 2 尊	
	白石头	1876 年建 1886 年改建	170mm 克虏伯后膛炮 1 尊	24 名
			英国老炮 2 尊	
	屿仔尾	1876 年建 1884 年添置	350 磅弹瓦瓦斯前膛炮 1 尊	练军右营兼管 20
			英国老炮及土炮共 6 尊	
			170mm 克虏伯后膛炮 1 尊	
	龙角尾	1895 年重修	英国老炮 3 尊	练军右营兼管
合计 156 尊				

注:本表根据驻闽海军军事编纂室编《福建海防史》(厦门大学出版社,1990 年)第 280-281 页整理,其中礼台数据为本文作者补充。表中"阿姆司脱郎"今译"阿姆斯特朗"。

二、福建各地炮台与克虏伯火炮

1864 至 1871 年间,普鲁士对丹麦、奥地利、法国的战争胜利不仅推动了德国的统一,也成就了德意志地区最大的军火工业垄断家族——克虏伯

(Krupp)家族的兴盛。[①] 1862 年后,克虏伯以其独有的阁拉斐特罐炼钢法[②]在材料应用领域取得领先地位,率先将旧式熟铁炮升级为硬度更高的全钢炮,[③]同时还将传统的前装炮改进为稳定性更好、射程更远的后膛炮。19 世纪末期,克虏伯公司已经发展为一家跨冶金、采煤、机器、船舶、化工和军火生产等多种行业的重工业垄断企业,成为欧陆第一大工业康采恩。凭借全钢后装火炮整套技术的发展,克虏伯公司广泛地参与到全球军火竞争之中,中国自然也成为它的目标。

克虏伯大炮在普法战争中建立的名声为其赢得了全世界的订单。1873年,由张宗良口译、王韬(1828—1897)[④]辑撰的《普法战纪》刊印,文中对双方的军事情况做了详细记载,王韬在按语中称,“制造此炮工料亦不甚费,今中国铸炮局中若能仿而行之,用以剿贼,必可速收其效也”。[⑤] 洋务派认为,中国如果要在军事上学习德国,最直接的办法莫过于购买德国的武器,因此克虏伯成为洋务派购买西洋火炮的首选。

从 19 世纪 70 年代开始,克虏伯公司就与清政府建立了密切的贸易往来关系,从军事到经济,从武器到工业,双方往来的领域不断扩大。清政府与克虏伯公司的关系以军火贸易为主线,一方急需优质武器,另一方则在远东市场有更大的图谋。在此背景下,洋行、驻华公使和清军中的洋员为了各自的利益或联手或争斗,代理商和掮客成为克虏伯产品在华销售的主导力量。[⑥]

厦门胡里山的购炮过程就不乏德商与清廷官员的多方角力。1841 年,在厦门抗英保卫战中,胡里山炮台被英军摧毁。1874 年,清廷计划在原址建造

---

① 孙烈:《德国克虏伯与晚清火炮》,山东教育出版社,2014 年,第 14 页。

② 阁拉斐特罐应为坩埚,系英文“Crucible Cast”的译音。

③ 熟铁、钢和生铁都是铁碳合金,以碳的含量多少来区别:一般含碳量小于 0.2% 的叫熟铁或纯铁,含量在 0.2%～1.7% 的叫钢,含量在 1.7% 以上的叫生铁。熟铁软,塑性好,容易变形,强度和硬度均较低,用途不广;生铁含碳很多,硬而脆,几乎没有塑性;钢具有生铁和熟铁两种优点,具有广泛用途。

④ 王韬(1828—1897),清末学者、报人,近代早期启蒙思想家。1870 年 7 月,欧洲爆发了世界瞩目的普法战争,消息传到国内,一向对欧洲政局颇感兴趣的王韬与友人张宗良一起陆续分段在香港《华字日报》发表相关文章。1873 年,这些文章结集成书,出版发行,名曰《普法战纪》。

⑤ 王韬:《普法战纪》,同治十二年(1873 年)版,卷 2,转引自(德)乔伟:《德国克虏伯与中国的近代化》,天津古籍出版社,2001 年,第 8 页。

⑥ 孙烈:《德国克虏伯与晚清火炮》,山东教育出版社,2014 年,第 97 页。

新式炮台并配备 280mm 克虏伯大炮①。1888 年,闽浙总督卞宝第(1824—1893)启奏光绪帝(1871—1908),请求在闽江和厦门添置炮台火器以周密防务。光绪帝奏准,但当时的中国已沦为半封建、半殖民地国家,割地赔款,经费奇绌,朝廷让闽省自行筹款。1890 年 8 月,卞宝第借为福靖舰购买船炮的名义,在没有落实经费的情况下,先斩后奏,与德方签订两尊 280mm 克虏伯炮的购买合同。不久,卞宝第病死于任上。1891 年,继任闽浙总督谭钟麟(1822—1905)考虑到由于勇饷(清代盐税之一)积欠,资金无法周转,决定取消这笔订单,随即引发了轩然大波。清政府兵部侍郎曾纪泽(1839—1890)告知德国信义洋行②(H. Mandl & Co.)行主满德③(Hermann J. Mandl,1856—1922),海军衙门将委托驻德国公使洪钧(1839—1893)直接与克虏伯公司谈判,④不经由在华洋行进行采购。于是,满德怂恿德国使臣向清政府施压,最终光绪帝批复"念事属已成,乃准照案办理",⑤同意闽浙总督衙门截留新海防捐输两年,将所得资金用于购炮筑台⑥。

为建好新式炮台,清政府多次派人员到欧洲各国考察学习。根据当时的考察报告记载,闽浙总督谭钟麟依据奏请朝廷援照福州长门电光山炮台成功案例,采用德国退役军官汉纳根(Constantin von Hanneken,1855—1925)⑦

---

① 卞宝第:《光绪朝朱批奏折》,转引自韩栽茂:《胡里山炮台》,中央文献出版社,2007 年,第 59 页。

② 历史上以"信义"为名的洋行共有 6 家。除 H. Mandl & Co.外,还有美国的 General Overseas Supply Co.、芬商的 Synnerberg,G.V.、日商的三家 Shingi & Co.、Shingi Drug Store 和 Shingi Yoko。本文的信义洋行历史上也曾译作曼得尔公司。

③ 信义洋行由赫尔曼·满德(1856—1920)于 1886 年在德国注册开办,后拆分为天津和上海两个分行,鲍尔(Baur)任天津行主,巴德乐(Butler)任上海行主。1906 年,信义洋行并入礼和洋行(Carlowitz & Co.),改名为礼和-信义洋行。

④ 孙烈:《德国克虏伯与晚清火炮》,山东教育出版社,2014 年,第 111 页。

⑤ 谭钟麟:《光绪朝朱批奏折》,第 815 页,转引自韩栽茂:《胡里山炮台》,中央文献出版社,2007 年,第 63 页。

⑥ 韩栽茂:《胡里山炮台》,中央文献出版社,2007 年,第 63 页。

⑦ 1855 年初春生于美因茨(Mainz)的军人世家,为天津税务司长德璀琳(Gustav von Detring)的女婿。1879 年来到中国担任李鸿章的军事顾问和新成立的北洋水师学堂的教习,1880 年至 1890 年十年间负责搭建旅顺军港并参与设计其中多个炮台,项目结束后于同年返回德国故乡休养生息。1894 年受边宝泉邀请重返中国,参与厦门胡里山炮台修建工作。

的设计方案。① 1892 年 8 月 23 日，接任福建水师提督的杨岐珍（1836—1903）②专程赶到天津拜访汉纳根，二人就炮台几个关键问题展开了讨论。汉纳根认为，280mm 口径足以攻坚致远，但需要和周边各炮台配合形成火力交叉网才能有效封锁航道，并重新设计了东西炮台的主炮位，指出主炮位的两侧应增设水池，增加两尊 150mm 护炮，以便战时和主炮形成互补。此外，汉纳根认为北侧大弹药库的电井必须严格施工，以免雷电引爆大弹药库，杨岐珍表示赞成。③ 1894 年春，胡里山炮台正式动工兴建。炮台位置地形险要，三面环海，居高临下，有"八闽门户，天南锁钥"④之称。

据记载，两门 280mm 克虏伯大炮于 1893 年从德国的埃森港由"洋轮（埃森号）运至闽江口，起（调安）顿船厂"⑤。1896 年 11 月，胡里山炮台建成后，由福州马尾的船政厂造方舟装运大炮，于同年转运厦门，安置完妥。这两门大炮每门重 87 吨，炮管长约 14 米，射程为 19.76 公里，是当时世界上最大的岸防炮。由此，胡里山炮台历经 22 年的艰苦努力得以竣工。

1897 年 12 月 28 日，闽浙总督边宝泉奏呈光绪帝试炮成功："复委候补知县徐慎思于二三年⑥三月二十八日禀商水师提臣杨岐珍，邀同德国洋人、北洋教习沙尔及该洋行行主德国洋人罗先苞⑦等前往胡里山炮台逐层勘明，均系如式建造"⑧。联合验收的结论是，炮台及大炮完全合乎要求。新安装的克虏伯大炮每门演放 3 发，炮声震耳欲聋，炮弹落在大担海面，最远约 16 000 多米，炮台毫无损伤，的确工坚料实。⑨

---

① 韩栽茂：《胡里山炮台》，中央文献出版社，2007 年，第 66 页。

② 1895 年 5 月 24 日至 1903 年 1 月 16 日任福建水师提督。

③ 胡汉辉：《胡里山炮台与洋务运动》，厦门大学出版社，2012 年，第 76 页。

④ 王珍捍：《中德军事交往录》，解放军出版社，2016 年，第 43 页。

⑤ 谭钟麟《光绪朱批奏折》，转引自韩栽茂《胡里山炮台》第 87 页。另据信义洋行天津行主鲍尔的日记记载，1894 年 7 月，中国为增兵朝鲜，租借 3 艘英国商船运送兵力从天津港前往朝鲜方向，其中信义洋行代理的"爱人号"搭载着满德和这两门还未交货的岸防炮。7 月 25 日，由于轮船不堪大炮重负，满德命令"爱人号"驶回芝罘（今烟台）。1895 年的《申报纪闻》中也提到，这两门炮在前一年秋天到达中国，因日本在海上滋事，暂放马尾船政局。

⑥ 即 1897 年。

⑦ 沙尔具体事迹不清；罗先苞应该是时任天津信义洋行行主鲍尔（Carl Georg Friedrich Baur，1859—1935）的德文名音译。

⑧ 胡汉辉：《胡里山炮台与洋务运动》，厦门大学出版社，2012 年，第 65 页。

⑨ 韩栽茂：《胡里山炮台》，中央文献出版社，2007 年，第 89 页。

后来在 1937 年,这两门大口径克虏伯大炮击沉了日本的"箬竹舰",重创日本海军,在厦门保卫战中书写了浓墨重彩的一笔。如今,胡里山炮台依然屹立,尚余一门克虏伯大炮驻守在炮台上,为世界上现仍保存在原址上的最古老和最大的 19 世纪最大的海岸炮。①

除胡里山炮台外,福州闽口附近的礼台炮台也配置了克虏伯炮。礼台炮台位于龙头山麓,建于 1880 年,配备有购自德国克虏伯厂的 4 门 210mm 大炮,攻击力相当强大,仅次于电光山主台。② 其中,最左侧的大炮因炮口有缺,被当地将领亲切地称为"缺嘴将军"③。1884 年 8 月 25 日,在甲申马江中法战役中,"炮不可貌相"的"缺嘴将军"一炮命中法军旗舰,击毙其主帅孤拔(Andre Anatole Prosper Courbet)提督,扬名天下。

此外,福州海口的长门炮台、划鳅港炮台、广台炮台、闽安北岸炮台、马尾护厂炮台,几乎全部配置克虏伯炮,口径从 120mm、170mm 至 210mm 不等。为防卫福州海口,福建多次购买克虏伯炮,增设炮台。1884 年,清军将领善庆(1833—1888)考察福州长门炮台时提出,还需要购买数尊克虏伯炮以加强防备。④ 福州的长门电光山炮台后由福建巡抚卞宝第派人与上海信义洋行的李德订立合约,购买 2 尊 280mm 的克虏伯后膛钢炮设置于此。⑤

台湾地区也同样拥有克虏伯炮台群。1890 年,德国总兵福合尔到数个港口勘察地形地貌,并将结论呈报台湾巡抚刘铭传。刘铭传对此予以重视,委托福合尔订购两门克虏伯 320mm 大炮,以备大担炮台使用。⑥ 中法战争期间,基隆、沪尾等地炮台都配置了克虏伯炮,沪尾之战中,炮台所配 5 尊新式克虏伯炮发挥了重要作用。⑦

---

① 参见王珍捍:《中德军事交往录》,解放军出版社,2016 年,第 43 页。
② 张侠等编:《清末海军史料》,海洋出版社,1982 年,第 330 页。
③ 张侠等编:《清末海军史料》,海洋出版社,1982 年,第 330 页。
④ 第一历史档案馆:《洋务运动档》,3 全宗,168 目,9393 卷,28 号,转引自(德)乔伟:《德国克虏伯与中国的近代化》,天津古籍出版社,2001 年,第 182 页。
⑤ (德)乔伟:《德国克虏伯与中国的近代化》,天津古籍出版社,2001 年,第 182 页。
⑥ 李向群主编,中共厦门市委党史和地方志研究室编:《近代厦门历史资料汇刊·申报纪闻(第二册)》,厦门大学出版社,2020 年,第 129 页。
⑦ (德)乔伟:《德国克虏伯与中国的近代化》,天津古籍出版社,2001 年,第 182 页。

三、福州船政舰船与克虏伯火炮

1866 年,闽浙总督左宗棠(1812—1885)上奏同治皇帝,认为"中国自强之策,除修明政事、精练兵勇外,必应仿造轮船以夺彼族之所恃"[①]。同治皇帝御览奏折后不到 20 天,就下达了准许左宗棠"择地设厂、购买机器、募雇洋匠、试遣火轮船只"的上谕。[②] 左宗棠随后奉命调任陕甘总督,江西巡抚沈葆桢(1820—1879)调任为船政大臣,专折奏事,兼节制福建水师。福州船政的任务是制造作战和运输舰船,以及训练制造、驾驶近代舰船的人员。[③]

及至 19 世纪 70 年代初期,晚清海军舰船的来源一是自造,一是购买。自造舰船主要集中于江南制造局、福州船政局和广东机器局,其中福州船政局造舰数量最多,造成后划拨给四支舰队,即晚清四洋海军。[④] 外购舰船则主要来自英国阿姆斯特朗厂和德国伏尔铿厂。在自造和购买舰船创立海军的过程中,晚清各类兵轮配备了各种类型的火炮,克虏伯舰炮是其中主要的一种。[⑤]如 1872 年制成的木质兵轮"飞云号"就配备了克虏伯炮。后来列入北洋的"开济"、"镜清"和"寰泰"等铁胁木壳巡洋舰,每舰的主副炮均由八门克虏伯火炮组成,分别为 210 mm 克虏伯火炮两门、150 mm 克虏伯火炮六门,另有小连珠炮六门,火力较强。南洋水师的"横海号"在 1884 年建造过程中,因法军军舰侵入马尾港,克虏伯炮未能运抵进行安装,转而使用了英国的阿姆斯特朗火炮。可见当时的兵船配炮没有明确计划,只要出自名厂,任何火炮都可应用于所造舰船,但基本以克虏伯炮和阿姆斯特朗炮为主。[⑥]

北洋水师的"平远号"是福州船政局于 1889 年建成的中国第一艘全钢甲军舰,在船政学堂出洋学生魏瀚、陈兆翱等人的监造下制成,"配克虏伯二十六生后膛炮一尊,十五生后膛炮二尊,十生后膛炮一尊,合乞开斯开士连珠

---

① 《书牍》卷 7,第 25 页,转引自驻闽海军军事编纂室:《福建海防史》,厦门大学出版社,1990 年,第 240 页。
② 郭洁宇:《回首百年叹船政》,载《文史天地》,2019 年 11 月,第 72 页。
③ 驻闽海军军事编纂室:《福建海防史》,厦门大学出版社,1990 年,第 242 页。
④ 孙烈:《德国克虏伯与晚清火炮》,山东教育出版社,2014 年,第 255 页。
⑤ (德)乔伟:《德国克虏伯与中国的近代化》,天津古籍出版社,2001 年,第 184 页。
⑥ (德)乔伟:《德国克虏伯与中国的近代化》,天津古籍出版社,2001 年,第 186 页。

炮四尊"①。该舰反映了船政局的制造技术和工艺已达到较高水平。② 另有
"广乙""广丙""广丁""广庚""广辛""广壬""广癸"等系列舰分属铁胁快
轮和穹甲快轮,所需舰炮也购自克虏伯。由此可见,福州船政局所造的多种类
型、吨位的舰船都曾选用克虏伯火炮。③

福州船政局成立后,在1869年到1874年五年之内,共造兵船15艘,用炮
较杂,从1875年到1894年甲午战争爆发的20年间,共造各式兵船18艘,多
数都配置了克虏伯炮。④ 福州船政局承造晚清海军主要舰船火力配置见表
2-2。

表 2-2 福州船政局承造晚清海军主要舰船火力配置一览

舰队	舰名	类型	火力配置
北洋水师	平远	快船	主炮:1门克虏伯 260mm 前主炮(倍径 35) 副炮:克虏伯 150mm 副炮 2 门 其他:57mm 哈乞斯(Hotchkiss)炮 2 门、47mm 单管哈乞开斯速射炮 2 门、37mm 5 管哈乞开斯机关炮 4 门、18 英寸鱼雷发射管 4 具
	广甲	快船	前主炮:150mm 克虏伯主炮 2 门,两侧耳台 后主炮:150mm 克虏伯主炮 1 门,舰艉 其他:105mm 克虏伯炮 4 门,57mm 哈乞开斯速射炮 4 门
	广乙	快船	前主炮:克虏伯 120mm 主炮 2 门(甲午战争前换为沪局造 120mm 速射炮) 后主炮:150mm 克虏伯主炮 1 门 其他:57mm 哈乞开斯速射炮 4 门、37mm 5 管哈乞开斯机关炮 4 门、18 英寸鱼雷发射管 4 具(甲午战争时的装备情况)
	广丙	快船	前主炮:克虏伯 120mm 主炮 2 门(甲午战争前更换为沪造 120mm 速射炮) 后主炮:克虏伯 150mm 炮 1 门(甲午战争前更换为沪造 120mm 速射炮) "广丙"舰舰尾装备的是 150mm 克虏伯架退炮、57mm 哈乞开斯速射炮 4 门、37mm 5 管哈乞开斯机关炮 4 门、18 英寸鱼雷发射管 4 具(甲午战争时的装备情况)

---

① 张侠等编:《清末海军史料》,海洋出版社,1982 年,第 151-153 页。
② (德)乔伟:《德国克虏伯与中国的近代化》,天津古籍出版社,2001 年,第 186 页。
③ 孙烈:《德国克虏伯与晚清火炮》,山东教育出版社,2014 年,第 255 页。
④ (德)乔伟:《德国克虏伯与中国的近代化》,天津古籍出版社,2001 年,第 188 页。

续表

舰队	舰名	类型	火力配置
	镇海	蚊炮船	主炮:160mm 克虏伯火炮 2 门 其他:4.7 英寸瓦瓦斯炮 4 门,神机炮(加特林机关炮)4 门
	泰安	蚊炮船	4 英寸瓦瓦斯后装火炮 6 门
	康济	训练舰	自制火炮和阿姆斯特朗火炮,具体不详
	威远	训练舰	190mm 阿姆斯特朗前膛钢炮 1 门,120mm 阿姆斯特朗后膛炮 6 门
	海镜	辅助舰	160mm 阿姆斯特朗火炮 1 门、120mm 炮 2 门
	湄云	辅助舰	法制 170mm 前膛炮 1 门,100mm 英国造火炮 4 门
	操江	辅助舰	160mm 炮 4 门(产地不详,可能仿制)
南洋水师	开济	快船	主炮:210mm 克虏伯炮 2 门 副炮:120mm 克虏伯炮 8 门
	镜清	快船	主炮:7 英寸阿姆斯特朗火炮 2 门 副炮:4.7 英寸阿姆斯特朗火炮 8 门 其他:5 管哈乞开斯机关炮 2 门
	寰泰	快船	主炮:阿姆斯特朗火炮 7 英寸口径 2 门 副炮:阿姆斯特朗火炮 4.7 英寸炮 8 门 其他:哈乞开斯 5 管机关炮 2 门
	南琛	快船	主炮:8 英寸阿姆斯特朗火炮 2 门 副炮:4.7 英寸阿姆斯特朗火炮 8 门 其他:37mm 5 管哈乞开斯机关炮 2 门,鱼雷发射管 1 具
	南瑞	快船	同"南琛"
	恬吉	旧式炮舰	炮位 8 座(福州 1868 年造,具体不详)
	澄庆	训练舰	主炮:230mm 阿姆斯特朗火炮 1 门、200mm 阿姆斯特朗火炮 1 门 其他:40 磅(沪产?)火炮 4 门
	横海	蚊炮舰	主炮:190mm 克虏伯后装炮 2 门 其他:120mm 克虏伯后装炮 7 门
	登瀛洲	旧式炮舰	主炮:70 磅回特活得前装炮 1 门 其他:24 磅回特活得 6 门、机关炮 4 门
	靖远	旧式炮舰	主炮:60 斤回特活得前装炮 1 门 其他:钢炮 2 门(具体不详)、铜炮 2 门、阿姆斯特朗机关炮 2 门、格林炮 2 门

续表

舰队	舰名	类型	火力配置
福建水师	扬武	快船	主炮:150磅回特活得前装炮1门 其他:70磅回特活得前装钢炮8门、24磅回特活得钢炮2门
	万年清	旧式炮舰	前膛钢炮4门、铜炮2门(具体不详)
	福星	旧式炮舰	主炮:70磅回特活得前装炮1门 其他:100mm法华士前装炮4门
	伏波	旧式炮舰	114磅阿姆斯特朗前装炮1门、阿姆斯特朗40磅前装钢炮2门、40磅法华士后膛炮4门
	振威	旧式炮舰	法国造70磅前装钢炮1门、瓦瓦苏40磅后装钢炮4门
	济安	旧式炮舰	160mm前装炮1门、40磅瓦瓦苏前装炮4门、前装炮2门(具体不详)
	飞云	旧式炮舰	120磅阿姆斯特朗前装炮1门、40磅法华士后装炮4门、英国造14磅前装钢炮2门(具体不详)
	艺新	旧式炮舰	20磅前装钢炮1门(法国造,具体不详)、9磅炮2门、6磅炮2门(具体不详)
	元凯		回特活得70磅六角前装钢炮1门、法华士后装钢炮8门
	超武		80磅前装炮1门、40磅后装钢炮6门
	安澜		62磅后装钢炮1门、40磅后装钢炮4门
	福靖	鱼雷炮舰	主炮:150mm克虏伯炮2门(舷侧各1门) 副炮:120mm克虏伯炮1门(舰尾) 其他:37mm格林炮4门,鱼雷发射管4具(舰首尾两侧各1具)
	永保	运输舰	160mm前装炮1门,120mm前装炮2门(具体不详)
	琛航	运输舰	160mm前装炮4门,120mm前装炮4门(具体不详)
	大雅	运输舰	同"琛航"
广东水师	广庚	炮舰	前主炮:120mm克虏伯炮1门 后主炮:105mm克虏伯炮1门 其他:哈乞开斯机关炮4门

数据来源:参照《德国克虏伯与晚清火炮》(孙烈,山东教育出版社,2014年,第257-265页),并参阅部分文史资料整理而成。

四、克虏伯军工产品对晚清军事装备现代化转型的影响

左宗棠在中法战争中看到了马尾海战等战役中中国水师暴露的弊端,奏请拓增船炮大厂以图久远。左宗棠认为,如果船上枪炮、守口之炮都是从外国采购的话,既难与外国兵船抗衡,也容易受制于外国,提出修立炮厂是自强之基。[1] 他具体提出应以德国克虏伯或英国法华士为仿造对象,采买制炮机器,设厂自造;同时他认为,炮厂应与铁厂相连,炮厂应靠近铁矿。[2]

在此基础上,两广总督张之洞(1837—1909)在 1885 年 7 月 7 日奏陈海防要策折中建议,由福建设厂造炮、炮弹及其相关附件,广东设厂造枪、造雷、造药以及相关配件。[3] 作为洋务运动后期的主要代表人物,张之洞在中法战争后的海防讨论中尤为关注器械制造。此时的克虏伯炮无论是台炮、船炮或行营炮都以其后膛全钢的构制在各类炮中有明显的优势,张之洞建议仿造各种克虏伯炮,在德国订购造炮机器,再统由福州船政局设炮厂制造。

1869 年,闽浙总督英桂(1801—1879)奏准创建福建机器局,以生产子弹、火药为主。1885 年,继任闽浙总督杨昌浚(1825—1897)拨款 2 400 余两对该厂进行扩建,产能一度达到每日 600 斤火药,并仿造出克虏伯车轮炮十余门,子弹数千发。[4] 福建机器局从此逐步发展成为一座小规模兵工厂。[5] 1903年,经崇善奏准,机器局停造枪炮,之后只造子弹供操防之用。[6] 在 1905 年福建布政使周莲奏报福建机器局制造弹药的数目清册中,记录了该局仿造克虏伯炮弹的情况及其拨用情况:厦门炮台有克虏伯小炮及所配空心开花弹 36枚、实心各炮及六斤六两重克虏伯子母弹 250 枚;厦门原建各炮台旧有克虏伯小钢炮药筒 594 件。[7]

---

[1]　(德)乔伟:《德国克虏伯与中国的近代化》,天津古籍出版社,2001 年,第 37 页。

[2]　(德)乔伟:《德国克虏伯与中国的近代化》,天津古籍出版社,2001 年,第 38 页。

[3]　《中国近代兵器工业档案史料》编委会编:《中国近代兵器工业档案史料(一)》,兵器工业出版社,1993 年,第 29-31 页。

[4]　孙毓棠编:《中国近代工业史资料(第一辑)》,中华书局,1962 年,第 454 页。

[5]　汪敬虞编:《中国近代工业史资料(第二辑)》,科学出版社,1957 年,第 448 页。

[6]　汪敬虞编:《中国近代工业史资料(第二辑)》,科学出版社,1957 年,第 448 页。

[7]　(德)乔伟:《德国克虏伯与中国的近代化》,天津古籍出版社,2001 年,第 226 页。

第四节　总　结

中德在军事领域的接触最早可以追溯到 19 世纪 30 年代普鲁士籍传教士郭实腊开展的非正式侦察活动。虽然郭实腊作为独立传教士无法代表德意志邦国的官方对华立场，但正是因为他在中国沿海的一系列成功窥伺，引起了英国东印度公司的关注，而后导致了鸦片战争的爆发。

普鲁士在 1871 年实现德意志统一后，德意志国家迅速崛起，成为经济和军事强国。与此同时，中国则在鸦片战争战败的教训中觉醒，努力学习西方技术以救国图强。面对西方军事力量的威逼，清政府有识之士开始意识到效仿西法、练兵自强的紧迫性。在自强运动的起步阶段，洋务派以西方的船坚炮利为着眼点，把学习西方的重点集中在引进西式武器上。19 世纪 60 年代中德签订《中德通商条约》之后，中德在军事领域的往来有了进一步发展：1866 年，清政府向普鲁士派出第一个出访代表团，旨在考察德国军火生产发展状况；[①]1870 年前后，德意志军火企业克虏伯聘请德军官在中国担任教习，[②]促使清军军队编制和训练方法发生变革。新的作战方式还需配备新式武器才能发挥最佳效应，晚清海军和陆军的近现代化转变中，突出的标志之一就是火器的升级换代。普法战争之后，克虏伯公司开始向中国销售各类武器。弹药包括陆军的陆营炮、要塞炮，海军的岸防炮、舰船炮及其配套的各类弹药。而且近代中德的军事交往突破了单纯的军火买卖，进而扩大到技术引进、人员培训、资金往来等各个领域。事物均具有两面性，从清政府寻求获得德国军事技术和产品以实现"自强"的角度来说，中德军事往来具有互利性；但受强权政治驱使的德意志国家在华行径与中国的利益又形成了必然的冲突。

在中德军事交往的大背景下，福建与德国产生交集的时间主要集中在晚清时期，即从 19 世纪 60 年代初开始与德通商，直至德军的军事重点北移胶州。福建对德军事交往以中国抵御外来侵略的海防斗争为主要背景。清政府在此过程中逐渐发展了近代海军、陆军和炮兵，热兵器代替了冷兵器。可以

---

① 　王珍捍：《中德军事交往录》，解放军出版社，2016 年，第 3 页。
② 　王珍捍：《中德军事交往录》，解放军出版社，2016 年，第 11 页。

说，福建从被动受到列强窥视，到积极兴建防御工事，引进先进武器，升级老式炮台御敌，再到兴办民族工业，设立福州船政局和福建机器局，仿制最新武器，曲折而艰难地一步步走向自立、自强的道路。1897 年后，德国政要将军事力量聚焦于胶州，对福建的关注日益减少。与此同时，福建海防工程逐渐趋于完备，对德军火贸易量不再如之前那么集中。随着之后一战、二战的接连爆发，德国兵力集中于本土战场，无暇顾及远东事务。受《凡尔赛条约》限制，德国在一战后不能在本国生产和销售武器，军火贸易数量较 19 世纪下半叶大幅减少。

从 1937 年起，福建沿海陆续被日本侵占长达 7 年之久。福建与德国的军事交往随即趋于减少。而在 1927 年 8 月至 1937 年 7 月抗日战争全面爆发前，中德两国关系进入了所谓"黄金"时期，一批德国军事人才来中国施展拳脚，大量德国军事装备和制造工艺也在这个时期进入中国，德国成为中国最主要的军火供应国和技术输出国。[①] 此外，德国还通过一系列易货协议向中国提供贷款。同一时期，中国向德国输出了大量原材料以换取工业投资。数量众多的中国学子赴德留学，学成回国的留德学人不少在直接参与中国工业和军事现代化的机构中任职。[②] 在这一阶段，德国希望借助中国的力量打破其外交困境，同时中国能为其军备制造提供不可或缺的原材料，对于德国在战后快速复兴有极大诱惑力。民国政府一贯持联德立场，迫切希望用"德意志精神"整训军队，用德国武器武装队伍，对内维持政权，对外应对日本侵略。近现代中德军事交往由此在民国时期进入了晚清时期之后的第二次高潮。

---

① 　王珍捍：《中德军事交往录》，解放军出版社，2016 年，第 105 页。
② 　(美)柯伟林：《德国与中华民国》，陈谦平等译，江苏人民出版社，2006 年，第 3 页。

附录：

福建与近现代中德军事关系大事记[①]

1831

普鲁士传教士郭实腊第一次中国沿海航行，途经福建

1832

郭实腊第二次中国沿海航行，登陆厦门、澎湖、福州

1860

普鲁士东亚远征队出发

1863

普鲁士首任驻华公使李福斯搭乘"羚羊号"军舰驶经台湾海峡

1870

李福斯提议在鼓浪屿设立野战医院和海军仓库

1871

俾斯麦统一德国

1872

福州船政所造"飞云号"装配克虏伯炮

1874

德国人在琅峤上岸，要求参观当地军营

武口炮台修建，配1门克虏伯炮

空园炮台修建，配2门克虏伯炮

1875

德国兵船在闽调查"晏拿号"失踪案

1876

白石头炮台修建，配1门克虏伯炮

屿仔尾炮台修建，配1门克虏伯炮

1877

长门炮台修建，配7门克虏伯炮

1880

礼台炮台修建，配4门克虏伯炮

1882

德军巡洋快舰"施陶熙号"、"伊丽莎白号"和炮舰"箭号"在厦门港游弋，陆战队登岛

1883

中法战争爆发

金牌门炮台修建，配3门克虏伯炮

1884

德国水师提督搭乘"斯到测号"赴闽

划鳅山炮台修建，配1门克虏伯炮

划鳅港炮台修建，配1门克虏伯炮

---

① 由本章作者整理。

獭石炮台修建,配 3 门克虏伯炮

1886

北岸炮台重修,配 3 门克虏伯炮

南岸炮台重修,配 3 门克虏伯炮

马尾下坡炮台修建,配 5 门克虏伯炮

崖石炮台修建,配 4 门克虏伯炮

盘石炮台修建,配 2 门克虏伯炮

1887

德国小号兵轮在厦停泊月余,每日操练、偶尔演放大炮、练习打靶

射马炮台重修,配 2 门克虏伯炮

1889

福州船政所造"平远号"装配克虏伯炮

1890

电光山炮台修建,配 3 门克虏伯炮

1891

德国水师提督万而望率 3 艘铁甲船抵厦并上岸会见清廷官员

信义洋行行主满德促成清政府出资购买胡里山克虏伯炮

1892

德国"阿礼桑地哪号"停靠厦门

1895

3 艘德国兵舰泊于金门后浦港,测量海陆地形

5 艘德国铁甲船泊于厦门港

1896

德国"依的力士号"小兵轮停泊厦门

德国驻华公使海靖筹备将厦门占为德军舰队基地

德国兵船往来厦门、金门,计划在金门借地屯兵,用作海军屯粮之所

修建胡里山炮台,配 4 门克虏伯炮

1897

德国水师提督搭乘"西泽号"大铁甲兵轮抵厦;另有一艘小兵船于同期停泊在海关口

德国筑港工程师弗朗鸠斯调研厦门港、三沙湾

北洋水师德国教习沙尔及经销商信义洋行行主罗先苞等人在胡里山联合验收克虏伯炮

德国大号战舰驶入福宁港

1899

德国"习储零号"、"柯宁利号"兵舰停泊在厦门港

1900

2 艘德国军舰驶入厦门港

划鳅山炮台添置 2 门克虏伯炮

1902

1 艘德国兵舰驶入厦门港,购置了煤炭蔬菜等补给后就开往别处

1904

德国发布自行测绘的福建沿海地图

1905

2 艘德国军舰由青岛抵厦,停泊三周

1907

德国"虎号"军舰于福厦穿梭

1908

德国"美洲豹号"泊于厦门

1912

德国"格奈森瑙号"驶入厦门

1913

德国"虎号"军舰于福厦穿梭

第三章　近现代德国驻闽领事馆及对闽政策[①]

中国被西方国家用坚船利炮打开大门之后,在近一个世纪的时间里一直处于风雨飘摇之中,西方列强则始终在寻找机会深入中国获取政治、经济利益。

与其他西方列强相比,德意志在工业革命与对外扩张上起步较晚:1815年松散的德意志邦联建立,普鲁士在其中逐渐取得领导权。1834年,普鲁士在德意志地区建立了德意志关税同盟。此后,以普鲁士为首的德意志邦联才真正踏上了工业革命的道路。1871年普法战争后,德国实现了统一,国家获得大量土地、资源和赔款,极大地增强了德国的政治经济实力,加速了工业革命的进程。在此背景下,统一的德意志国家迫切想打开海外市场,在世界殖民市场上分一杯羹。面对中国这个"香饽饽",德国经过前期考察、中期谈判以及后期施策等阶段,逐步形成了以上海、天津两处租界为主要根据地,不断深入辐射中国腹地的总体布局方案。

在德国的对华利益布局中,以福州、厦门为中心的福建省以其优良的地势、兴旺的商业以及良好的海港条件,一度占有重要的战略地位。本章通过追溯近现代德国在厦门的主要战略布局,旨在还原近现代福建与中德关系的重要部分,揭示19至20世纪德国在福建的利益考量及其具体实施。

---

① 　本章作者:黄薇(厦门大学)。

第一节　近现代德国对华政策布局

19世纪30年代,普鲁士紧跟英、美、法的步伐,踏上了工业革命的道路。1848年革命结束后,以普鲁士为主导的德意志邦联在工业上发展迅速。1860年,德意志邦联的工业生产在世界上最发达国家中所占的份额已达16%,而同年法国占12%,美国则占17%。[①] 与此同时,随着德意志邦联工业实力的增强,其在中国沿海的贸易航运势力也在不断增强:据统计,1844年以普鲁士为首的德意志邦联输入中国的货物总价值超过27800英镑,1845年迅速增长到117759英镑。1845年至1848年间,普鲁士海外贸易局的船舶共开往中国7次。与之相对,在1850年至1870年间,每年约有十几只船只从中国开往汉堡。[②] 中国市场在德意志邦联的对外贸易格局中逐渐占据了一席之地。

第一次鸦片战争结束之时,越来越多的德意志邦国将目光投向了拥有巨大商业潜力的中国市场,开始按捺不住在中国攫取特权地位的想法。科隆商会向普鲁士政府提出要求,期望在中国采取相应措施,以确保普鲁士的利益不受损害;普鲁士首相坎普豪森(Gottfried Ludolf Camphausen,1803—1890)指出,不应将中国市场拱手让给英国,并建议将普鲁士军火输出到中国;萨克森政府向柏林建议在中国若干口岸设立领事馆。[③] 但由于当时普鲁士没有自己的海军,而搭乘外国船只的普鲁士外交官难以在对华谈判中捞取特殊利益,因此普鲁士政府的行动仅限于派人赴华进行考察。

而第二次鸦片战争和《天津条约》的签订无疑加强了普鲁士在中国攫取特权的欲望和企图。一方面,为了巩固和扩大在华贸易实力,德意志邦联各厂商,包括在华德商,均要求普鲁士政府尽快同中国签订通商条约;另一方面,普鲁士政府考虑到,倘若能加入东亚特权国家的行列中,对于其稳固内政、提高国际威望有百利而无一害。在各利益攸关方的敦促下,1858年秋,普鲁士经

---

① （德）维纳・洛赫:《德国史》,北京大学历史系世界近代现代史教研室译,生活・读书・新知三联书店,1959年,第203页。

② 钱亦石:《中国外交史》,上海三联书店,2014年,第108页;（德）H. 施丢克尔:《十九世纪的德国与中国》,乔松译,生活・读书・新知三联书店,1963年,第37页。

③ 参见杨光:《1861年中德建交始末》,载《德国研究》,1997年第1期。

过反复权衡，正式成立赴东亚远征队，成为其首次向中国派出的官方使团。前驻华沙总领事艾林波（Friedrich Albrecht Graf zu Eulenburg，1815—1881）被任命为其中的特使团团长，随从人员包括外交官、商人、科学家以及 64 名海军军官和见习士官。使团到达中国之后发现，许多德商已经在各大通商口岸定居开业。德国学者施丢克尔撰写的《十九世纪的德国与中国》采纳了时人的说法，即当时的中国沿海航运绝大部分掌握在德意志人手中。在中国的德船大部分由中国商人常年雇用，利润十分可观。① 这也更坚定了德意志邦联强势打开中国市场、掠夺政治经济利益的决心。在德意志邦联外交使团不断交涉以及英、法两国的背后施压下，清政府最终无法抵挡攻势，于 1861 年 9 月 2 日在天津签署了《中德〈通商条约〉》（简称《通商条约》）。

随着《通商条约》的签署与换文，以普鲁士为首的德意志邦联在华势力迅速发展。1862 年底，普鲁士公使馆在北京设立，随后德意志邦联陆续在上海等通商口岸设立了驻华领事馆。1864 年，德意志邦联先后在福州、厦门设立了领事馆。

1871 年，普鲁士统一德意志。统一后的德国汇集了大量资源发展经济。面对庞大的中国市场，德国的野心早已不局限在表面。1875 年，新任德国驻华公使巴兰德（Max August Scipin von Brandt，1835—1920）依照德国政府的训令，上任之后向中方提出修订《通商条约》。该要求遭到了清政府的拒绝。然而德国方面并未就此罢休，同年，中国水手杀害德籍船主的"'阿娜号'事件"②闹得沸沸扬扬，德方借题发挥向清政府施压，想要迫使清政府在修约问题上作出让步。一方面，德国在本国国内煽动反华情绪，另一方面，德方接连调遣军舰，驶入香港、烟台等地进行武力威胁，迫使清政府让步。清政府一再拖延，无奈德方步步紧逼，在不断地施压与威胁下，清政府总理衙门最终表示愿意继续谈判。此后，修约谈判进行得并不顺利，直至 1880 年 3 月 31 日，中德双方才在北京正式签署了《续修条约》。

随着条约的实施和推进，德国经济势力在中国羽翼渐丰。德国方面采取开洋行、设工厂、贩卖军火、开设金融机构等手段对中国进行资本输出：在华德

---

① （德）H. 施丢克尔：《十九世纪的德国与中国》，乔松译，生活・读书・新知三联书店，1963 年，第 51 页。

② "阿娜号"事件指 1875 年 9 月，在从厦门驶往天津的德国帆船"阿娜"上，中国水手因无法忍受德国籍船长与丹麦籍舵工的殴打，将其击毙并将他们的尸首抛入海中。尽管清政府对涉事水手进行了严惩，但德国仍借此事来扩大其在华的影响力。

商洋行在 1849 年只有 4 家,至 1872 年增加到 40 家,人数由 33 人增加至 487 人,到 1894 年再次增加至 85 家,人数增至 767 人。[①] 起初,这些洋行主要经营与航运贸易相关的业务,随着势力范围的扩大,包括礼和洋行在内的一些洋行开始作为克虏伯公司的代理人,向清政府兜售军火。随着德皇威廉二世对外政策的调整,德国加快了殖民步伐。为了能够更好地介入殖民地事务,德国开始积极扩军,在强占胶州湾后,其势力渗透进了山东的铁路、矿业等政府部门。从 1866 年到 1895 年的短短 29 年间,在中国开设工厂的德商数量就已达到 16 家,仅次于英商。[②] 在此期间,克虏伯、鲍尔西格、武尔康造船厂、开姆尼茨的萨克森机器工厂等德意志重工业和机器工业公司都向中国派出了商业代表,或者委托当地的德意志行家为代理人。从 1870 年起,以普鲁士为首的官方军事部门和克虏伯公司开始向清政府兜售军火,李鸿章部淮军和左宗棠部湘军就曾使用德意志制造的枪炮。德国驻华外交使节也积极加入了推销德意志军火的行列中。德国当时在对华出售军火方面,积极性远超英国和法国。先进军事装备的出售以及军事制度的传授固然客观上在一定程度上推动了清朝封建式军队向近代军队的转变,但德国实则想通过这种军事渗透的方式控制清军,造成清政府在军事上对德国的依附。此外,以德华银行为首的金融机构垄断了大部分德国对华借款,通过大笔借款,德国实现了对清政府的部分控制,继而不断扩大其在中国的政治、经济势力和影响。

至第一次世界大战开始前,德国在华势力以上海、天津两处租界为主要根据地,逐渐深入辐射中国腹地,中国的商界、学界、军界、财界,无不存在德国势力。除了上述所提到的洋行、工厂、金融机构等经济侵入手段,德方还采取各种文化输出政策,以加强其文化渗透力。德国这一时期在中国合作设立了若干学校,如青岛特别专门高等学校、上海同济德文医学堂、汉口德华学堂等,这些学校皆以德式教育为主。此外,德方还在上海、重庆、北京、济南等地建起了医院以及各类慈善机构。这些机构在短短几十年间培养了一批专业人才,推动了德国在华影响力范围的扩大,同时在客观上也推动了西方的先进科学技术知识在中国的传播。

随着太平天国运动的形成、洋务运动和戊戌变法的推进、辛亥革命的爆发

---

① 姚贤镐编:《中国近代对外贸易史资料(1840—1895)第 2 册》,中华书局,2016 年,第 272 页。

② 吴景平:《从胶澳被占到科尔访华——中德关系(1861—1992)》,福建人民出版社,1993 年,第 26 页。

以及帝制的最终被推翻,中国资本主义得到了一定发展,民主思想在一定程度上逐渐深入民心,中国社会发生了翻天覆地的变化。一战爆发后,1917 年 8 月 14 日,中国正式对德国和奥匈帝国宣战,与德国断绝外交关系,中断与其一切贸易往来,中德关系降至冰点。据统计,1913 年,德国在华设立的公司数量尚有 296 家,而 1919 年只剩下 2 家;战前有近 3 000 德国人定居中国,1921 年降为 1 255 人;德国在中国贸易份额的比例从战前的 4.7% 降至战后的 1.3%,占外国对华投资总额的比例也从 1902 年的 20% 降至 1921 年的 2.7%。[①]

1919 年,魏玛共和国成立。由于中国国内局势不稳定,此时的德国基本上采取了一种中立的对华政策。一方面,德国与北洋政府[②]保持着正式的外交关系,另一方面,德国方面又通过各种渠道向广州国民政府提供必要的支持,比如派遣德国退役军官出任广州政府顾问,担任军事教官等。德国政府凭借这种以旁观者身份无声获利的对华政策,给德国带来了巨大的经济利益,其主要获益来源就是军火交易。1927 年初,德国对华政策发生了明显变化,将注意力转向了军事大权在握的蒋介石,企图与南京国民政府建立良好关系。此时,在华德国公司已有 300 多家,在华德侨的人数达到 3 000 多人,均超过了一战前的数字。[③]

1928 至 1938 年间,中国与德国保持了前所未有的密切关系,德国对中国的影响力也在此期间达到高峰。据德国外交文件披露,[④]在这一时期,钢铁制造商奥特·伏尔夫(Otto Wolff)公司等德国公司都来华设厂;与此同时,德国政府派遣了众多军事顾问和各类专家在国民党政府各部门和军队中任职,德国的影响力也由此逐步渗入国民政府,在国民政府的政治、经济决策、军队风格上均有体现。

随着纳粹德国远东政策的变化,中德关系亦逐渐回落。1941 年 7 月 1 日,德国宣布承认汪精卫的南京伪政权,次日,国民政府便宣布与德国断交。第二次世界大战结束后,1949 年 5 月 23 日,在英国、美国、法国的支持下,德意志联邦共和国在盟军占领区成立;同年 10 月 7 日,德意志民主共和国在苏联占领区成立。至此,德国被分裂为两个主权国家。德意志民主共和国与中

---

① (美)柯伟林:《蒋介石政府与纳粹德国》,陈谦平等译,中国青年出版社,1994 年,第 31 页。
② 1912 年 3 月,袁世凯攫取辛亥革命成果后,于北京建立中华民国国民政府,史称北洋政府。
③ 张庆军、王晓华:《秘密之剑——德国顾问在中国》,北岳文艺出版社,1999 年,第 25 页。
④ 郭恒钰、罗梅君主编:《德国外交档案:1928—1938 年之中德关系》,许琳菲、孙善豪译,台北"中央研究院"近代史研究所,1991 年。

华人民共和国于 1949 年 10 月 17 日建立外交关系,1972 年 10 月 11 日,德意志联邦共和国才与中华人民共和国正式建立外交关系。

在中德近现代的百年纠葛中,作为中国重要对外通商口岸的福州、厦门在德国 19 世纪末之后的对华政策中究竟扮演着怎样的角色？ 当时的德意志为何选择在福建设立两个领事馆？ 驻闽领事馆又给中德关系带来了怎样的影响？

第二节　德意志各邦对福建的利益衡量

福建省位于东海与南海的交通要冲,泉州是历史上海上丝绸之路的起点,也是重要的海上商贸集散地。 福州作为福建省的首府,其航海贸易历史悠久,早在明代,福州就设有专门的驿站用于接待来自琉球的使者和商人。距福州 250 公里外的厦门也是一座航海贸易兴盛的城市。 厦门港外有大金门、小金门、大担、小担等岛屿横列,内有厦门岛、鼓浪屿等岛屿屏障,自古以来就是天然的避风良港。 自西方的大航海时代以来,福州和厦门港便进入了西方人的视野。 清政府鸦片战争战败后,中英《南京条约》迫使其开放了包括福州、厦门在内的五处通商口岸。 自 19 世纪 50 年代起,福州港的贸易逐渐增长,在太平天国运动时期,由于欧洲对茶叶的需求量较大且福州茶叶的质量被公认为中国最佳,福州甚至一度超过上海成为茶叶的主要出口港口。闽海关代理税务司麦士海(F. N. May)在 1865 年的海关年度贸易报告中指出:"从 1856 年到 1861 年,茶叶贸易继续稳步和急剧发展(1857、1858、1859年度除外)。"[1]此外,福州作为福建的首府,其政治地位也是德方考虑在此建立领事馆的重要原因。 因此,尽管在福州生活的德意志侨民数量很少(1867年只有 4 人[2]),但基于福州的政治地位和经济潜力,德意志仍选定在福州设立领事馆。

相较于福州而言,厦门作为一座小城,在当时的政治地位并不高,且从目

---

① 麦士海:《闽海关年度贸易报告(1865)》,载福州海关编选:《近代福州及闽东地区社会经济概况》,华艺出版社,1992 年,第 1 页。

② 李瓦特:《闽海关年度贸易报告(1867)》,载福州海关编选:《近代福州及闽东地区社会经济概况》,华艺出版社,1992 年,第 60 页。

前可考的数据来看,当时生活在厦门的德意志人也不多。德意志邦联究竟基于哪方面的考虑而选择在厦门设立领事馆?早在1853年,禅臣洋行(Siemssen & Co.)的创办者格奥尔戈·提奥多·希姆森(Georg Theodor Siemssen,1816—1886)就在给汉堡市政府的致信中提到了厦门的优势:"在厦门设立汉堡领事馆符合我们的战略目的。虽然这个地方没有与欧洲的直接贸易,但从这里和东印度群岛出发,沿海航行的欧洲船只越来越多,照此来看,未来也会有更多的德国船只来到这里。"①后来前往厦门担任领事的巴仕楠(Pasedag)和柯劳尔(Krauel)都曾在书信中提到厦门在德国对华利益势力布局中的经济地位。事实也证明,厦门的航海贸易在19世纪中后期确实达到了顶峰,成为中西方货物进出口的重要集散地之一。

　　除经济原因外,设立驻厦门领事馆也符合德意志各邦对华政策的长线军事利益。19世纪60年代和70年代初期,一些德意志大资产阶级代表就曾一再讨论在中国沿海或者近地夺取一块领土作为德在华据点的可能性。1870年4月2日,在一封亲笔签署的训令中,普鲁士首相俾斯麦指示驻华公使李福斯,要求其和中国开始谈判关于"在中国海岸中心地点或在该海岸附近的岛上"取得一个海军据点的问题。② 李福斯经过考察后建议先在厦门附近的鼓浪屿,通过不引人注意和事前不经过协商的方式设立一个野战病院和海军仓库。③ 在1897年德国工程师弗朗斯鸠通过实地考察否定了厦门作为军港的优势之前,德国海军大臣何尔门在1895年4月致外交大臣马沙尔男爵的函件中,还一再指出厦门具有地势优良、港口良好、商业兴旺的特点,④强调厦门和鼓浪屿是作为在华设立军用港最有价值的地点。

　　德意志各邦殖民势力在进入中国后,一直寄希望于在中国南方建立属于自己的军港,以巩固在华势力。驻闽领事馆的设立是德意志邦联在华长远军事布局的结果。在福州建立领事馆的主要原因在于其维护自己在闽的政治影响力的考虑,以及福州港具有巨大的航海贸易潜力。而对厦门的选择则主要基于经济利益,考虑到厦门是沿海贸易的重要港口,为维护德意志地区在中国

---

① Bernd Ebertsein, *Hamburg-China*, *Geschichte einer Partnerschaft*, Hamburg: Christians, 1988, 103.

② (德)H. 施丢克尔:《十九世纪的德国与中国》,乔松译,生活·读书·新知三联书店,1963年,第8页、第83页。

③ (德)H. 施丢克尔:《十九世纪的德国与中国》,乔松译,生活·读书·新知三联书店,1963年,第85页。

④ 孙瑞芹:《德国外交文件有关中国交涉史料选译》,商务印书馆,1960年,第89-92页。

图 3-1　20 世纪初停泊在鼓浪屿港口的德国炮艇

图片来源:《鼓浪屿百年影像》(周旻主编,厦门大学出版社,2017 年,第 153 页)。

南方港口的航运利益,德方急需设立领事人员来协调船只与船员、港口领航员以及海关等相关人员的关系。

第三节　德国驻闽领事馆

1864 年,在福州仓山、厦门鼓浪屿先后设立了德意志领事馆。从成立至第一次世界大战德国战败后撤回领事馆,德国先后向福州派出了 9 名、向厦门派出了 16 名领事。相较于福州,德国政府似乎把更多的注意力放在了厦门,因为后者的航海贸易潜力更大、市场更广阔。

表 3-1　历任德国驻福州领事名录

姓名	到任年份	备注
居茄(H. Krüger)	1864	代表不来梅及咸伯(今汉堡)
丕时(H. Peers)	1869	署理领事,代表不来梅及咸伯(今汉堡)
美里登(Baron de Méritens)	1870	法国人,由税务司兼任
戴兰那(M. M. De Lano)	1871	署理领事,由美国领事兼任
柯劳尔(R. Krauel)	1873	普通领事
戴兰那(M. M. De Lano)	1874	署理领事,由美国领事兼任
荣日德约瑟(Joseph C. A. Wingate)	1880	署理领事,由美国领事兼任
葛尔锡(Samuel L. Gracey)	1890	署理领事,由美国领事兼任

续表

姓名	到任年份	备注
谢弥沈（G. Siemssen）	1894	署理领事，1895 年授正领事
温特泽（H. Wintzer）	1916	普通领事

数据来源：《福建省志·外事志》（福建省地方志编纂委员会编，方志出版社，2004 年，第 22-23 页）；《清季中外使领年表》（中国第一历史档案馆、福建师范大学历史系编，中华书局，1985 年，第 127 页）。

表 3-2　历任德国驻厦门领事名录

姓名	到任年份	备注
巴仕楠（Charles Julius Pasedag）	1864	代表普鲁士、汉诺威、咸伯（今汉堡）和鄂尔敦堡
库吕各尔（Caesar Krüger）	1866	代表普鲁士、汉诺威、咸伯（今汉堡）和鄂尔敦堡
巴仕楠（Charles Julius Pasedag）	1867	代表北德意志工会
柏威林（William Henry Pedder）	1868	英国领事兼任；代表北德意志工会
柯劳尔（Dr. R. Krauel）	1874	普通领事
璧斯玛（C. von Bismarck）	1877	管辖福建
爱伯格（von Archberger）	1879	管辖福建
嘉必烈（Dr. jur. H. Gabriel）	1886	管辖福建和台湾
樊德礼（Ch. Feindel）	1889	普通领事
禄理玮[①]	1893.2	普通领事
法时敏（H. von Varchmin）	1893.6	普通领事
禄理玮	1895.2	普通领事
梅泽（Dr. C. Merz）	1897	普通领事
福兰阁（Otto Franke）	1901[②]	普通领事

---

① 德文名不详。

② 迄今各种文献记载都缺少福兰阁到任的确切时间，根据福兰阁的回忆录《两个世界的回忆：个人生命的旁白》，福兰阁在厦门担任的职位为领事翻译，与当时的领事梅泽关系较好，梅泽于 1901 年春季返乡，同年 7 月梅泽的代理人抵达厦门，由此可推测福兰阁在厦门担任领事的时间应为 1901 年春季至同年 7 月左右。

续表

姓名	到任年份	备注
古阿明①(B. Krause)	1901.6	普通领事
梅泽(Dr. C. Merz)	1902.5	普通领事
伦爱森②	1904.11	普通领事
芬海德③	1905.6	普通领事
梅泽(Dr. C. Merz)	1905.11	普通领事
卫立德④	1911.3	普通领事
梅泽(Dr. C. Merz)	1912	普通领事

数据来源:《鼓浪屿文献资料目录汇编》(厦门大学民间历史文献研究中心编,2011 年,第 696 页);《清季中外使领年表》(中国第一历史档案馆、福建师范大学历史系编,中华书局,1985 年,第 127 页)。

图 3-2　19 世纪 80 年代位于鼓浪屿的德国驻厦门领事馆

图片来源:《鼓浪屿百年影像》(周旻主编,厦门大学出版社,2017 年,第 158 页)。

随着美国在第一次世界大战尾声加入对德作战,德国深陷欧洲战场,自顾不暇。1917 年 3 月,中德断交。据 1917 年 4 月 4 日《侨报》(*The China*

---

① 又译古朋阿。

② 德文名不详。

③ 德文名不详。

④ 德文名不详。

Press)报道称,德国驻天津、厦门及汉口的各位总领事在汕头协商撤离中国。[①]
德国关闭驻福州、厦门的领事馆,退出了西方国家争夺福建势力范围的历史舞
台。在近现代德国在闽势力的扩张过程中,德国的驻闽领事代表扮演了重要
角色:一方面,他们行使着维护本国公民权益、促进德华关系的职责;另一方
面,他们往往也从事、经营和支持德国在中国的情报收集活动,向德国外交部
以及驻北京公使馆密切通报福建相关事务的变动情况。下文将从政治、经济、
军事、文化方面对德国在闽领事馆的活动进行总结。

图 3-3　德国驻厦门领事馆印章(1912)

图片来源:Bundesarchiv, Archivsignatur:R 901/22939, https://invenio.bundesarchiv.de/
invenio/direktlink/79d4ae6d-ca09-4767-ace0-57bbbce4d74e/ E,[2022-05-15].

一、统计在闽德人数量

1864 年,德意志驻厦门领事巴仕楠上任后便对在厦门生活的德国人数量
和职业进行了统计,见表 3-3。

---

① 　来源:全国报刊索引数据库(https://www.cnbksy.com,[2022-05-02])。

表 3-3　1864 年生活在厦门的德人数量

姓名	年龄	出生地	职业
Busch	28	汉堡	木匠
Gerard	29	汉诺威	杂货商
Caesar Krüger	31	汉堡	商人
Martin，Otto	26	莱比锡	钟表匠
Nielmann，Carl	35	维斯马	商人
Pasedag，Adolph	35	贝尔根	商人
Pasedag，Carl Julius	35	格里门	商人
Schmidt	45	汉堡	面包师
Schmidt，Wilhelm	34	德绍	杂货商
Stefen	31	汉堡	木匠
Ulisch，Hermann	28	安格尔明德	商人
Witt，Heinrich	21	汉堡	商人

数据来源：Manuel Rigger, *German Involvement in Xiamen After the First Opium War 1842-1917*, Xiamen University, Master thesis, 2015, 31.

　　由表 3-3 可看出，1864 年在厦门工作生活的德国人仅有 12 人，与其他在厦门的外国人数相比，厦门的德国人数量很少，其中超过一半从事与贸易相关的工作。此后，随着德国在华势力的逐渐扩大，生活在厦门的德国人数量有所提高，直到 1878 年，共有 38[1] 名德国人在厦门生活，但相较英国（133 人）和美国（121 人）[2]仍相去甚远。至 19 世纪 70 年代末，在厦门生活的德国人突然增多，这与当时的航运贸易环境有密切关联。19 世纪 70 年代起，德国船只进出厦门港的数量和吨位均逐年增加，1871 年德国进出厦门港的吨位排在英国、美国和法国之后，位居第四，1875 年时，德国船的数量和吨位已经超过英国。[3]一方面，德国船只性能更好，保养的效果也更出色；另一方面，据称德国船主更受货主们欢迎，并且他们的船只只雇佣欧洲海员，降低了发生不必要冲突的风

---

① （英）赫伯特·艾伦·翟理斯：《鼓浪屿简史》，载何丙仲编译：《近代西人眼中的鼓浪屿》，厦门大学出版社，2010 年，第 194 页。

② （英）赫伯特·艾伦·翟理斯：《鼓浪屿简史》，载何丙仲编译：《近代西人眼中的鼓浪屿》，厦门大学出版社，2010 年，第 194 页。

③ 福州海关编选：《近代福州及闽东地区社会经济概况》，华艺出版社，1992 年，第 47 页。

险,更为安全和可靠。然而好景不长,19世纪90年代以后,厦门口岸的茶叶、糖制品等主要货物的进出口贸易额逐渐下降,特别是与外国的茶叶贸易完全陷入停滞。曾于1899至1903年担任海关税务司的习辛盛(C. Lenox Simpson)在《海关十年报告之二》中回顾了1892至1901年的贸易,明确指出:"(厦门)的贸易前景并不乐观,表现明显的衰落趋势[……]除非发生根本的变化,否则这里的前景并不预示着贸易的增长。"①随着厦门航运业的整体衰落,德国人的数量也逐渐回落到20人左右(图3-4)。

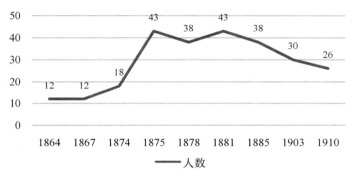

图3-4　生活在厦门的德国人数量统计(1864—1910)

数据来源:Manuel Rigger, *German Involvement in Xiamen After the First Opium War* 1842-1917, Xiamen University, unpublished master thesis, 32.

二、向中国海关安插德籍官员

海关不仅在清政府财政收入来源中占有举足轻重的地位,也是列强争夺在华经济势力范围的重要地点之一。第一次鸦片战争之后,英国人把持了海关总税务司等重要职务。1864年,德意志公使李福斯来华后,便开始在中国海关安插德籍职员,为在华德商谋取更多利益。他先是与担任中国海关总税务司的英国人赫德(Robert Hart,1835—1911)建立了良好关系,紧接着便陆续向中国海关引荐德籍职员。厦门海关因此曾一度拥有相当数量的高级德籍海关官员。

---

① 习辛盛:《海关十年报告之二(1892—1901)》,载厦门市志编纂委员会、《厦门海关志》编委会编:《近代厦门社会经济概况》,鹭江出版社,1990年,第296页。

表 3-4　近代厦门海关德籍高级职员名录

入职年份	职务	姓名
1876	税务司	康发达（Kleinwachter，F.）
1877	主管帮办	夏德（F. Hirth）
1881—1882	二等帮办	密喇（Müler，G. F.）
1894	头等帮办后班	聂务满（Neumann，J.）
1901	二等帮办前班	鲁师达（Ruhstrat，E. K. A.）
1906—1907	副税务司	哈密师（Hanich，S. J.）
1908	税务司	威礼士（A. H. Wilzer）
1908	头等总巡	鲍纶（Braun，R.）
1913	超等帮办前班	顾伦曼（Grundmann，H. M. W.）
1915	头等总巡	马仕卜（Maasberg，C. A.）
1916—1917	头等总巡	马仕卜（Maasberg，C. A.）
	理船厅	马仕卜（Maasberg，C. A.）

　　数据来源：参照《近代厦门社会经济概况》(《厦门海关志》编委会编选,鹭江出版社,1990 年),《鼓浪屿文献资料目录汇编》(厦门大学民间历史文献研究中心编,2011 年,第696 页),由本章作者整理。

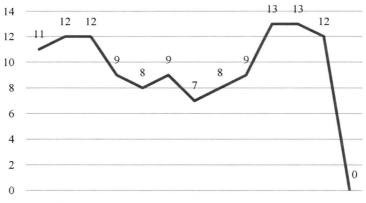

图 3-5　厦门德籍海关职员人数变化（1899—1918）

　　数据来源：参照《鼓浪屿文献资料目录汇编》,由本章作者统计并整理。

　　上述资料表明,从 19 世纪 70 年代起,德国方面就已经有计划地向海关安插德籍职员,尽管数量上有所波动,但德籍官员数量一直稳定在 10 人左右,且在重要职务上始终占据一席之地。相关海关报告①表明,身居高位的海关职员可以在第一时间通过数据获取最新的贸易动态,如畅销或滞销产品、政策动向等。这些一手信息的获得对于列强在华政策的选择和制定具有举足轻重的意义。1917 年中德断交之后,厦门海关中德籍职员的数量骤降至零。此后,厦门海关转由英国、美国和日本势力轮番掌控。

三、谋设工务局

正如上文所述,德国选择在厦门设立领事馆是基于其在华势力范围布局的考虑。为了更深入、更便捷地扩张在华利益,德国以及其他西方列强一直设法将鼓浪屿纳入公共租界之列。1877 年,针对在厦门借口设立工务局以掌控鼓浪屿一事上,德、英两国通过秘密谈判达成了共识。同年 7 月,英国驻厦门领事阿拉巴斯特(C. Alabster)连同德国驻厦门领事壁斯玛(C. von Bismarck)一起,向兴泉永道(管辖兴化州、泉州府和永春州)的道台②司徒绪呈递了一份照会,要求设立"工务局",同时抄送擅自拟定的 10 条章程,准备着手管理鼓浪屿。第二年夏天,英、德两国领事又假借"除逆缉匪"之名,再次向兴泉永道提出申请。与此同时,清政府已识破英、德两国的真正意图,司徒绪在转禀闽浙总督何璟的密件中指出:"英德在照会中讳莫如深,不直言'租界',而以设立'工务局'为理由,进行缠扰。"③为了防止日后出现列强得寸进尺抢夺资源、占据领土的情况,何璟在致总理各国事务衙门的信函里也指出:"外国人企图阳袭上海工部局之名而阴收包鼓浪屿之实"④,清政府遂拒绝了两国驻厦门领事的要求。

四、设立公共租界

德国作为较早向厦门派出领事并建立领事馆的国家,在推动鼓浪屿公共

---

① 可士吉:《海关年度贸易报告(1866)》,载厦门市志编纂委员会、《厦门海关志》编委会编选:《近代厦门社会经济概况》,鹭江出版社,1990 年,第 8 页。

② 道台即道员,是介于省、府之间的地方官员,清初官阶不定,乾隆十八年(1753)规定道员官衔一律定为正四品。

③ 中国人民政治协商会议厦门市委员会文史资料研究委员会编:《厦门文史资料·第 16 辑:厦门的租界》,鹭江出版社,1990 年,第 11-12 页。

④ 中国人民政治协商会议厦门市委员会文史资料研究委员会编:《厦门文史资料·第 16 辑:厦门的租界》,鹭江出版社,1990 年,第 11-12 页。

租界的设立以及后续的经营管理活动中扮演了重要角色。中日甲午战争之后,日本援引《公立文凭》第三款(即"一经日本政府咨请,即在上海、天津、厦门、汉口等处设日本专管租界"),要求在厦门设立"专管租界",企图占据鼓浪屿三分之一的土地,以此作为侵略中国大陆的跳板。日本欲独占鼓浪屿的计划引起了其他西方列强的关注。1899 年 2 月 8 日,美国驻厦门领事巴詹声(A. Burlingame Johnson)在得知消息后,曾向道台恽祖祁和通商委员王寿衡打探情报。德国驻厦门领事梅泽担心日、美两国从中作祟,导致德国利益受损,于是在美国领事拜会道台后的第二天也登门拜访,提出交涉,施加压力,以"厦门鼓浪屿是各国通商口岸,不能有租界"[1]为借口,阻止清政府将鼓浪屿拱手让给日、美两国,并提出鼓浪屿应由中国官厅会同各国领事派员征收捐费、设立巡捕、清理街道,这为"鼓浪屿工部局"的创立以及列强瓜分鼓浪屿埋下了种子。厦鼓人民得知此事后,纷纷罢海、罢市,以示反抗。在多方施压下,日本欲设立专管租界一事移送至北京,由各国公使与清廷总理各国事务部门共同商议决定。经各国斡旋后,日本暂时放弃了将鼓浪屿占为"专管租界"的要求,清政府最终答允日本将厦门虎头山脚以北面积 4 万坪(约 13.2 万平方米)的土地占为租界,此事方告一段落。

但列强完全掌握鼓浪屿的企图并未就此作罢。戊戌变法失败后,列强再次掀起瓜分中国的狂潮。在"门户开放、利益均沾"的动机下,美国驻厦门领事巴詹声向闽浙总督许应骙提出:"如果把鼓浪屿划作公共租界,既可以杜绝日本独占的野心,还可以兼护厦门,一举两得。"[2]无计可施的许应骙认可了这一方案,经过多轮谈判与协商,1902 年 1 月,各方代表在鼓浪屿签署了《厦门鼓浪屿公共租界章程》(图 3-6)。同年 11 月,光绪皇帝批准后,该章程正式生效,鼓浪屿最终沦为多国共同管理的"国中之国"。

依据《厦门鼓浪屿公共租界章程》(以下简称《章程》),列强仿照上海工部局设立了"鼓浪屿工部局",从字面上看像是带有"工务"性质的组织,但从它的英文名 Municipal Council(市政会)就可以窥探出该机构的本质。"鼓浪屿工部局"实质上是西方列强在此设立的行政统治机构,同时拥有立法、司法、行政三种权力,它是列强在鼓浪屿商议和实施详细治理政策的主要责任机构。工部局的实际决策部门为董事会,董事会名额为 7 人,其中 1 名由兴泉永道台指

---

① 中国人民政治协商会议厦门市委员会文史资料研究委员会编:《厦门文史资料选辑·第 3 辑》,鹭江出版社,1980 年,第 17 页。

② 何丙仲:《鼓浪屿公共租界》,厦门大学出版社,2010 年,第 38 页。

图 3-6　1902 年《厦门鼓浪屿公共租界章程》的签署地日本领事馆

图片来源：《鼓浪屿百年影像》(周旻主编，厦门大学出版社，2017 年)。

派租界内所谓"殷实妥当的绅士"担任，其余 6 人则由洋人纳税者会选举出的外国人担任。选出董事组成董事会后，工部局于每年年初召集第一次董事会并选正副董事长各 1 名。此后的董事会议由董事长召集并主持。如遇议案因票数均等而无法做出决议时，董事长可按《章程》行使第二次表决权，且工部局的董事长具有左右工部局局务的权力。[①] 例如德商宝记洋行（Pasedag & Co.）大班韩巴乐（B. Hempel）就由当时的德国驻厦门领事选派为首任工部局董事会董事之一。

　　虽然工部局坐拥立法、司法和行政三种权力，但它实际上由驻京公使团以及驻厦领事团操控，"领事团"由各国领事共同组织，为工部局董事会的直接上级机关。列强势力在"公共租界"所推行的所有殖民统治政策都由"领事团"制定。《章程》[②]规定：

　　　　无论洋人纳税者常年会或特别会议所通过的任何决议案，都须送请领事团核批，非得领事团的多数通过，不得执行；

　　　　工部局制定或修改《律例》，须送请领事团核批；

---

① 参见中国人民政治协商会议厦门市委员会文史资料研究委员会编：《厦门文史资料·第 16 辑·厦门的租界》，鹭江出版社，1990 年，第 115 页。

② 詹朝霞译：《厦门鼓浪屿公共地界章程》，载《鼓浪屿研究》，厦门大学出版社，2015 年，第 156-168 页。

领事团每年须成立领事法庭,作为受理工部局或该局秘书被人控告的机关。

图 3-7 《厦门鼓浪屿公共租界章程》的相关规定

图片来源:《鼓浪屿百年影像》(周旻主编,厦门大学出版社,2017 年,第 191 页)。

而领事团中的"领袖领事"①更是鼓浪屿的权力中心:除了召集并主持洋人纳税者常年会和特别会议以外,中国政府(厦门海防厅)引渡逃到鼓浪屿岛内的刑事"犯事人",须经"领袖领事"签字,方可执行。这样一来,"领袖领事"就可以随心所欲地包庇有利于他国利益的人。"领袖领事"虽然不直接干预公共租界的日常行政事务,但拥有整个鼓浪屿公共租界最大的职权,使得工部局一直未能绕过领袖领事直接与厦门地方官府打交道。因此,"领袖领事"一职历来是帝国主义列强的禁脔。英、美、德、法、日等国家都争相角逐此职位,以最大化攫取在厦利益。德国驻厦门领事梅泽就曾担任过 1897 至 1904 年、

① 厦门市档案局:《近代厦门鼓浪屿公共租界档案汇编》,厦门大学出版社,2018 年。

1905 至 1911 年两任"领袖领事"。据《字林西报》①（*North China Daily News*）记载，在任期间，他曾配合清政府禁鸦片的政策，在 1908 年 6 月 16 日的工部局特殊会议上提交以下决议：（1）所有吸食鸦片的商店和房屋在有关这一问题的特别公告发布后的两个月内关闭，该公告将在领事机构批准后立即发布。（2）许可一定数量的商店销售预制鸦片；一半的商店在 1909 年 3 月 31 日前关闭，其余一半在 1910 年 3 月 31 日前关闭。这在一定程度上促进了清政府禁售鸦片政策的执行。②

从另一面看，《厦门鼓浪屿公共租界章程》签订后，英、美、日、德、荷兰、西班牙、挪威、奥地利、瑞典、菲律宾等国纷纷在鼓浪屿上设立领事馆，兴办学校和医院，岛上的市政建设进入了迅速发展阶段，道路、码头、电灯、电话、自来水等基础设施逐步得到完善，客观上促进了鼓浪屿上较早出现具有现代化特征的公共社区管理体制。

五、设立"客邮"

"客邮"是外国人在中国境内所办的邮政，"客邮"除了供外国侨民寄收信件、包裹以外，还收寄批信局交寄的回批总包邮件和中国人寄往国外的信函。③"客邮"局的往来邮件使用的是外国的邮票，收寄件程序遵照外国邮局的章程，不受中国海关的检查。因此，"客邮"常常是西方列强用于收集中国政治、军事、经济情报的渠道。此外，不少国家还利用"客邮"暗地运送鸦片、吗啡等毒品进入中国。

1842 年 4 月 15 日，英国驻香港第一任总督璞鼎查（Henry Pouttinger）先是在香港开了开设"香港英国邮局"的先例，此后又擅自在福州、厦门设立了"香港邮政分局"。德国领事馆借口所谓"利益均沾"的原则，于 1902 年前后在福州、厦门设立了"客邮"机构，直至 1917 年中德断交，福州、厦门的德国"客邮"机构才随之关闭。

---

① 《字林西报》（*North China Daily News*）前身为《北华捷报》（*North China Herald*），曾经是在中国出版的最有影响的一份英文报纸。英国商人奚安门（Henry Shearman）1850 年 8 月 3 日在上海创办《北华捷报》周刊，主要读者是外国在华外交官员、传教士和商人，1951 年 3 月停刊。

② 来源：全国报刊索引数据库，https://www.cnbksy.com，[2022-01-02].

③ 福建省地方志编纂委员会：《福建省志·邮电志》，方志出版社，1996 年，第 17 页。

六、维护德国在闽利益

在清政府软弱无能的背景下,德国领事馆除了维护本国国民的合法权益,还从事了一系列干涉中国司法的行为。1882 年 11 月 20 日,一名名叫戈栢(Gerard)的德国商人(一说为葛拉洋行)擅自在厦门制造生产了四十九口大铁锅。当时铁器被视为战争物资,只有持有官府特许执照的个人或机构才能进行生产和买卖。地方官厅依法将其铁锅没收,德国公使巴兰德(Max von Brandt)出面与总理衙门进行交涉未果,德国舰队司令随后横加干涉。同年 12 月 29 日,德国驻扎在厦门的海军上校布朗克派遣一支武装陆战队封锁了从码头到厘捐局的街道,并冲进厘捐局大门,强行将收缴的铁锅运回德国领事馆。① 德国由此出现了用武力威胁粗暴干涉中国司法程序的行为。虽然这批铁锅最终回到了德国人的手中,但清政府也基于该事件制定了新规则,禁止外国人在中国生产的铁锅再从中国出口到其他国家。

除了干涉司法以外,为了维护在华利益,德国领事馆官员的重要任务之一,便是向德国外交部和驻北京公使详细报告一切与"德国利益"相关的消息,以便德国政府及时调整对华政策。以军事装备买卖为例,1892 年 7 月 4 日,时任德国驻厦门领事樊德礼(Ch. Feindel)就曾写信密告巴兰德公使,称虽然福建省政府已向德国克房伯兵工厂购置军备,但在此间有一个极为活跃的法国副领事声称也对政府军备买卖颇感兴趣,并提醒德国政府可通过适当方式将此事转告克房伯驻华代表,以免被他人乘虚而入。② 由此也可看出,当时的德国领事馆作为德国政府在厦门的监视机构,时刻掌握并向上级汇报厦门最新动态,在巩固和争取德国在华利益上扮演着重要角色。

七、建立博闻书院

与政治、经济活动相比,有关德国驻闽领事馆在福建从事文化经营活动的相关记载少之又少。史料唯一提及的是一家名为"博闻书院"的公共图书馆。1875 年 6 月,时任德国驻厦门领事馆的柯劳尔(Dr. R. Krauel)联合英国领事

---

① 沈瑜庆、陈衍纂:《福建通志》,江苏广陵古籍刻印社,1986 年,第 4303 页。

② (德)H. 施丢克尔:《十九世纪的德国与中国》,乔松译,生活·读书·新知三联书店,1963 年,第 350 页。

费立士(George Phillips)等人致信兴泉永道道员叶永元,倡议建立博闻书院,以提供公共阅读场所、传播知识。7 月,厦门地方官员即批给第 116 执照准予"出入院内阅看书报"①。博闻书院名义上由社会出资运营,道台每月固定自主 8 元、海防厅 2 元以及海关 2 元。此外,领事人员还为该图书馆雇用了一名办事员,专门负责管理图书与期刊。1917 年,博闻书院因遭台风被毁而停办。

第四节　总　结

在国内资产阶级期望国家通过强制手段攫取更多在华利益的呼声愈来愈高的背景下,德国在完成工业革命与国家统一后,亦紧跟英国、法国、俄国、美国的脚步前往远东拓展殖民地。

统一后的德意志国家借助其经济、军事势力,通过开设工厂、投资洋行、买卖军火、投资铁路和矿山、抢占中国领地等富有扩张性的政策手段,逐步打入中国腹地。纵观近现代德国的在华布局,19 世纪末的福建在其中居于重要位置。因为拥有条件优良的港口,福建在经济、军事上的优势备受西方国家关注,厦门一度成为西方国家,特别是德国意欲抢占的对象。在察访厦门及其周边地区后,德方最终决定在福建设立领事馆。在成立之后,德意志驻福州、厦门领事馆通过统计德籍人口数量、安插德籍海关职员、谋设工部局、积极参与鼓浪屿公共租界治理等方式,参与了德国在华战略布局,同时深度参与了西方国家在福建的利益分配,并在其中试图巩固和扩大德国在华利益。

尽管在近现代时期,德国的对闽政策在客观上给当地引入了先进的知识与技术,一定程度上参与了当地经济、科技的发展,并通过建立学校、医院等培养了一批专业人才,但因为 19、20 世纪之交德国对华政策的目的始终是加强对华殖民地布局、扩大自身的势力范围、不平等地攫取中国市场的利益,近代的中德关系绝非一种对等的政治关系。随着 1917 年中德断交,德国接连撤销驻福州、厦门领事馆,在闽势力日渐式微。此后,尽管在南京国民政府时期,中德两国在政治、经济和军事上交往密切,但彼时德国对华政策制定的重点早已从福建转到了山东、上海以及华南其他地区。

---

① 　台北"中研院"近代史研究所编:《中国近代史资料汇编·海防档》,"中研院"近代史研究所,1957 年,第 206-208 页。

第四章　近现代在闽德商[①]

第一节　近现代在闽德商概况

福建作为中国传统产茶区,在近现代我国海上贸易和对外交往中占有重要地位。鸦片战争后,福州、厦门两港口被划为通商口岸,而德国作为迟到的民族国家,亦希望分得远东利益。早在 19 世纪 50 年代,来自普鲁士城市格里门(Grimmen)的商人巴仕楠(Charles Julius Pasedag)创立了厦门首家德商企业"宝记洋行"(Pasedag & Co.)。由汉堡商人格奥尔戈·提奥多·希姆森(Georg Theodor Siemssen)创立的知名德国在华洋行"禅臣洋行"(Siemssen & Co.)则于 1860 年在福州设立分公司,经营福建茶叶的出口贸易。[②]

1860 年,普鲁士王国派出外交使团来到中国,1861 年 9 月,德意志邦联与清政府签订《中德〈通商条约〉》,正式建立外交关系,条约规定德意志各邦在中国享有领事裁判权、片面最惠国待遇,以及德意志军舰可驶入中国各口岸等。[③] 以普鲁士为首的德意志邦联随后于 1864 年在福州、厦门两个通商口岸

---

① 本章作者:林佳璐(厦门大学)。

② Bernd Eberstein, *Hamburg-China : Geschichte einer Partnerschaft*, Hamburg:Christians. 1988,36-98.

③ 孟虹:《一战前后中德关系的演变及其对中国近代外交理念的影响》,载《武汉大学学报(人文科学版)》2015 年第 5 期,第 112 页。

正式设立了驻华领事馆。

在当时的背景下,德意志各邦驻华领事馆中,当地有影响力的德商兼任领事、参与当地外国人社区的行政管理(例如鼓浪屿工部局)并不罕见。[①] 德商的经济地位帮助他们获得政治地位,身为通商口岸领事的政治地位亦维护了德商在闽的经济利益。

总体而言,近代德意志在中国的主要经营地并不在福建,因此相对于英、日而言,在福建的德商人数较少,影响相对较弱。德国一战战败之后,德商资产作为敌产被北洋政府没收,德商更是元气大伤。但在此背景下,仍有部分在闽德商企业坚持下来,在近现代福建对外商业活动中留下了不可忽视的德国印记。

一、福州德商

福州的兴起与茶叶贸易密不可分。从地理位置来看,福州位于闽江入海口处,河运海运较为便利,是闽江水系农副土特产品以及省外商品的中转集散地。闽江流域分布着多个产茶区,福州也是闽江流域乃至福建省的茶叶交易中心。19 世纪 50 年代,在太平天国起义期间,因上海被小刀会占领,茶叶贸易中心迅速转移到福州,[②]又由于湖南省及中国其他各地发生骚乱,茶叶运往广州和上海的内地运输时有中断,福州便成为外国收购中国茶叶的主要商港之一。[③] 19 世纪 90 年代,由于世界茶叶市场上印度茶、锡兰茶等地区的茶叶异军突起,受到西方人青睐,福建茶叶日渐失去了昔日的市场地位,福州茶叶贸易日渐式微。除了茶叶贸易,木材贸易也是福州德商贸易的一大热门领域。原木在闽江上游地区被采伐后顺流而下,在闽江下游即福州的锯木厂被加工成木材后出口。由于无节制的砍伐,闽江上游逐渐山林荒芜,生态失衡。

根据《福建省志》记载,民国时期福州的知名德国企业有禅臣洋行、贻中公司、鸿记洋行、东亨洋行等。[④]另据福建省档案馆资料,1927 年至 1929 年,上海德商爱礼司洋行曾在福州泛船浦禅臣埕有分行福州爱礼司洋行,负责在福

①　Bernd Eberstein, *Hamburg-China: Geschichte einer Partnerschaft*, Hamburg: Christians. 1988, 64.

②　仲伟民:《茶叶、鸦片贸易对 19 世纪中国经济的影响》,载《南京大学学报(哲学·人文科学·社会科学版)》,2008 年第 2 期,第 99-113 页。

③　姚贤镐:《中国近代对外贸易史资料》,中华书局,1962 年,第 612 页。

④　福建省地方志编纂委员会:《福建省志·外事志》,方志出版社,2004 年,第 87 页。

州售卖肥田粉。[①] 福州于 1941 年查封"领馆和德籍敌产"[②]时，市内尚有德商生生公司、德商禅臣洋行(亦称谦信洋行)的产业。生生公司在福州台江福州第五码头内有产业一处，抗日战争爆发后被福州基督"教会赖师母占领(并)将该地址转租与民治锯木厂建筑经营锯木之用"[③]，据此推测生生公司原经营锯木厂生意。禅臣洋行在福州则拥有禅臣洋行(泛船浦前街 5 号)、禅臣洋行经理住宅(即禅臣花园，程埔路 17 号)、禅臣洋行避暑小屋(鼓岭柱里)等几处房产。[④]

二、厦门德商

厦门拥有优良海港，且毗邻台湾。汉堡德商格奥尔戈·提奥多·希姆森在 1853 年就曾致信汉堡市议会，认为在厦门可以进行中国内地沿海贸易、台湾大米出口贸易以及一部分福建茶叶贸易。[⑤]

从 19 世纪 50 年代到 19 世纪 70 年代，有记录的厦门德商仅有一家，即 1859 年创办的宝记洋行(Pasedag & Co.)。19 世纪 80 年代有记录的德商洋行为 3 家，这一数字到了 1898 年为 2 家，1900 年为 3 家，1902—1906 年为 2 家，从 1906 年到一战前只剩宝记洋行一家。1917 年宝记洋行作为敌产被政府没收之后，在厦德商渐无所闻。[⑥]

同时期在华德商企业数量从 1850 年的 7 家增长至 1872 年的 40 家，到 1892 年为 78 家，1898 年 80 家，1892 年 145 家，直至一战爆发前的 1913 年达

---

① 福建省建设厅关于德商爱礼司洋行狮马牌肥田粉准于行销内地的指令，福建省档案馆，编号 0057-001-000033。

② 福建省政府关于查封领馆和德籍敌产、指定接收、保管单位的电、指令，福建省档案馆，编号 0022-001-000431。

③ 中央信托局福州分局给省建设厅、福州市政府有关台江第五至第六码头原属日籍台人所营三民煤炭公司和德国生生公司之产业的代电，福建省档案馆，编号 0053-003-000098。

④ 福建省政府关于查封领馆和德籍敌产、指定接收、保管单位的电、指令，福建省档案馆，编号 0022-001-000431；粤桂闽敌产清理处关于福州禅臣洋行、德国驻福州领事馆的房产永久作为圣经学校和省研究院院址的代电，福建省档案馆，编号 0053-004-000335。

⑤ Bernd Eberstein, *Hamburg-China：Geschichte einer Partnerschaft*, Hamburg：Christians, 1988, 98-103.

⑥ Manuel Rigger, Trade and Commerce：German Involvement in Xiamen After the First Opium War 1842—1917(Ⅲ), in *Journal of Gulangyu Studies*, 4(2016), 7.

到 296 家[1]，呈持续增长状态，与之相比，厦门德商数量基本没有变化。随着
1864 年台湾大米贸易被禁止，福建茶叶贸易式微，鸦片贸易日渐失去市场，加
之日本占台后侵蚀厦门市场，厦门对于德商而言，其市场潜力也在缩小。厦门
优良的港口与航线可以沟通东南亚、南亚的地理优势一度对德商有一定的吸
引力，德国也一度设想将厦门建设为军港。但随着日本在厦门的影响力扩大，
德资贸易公司和航运公司在厦门本就不广阔的发展空间进一步被挤压，厦门
逐渐失去了对德商的吸引力。

根据《福建省志》记载，民国时期厦门的德国企业有宝记洋行和谦记洋
行。[2] 另在《福建通志》中记载的"铁锅事件"[3]中，还提到了在厦德商戈栢
（Gerard），[4]以及德国人在鼓浪屿经营的酒店"新厦门酒店"（The New Amoy
Hotel）。[5] 近现代厦门的德国企业中，宝记洋行（Pasedag & Co.）创立最早，
影响最大。[6]

第二节　近现代在闽知名德商

一、禅臣洋行[7]

在近现代福州德商企业中，以福州禅臣洋行存在时间最长，影响最大，在
闽德商现存史料中，亦以福州禅臣洋行及其家族资料最为丰富，后文将聚焦福
州禅臣洋行及其所有人家族在福州的发展历史，从中一窥近现代在闽德商在

①　Manuel Rigger，Trade and Commerce：German Involvement in Xiamen After the First
　　Opium War 1842—1917（Ⅲ），in *Journal of Gulangyu Studies*，4（2016），7.
②　福建省地方志编纂委员会：《福建省志·外事志》，方志出版社，2004 年，第 89 页.
③　本书第三章有说明。
④　沈瑜庆、陈衍等：《福建通志》，方志出版社，2006 年，第 4303 页。
⑤　Arnold Wright，*Twentieth Century Impressions of Hongkong，Shanghai，and other
　　Treaty Ports of China*，London：Lloyds Greater Britain Publishing Company，1995，828.
⑥　Manuel Rigger，Trade and Commerce：German Involvement in Xiamen After the First
　　Opium War 1842—1917（Ⅲ），in *Journal of Gulangyu Studies*，4（2016），7.
⑦　近现代以来的资料多不注重区别 1846 年创立于广州的禅臣洋行（Siemssen & Co.）和
　　1895 年创立于福州的禅臣洋行（Siemssen & Krohn），为使时间线更清晰，本章将 1895
　　年设在福州的禅臣洋行称为"福州禅臣洋行"。

时代洪流下的生活和经营状况。

创立于广州的禅臣洋行于1860年在福州设立了分公司。1895年福州禅臣洋行建立,经营茶叶贸易和木材贸易。一战之后,福州禅臣洋行虽然遭受重创,但依然能够卷土重来,并将业务扩展至上海,成为重要的在华德商,直到二战后再次被没收才倒闭。福州禅臣洋行在少数立足于福建的德商中,无论贸易规模、地位,还是经营时间都首屈一指。

(一)初期发展

禅臣洋行与福州的交集自汉堡德商格奥尔戈·提奥多·希姆森(图4-1)开始。希姆森早年作为德国汉堡贸易公司罗斯公司(Ross, Vidal & Co.)的货物主管,经营该公司与澳大利亚、印度尼西亚的贸易。1841年,罗斯公司派他前往广州考察,以判断德意志地区的商品在广州市场是否有好销路,为创立该公司驻广州分公司进行背景调研。从结果来看,希姆森在这次调研中一定认为广州市场和中国市场前景光明、大有可为。凭借广州的其他德商洋行和英商洋行的帮助,他于1846年10月1日就在广州创办了属于自己的贸易公司禅臣洋行,这是广州的第一家创办人来自汉堡的公司。①

图 4-1　格奥尔戈·提奥多·希姆森

图片来源:Bernd Eberstein, *Hamburg-China:Geschichte einer Partnerschaft*, Hamburg:Christians. 1988, 38.

1852年,希姆森就任汉堡驻广州领事。希姆森极为重视领事工作,并鼓励公司的其他合伙人就任汉堡驻当地领事。② 在希姆森任汉堡驻广州领事期

---

① N. N.，Die Handelshäuser der Familie Vidal in Hamburg und Batavia，deren Mitarbeiter Georg Theodor Siemssen und die Gründung von Siemssen & Co. in China，in *StuDeO-INFO*，1(2008)，6-10.

② Bernd Eberstein, *Hamburg-China:Geschichte einer Partnerschaft*，Hamburg:Christians. 1988，38-39.

间,他迫切希望在中国扩大汉堡企业的经济疆域。希姆森分别于 1852 年和 1855 年向汉堡市议会写信,建议在厦门、福州设立汉堡领事馆。他的建议很快得到了回应。1853 年,在厦门的汉堡人威廉·曼辛(Wilhelm Mensing)被任命为汉堡领事,1856 年,汉堡在福州设领事,上海的汉堡领事霍格(Hogg)兼任福州领事。[①]

希姆森的禅臣洋行也在他任驻广州领事后迅猛发展:1855 年开设香港分公司、1856 年开设上海分公司、1857 年在厦门分设主要负责航运业务的分行、[②]1860 年开设福州分公司。禅臣洋行由此快速成长为在中国多个通商口岸拥有分公司的大商行。[③]

1858 年,希姆森返回欧洲,在汉堡设立禅臣洋行,并将总行迁回汉堡。他在家乡致力于耕耘公司在汉萨的贸易关系,在汉堡市议会提高自己的政治影响力,以反哺禅臣洋行的贸易事业。

而福州禅臣洋行的创办者谢弥沈,即格奥尔戈·提奥多·希姆森的侄子古斯塔夫·提奥多·希姆森(Gustav Theodor Siemssen),就是被格奥尔戈·提奥多·希姆森“带”到福州的。

谢弥沈于 1857 年 3 月 23 日出生在汉堡,是格奥尔戈·提奥多·希姆森的弟弟赫尔曼·尤利乌斯·希姆森(Hermann Julius Siemssen)的儿子。他在 1882 年跟随格奥尔戈·提奥多·希姆森的脚步来到中国,在禅臣洋行的福州分公司担任员工。此前该公司由希姆森的合作伙伴威廉·施韦曼(Wilhelm Schwemann)掌管。1859 年后,由于前汉堡驻上海领事兼福州领事霍格卸任,上海与福州领事分为两个职位,威廉·施韦曼即被任命为汉堡驻福州领事,并一直担任此职务直到他 1868 年回欧。[④] 此后,可能因为经营不善,禅臣洋行于 1885 年关闭了福州分公司。不过谢弥沈并没有离开福州,他兼并了德商朔恩菲尔德公司(Schönfeld & Co.)在福州的业务,与朋友维尔纳·克罗恩(Werner Krohn)于 1895 年在福州开设了自己的茶叶贸易公司,即福州禅臣洋行。1897 年,在合作伙伴克罗恩去世后,谢弥沈成为福州禅臣洋行的

---

① Bernd Eberstein, *Hamburg-China：Geschichte einer Partnerschaft*, Hamburg：Christians. 1988，95-102.

② 何丙仲:《鼓浪屿公共租界》,厦门大学出版社,2010 年,第 8 页。

③ Bernd Eberstein, *Hamburg-China：Geschichte einer Partnerschaft*, Hamburg：Christians. 1988，39.

④ Bernd Eberstein, *Hamburg-China：Geschichte einer Partnerschaft*, Hamburg：Christians. 1988，96.

唯一持有者。

福州禅臣洋行经营的主要业务为茶叶贸易,并将福州茶叶销往欧洲和澳大利亚。谢弥沈的茶叶生意兴隆,利润很高。凭借高超的经商能力,他成为中国茶叶最重要的出口商之一。直到第一次世界大战前几年,他甚至是中国唯一的德国茶叶出口商。此外,福州禅臣洋行亦经营锯木厂以及船运和保险代理业务。

(二)茶叶和木材生意

到了 19 世纪 80 年代,由于成本较低、价格较便宜的印度茶叶、锡兰茶叶与爪哇茶叶大量占有世界市场,福州出口的茶叶已渐渐失去在世界茶叶市场上的垄断地位。1908 年的《闽海关报告》提到:

> 几年前在德国和奥地利畅销的中高档色种茶已经明显地被锡兰茶叶和爪哇茶叶所排挤,它们能否恢复过去的地位仍待拭目。[1]

1908 年的《闽海关报告》还引用了福州几个主要茶商的评述,其中谢弥沈称:

> 虽然几乎所有茶叶的价格都比前一年下降 20% 到 25%,但是除了那些运茶叶的轮船公司外,对于那些与茶叶贸易有关的人都是一个最糟糕的年份。这些公司无疑将会在来年把购茶量降到最小限度。各种茶叶的质量都相当好,可以说好于平均水平。茶价低,银价也低,刺激了购买欲[……]去年最不景气的是过去大量出口的色种茶,它在德国已不受欢迎。这主要是由于几年来英镑价值提高,已经不能再以适中的价格来提供中档茶叶,民众都被迫购买其他代用品,绝大多数不是中国茶叶。现在他们已经习惯了其他代用品的口味,已经不再偏爱真正的色种茶了,因此,真担心福州这部分最重要的贸易最终会消失。值得注意的一个特点是俄国人 30 多年来第一次大批购买洋茶叶,现在很难预料福州茶叶这令人高兴的出路是否会永远长期继续下去,俄国人购买福州茶叶的原因无疑是它比汉口茶叶好。[2]

---

① 池贤仁:《近代福州及闽东地区社会经济概况》,华艺出版社,1992 年,第 271 页。
② 池贤仁:《近代福州及闽东地区社会经济概况》,华艺出版社,1992 年,第 270 页。

到了 1911 年,《闽海关报告》记载:

> 欧洲已经几乎不要低档茶叶了。尽管这些低档茶叶的价格低于以往的任何一年,仍然有 338 箱放在市场上卖不动,可能还要留到下一年。全部产量是 9100 箱,几乎和上一年一样多。投放到市场的"真正的"茶叶——色种茶——仍是次茶,尽管可能比 1910 年的质量稍不好一点。所有的好茶叶和最好的茶都竞争激烈,每担比去年贵 2 至 5 两。中档茶叶的需求量减少,最后成交的价格极为合理。茶叶都相当差,今年的许多好茶叶都制作粗糙。对下游地区的色种茶的需求量很大,主要是德国人购买,这些茶叶大部分在福州包装,茶的价格比过去的一般价格高了 5 两银子,而质量都是不平常的差。①

19 世纪 80 年代后,相对于走下坡路的福建茶叶贸易,福建的木材出口量逐渐上升。甲午战争结束后,德商福州禅臣洋行、英商天祥洋行、日商建兴洋行、英商义昌慎洋行和祥泰洋行等相继在福州设立了十余家锯木厂。闽江上游树木被砍伐后,沿江顺流而下,在福州的锯木厂被加工后,从海道远销上海、香港等地。② 福州禅臣洋行还将目光投向了福建的山林,开设锯木厂,发展木材贸易。但是,数量众多的锯木厂之需求,导致了没有节制的乱砍滥伐,最终闽江沿岸竟从原本的郁郁葱葱变得牛山濯濯:

> 福建木材广销海内已有年矣。其输出价额昔每年约在六百万两上下(光绪丙午丁未年约三百万两,近来不及二百万两,比较差三分之二)。天津、牛庄、宁波、长江一带,台湾一岛,多仰给于此。(上海一带约销七成,津台一带约销三成)[……]其(木材)产地以闽江沿岸一带及延平、建宁、邵武、汀州、尤溪、沙县、仁寿、宁化、德化、归化等处为著。然近年滥伐之结果,已将葱郁之森林,而变为濯濯叠嶂之童山。闻沿江深入内地,有时终日无林之可睹。以此富有森林之地,其原始之枯寂竟如此。③

---

① 池贤仁:《近代福州及闽东地区社会经济概况》,华艺出版社,1992 年,第 188 页。
② 林星:《近代福建城市发展研究(1843—1949 年):以福州、厦门为中心》,厦门大学博士学位论文,2004 年,第 59 页。
③ 张遵旭:《福州及厦门》,出版社不详,1916 年,第 17 页。

这导致到 1909 年时,一直被视为福州"第二根弦"[①]的木材也显出颓势:

> 过去一直没有进行任何努力来满足不断增大的需求,现在只好砍伐那些本来应当在几年后才能投入市场的半成熟木材。在几年之内一家锯木厂就得倒闭,因为已经很难弄到足够大的木材了。本口岸的唯一希望是造林、这个地区的数百万英亩的山坡不能再光秃秃下去了。外国租界所进行的试验表明,珍贵的澳大利亚树和其他国家的树种可以在本地成活,特别是在更阴凉的条件下成活,而木质坚硬的枞树可以在更裸露的地方长得枝大叶茂,形成一道屏障,保护幼树和更嫩的树苗。[②]

在此背景下,与澳大利亚等地有贸易往来的福州禅臣洋行大量参与了海外新树种试种活动。今天在谢弥沈的住宅——禅臣花园(图 4-2)遗址中,仍保存了多棵当年引进的海外珍贵树种,例如原产于澳大利亚的异叶南洋杉和大叶南洋杉,原产于印度尼西亚的安波娜树,原产于印度的金刚纂等等。[③] 这些百年名木如今依然矗立在原地,讲述着当年疯狂的伐木活动与引进海外树种造林的历史。

图 4-2 谢弥沈私人住所禅臣花园今昔对比

注:左图照片拍摄时间不详,来源为 Rolf Hendrik Siemssen, Das Schloß in Foochow im Zweiten Weltkrieg, in *StuDeO-INFO* 3(2008),18;右图摄于 2021 年 10 月,由福州时代中学侯协銮老师提供。

---

① 池贤仁:《近代福州及闽东地区社会经济概况》,华艺出版社,1992 年,第 274 页。
② 池贤仁:《近代福州及闽东地区社会经济概况》,华艺出版社,1992 年,第 274 页。
③ 国家林业局:《中国树木奇观》,中国林业出版社,2004 年,第 801-813 页。

（三）政治与社交

与大多数有一定影响力的德商一样，谢弥沈也热衷于参与政治。1883年，即到达福州的第二年，谢弥沈即在瑞典、挪威驻福州领事馆任职。[①] 后于1886年又在瑞典、挪威驻福州领事馆担任副领事。[②] 1894年，谢弥沈被任命为德国驻福州领事馆署理领事，1895年授领事衔。1898年4月，普鲁士王子海因里希亲王（Albert Wilhelm Heinrich von Preußen，1862—1929）乘德国巡洋舰"格菲翁号"（Gefion）到达马祖岛时，谢弥沈曾作为福州领事迎接他。据称二人曾同乘海关浮标看管船到营前停泊处，再换乘汽艇前往仓前山洋人聚居地。[③] 当晚，海因里希亲王下榻于谢弥沈的私人住所禅臣花园。由于当时福州仓前山洋人聚居地没有其他合适的住所，除了亲王之外，德国来访的海军军官和政府成员亦经常下榻禅臣花园。[④]

商业与政治上的成功使谢弥沈和他的家族在仓前山上的福州洋人社会中享有较高的声望。至迟在1886年，谢弥沈成为"欧美人组织之商业会议所、社交俱乐部"[⑤]"福州俱乐部"（Foochow club）的成员，并在1891至1895年担任该俱乐部主席。[⑥] 另外，他还在1890至1892年担任"福州本地医院药房协

---

① 参见福建省地方志编纂委员会：《福建省志·外事志》，方志出版社，2004年。

② North-China Herald, SWEDEN AND NORWAY Consulates, in *The North China Desk Hong List*，Jun. 1886，51.《福建省志·外事志》记录，谢弥沈于1906年起任瑞典、挪威副领事，但在1886年出版的 *The North China Desk Hong List* 中已有谢弥沈任瑞典、挪威副领事记录，本章表述以 *The North China Desk Hong List* 时间为准。

③ 参见池贤仁：《近代福州及闽东地区社会经济概况》，华艺出版社，1992年，第397页。

④ Helmut Siemssen/Siems Siemssen, Das HandelshausSiemss en & Krohn, in *StuDeO-INFO* 3（2008），16.

⑤ 张遵旭：《福州及厦门》，出版社不详，1916年，第3页。

⑥ North-China Herald, "FOOCHOW CLUB", in *The North China Desk Hong List*，Jun. 1886，52. North-China Herald, "FOOCHOW CLUB", in *The North China Desk Hong List*，Jun. 1891，55. North-China Herald, "FOOCHOW CLUB", in *The North China Desk Hong List*，Jun. 1892，57. North-China Herald, "FOOCHOW CLUB", in *The North China Desk Hong List*，Jun. 1893，60. North-China Herald, "FOOCHOW CLUB", in *The North China Desk Hong List*，Jun. 1894，74. North-China Herald, "FOOCHOW CLUB", in *The North China Desk Hong List*，Jun. 1895，74.

会"(Foochow Native Hospital and Dispensary)成员。[1]

每逢节日,在福州的欧洲人往往前往谢弥沈位于仓前山上的豪华私人住宅相聚庆祝,这所住宅的餐厅可容纳50人。有英国人曾这样盛赞禅臣花园的奢华耀眼:"带有尖顶的石木城堡式建筑傲然屹立于此,围墙将整个花园包裹在内,但挡不住暖风穿越闽江徐徐而来,花园里的雪松和棕榈树被吹得簌簌作响。花香馥郁,蛙鸣蝉噪,仔细一听,仿佛还能听见马厩里传来清亮的马蹄声。喷泉水声淅沥,从巴黎博览会上买来的灯光还散发着耀眼的光辉。男士们身着燕尾服,女士们一袭白裙,在灯光下翩翩起舞。"[2]在这种场合中,作为主人的谢弥沈总是坐在上首主持筵席。由于其享有较高的经济和政治地位,谢弥沈在福州的欧洲人社交圈中的地位举足轻重。

(四)家庭与生活

谢弥沈1893年在厦门迎娶了出生在中国上海的多萝西·邓(Dorothy Hsidschen Deng)。多萝西·邓是一位有一半中国血统的混血儿,[3]正因如此,她的身份难以得到福州欧洲人的社会认可。尽管两人在1885年已有第一个孩子,直到海因里希亲王访问福州期间请她入席后,多萝西·邓才被福州的欧洲人社会接受。[4] 两人(图4-3)共育有14个孩子,其中大部分在福州出生。希姆森家族在1899至1913年间多次往返德国和福建。在德期间,希姆森家族一方面在欧洲度假,另一方面让较年长的孩子在德国接受教育。1910年,长子弗雷德里克·希姆森(Frederick Siemssen)在德国服完兵役后,随父母回

---

[1] North-China Herald, "FOOCHOW NATIVE HOSPITAL AND DISAPENSARY", in *The North China Desk Hong List*, Jun. 1890, 56. North-China Herald, "FOOCHOW NATIVE HOSPITAL AND DISAPENSARY", in *The North China Desk Hong List*, Jun. 1891, 55. North-China Herald, "FOOCHOW NATIVE HOSPITAL AND DISA-PENSARY", in *The North China Desk Hong List*, Jun. 1892, 57.

[2] Christoph Knüppel/Frieder Knüppel, *Von einem, der in Shanghai überlebte, dort die Frau für's Leben fand und in Kasseedorf starb*. www. ferienhus-oh. de/RHerz261015.pdf, 30-31[2022-01-03]. 译文来自戴冰枝。

[3] Hilke Veth, Wera Schoenfeld geborene Siemssen Ein Portrait anläßlich ihres 95. Geburtstages am 22. Juli 2016, in *StuDeO-INFO* 1(2016), 39.

[4] Hilke Veth, Wera Schoenfeld geborene Siemssen Ein Portrait anläßlich ihres 95. Geburtstages am 22. Juli 2016, in *StuDeO-INFO* 1(2016), 39.

榕,开始参与福州禅臣洋行的事务。[①]

图 4-3　谢弥沈夫妇,摄于 1895 年前后

图片来源:Helmut Siemssen/Siems Siemssen, Das HandelshausSiemss en & Krohn, in *StuDeO-INFO* 3 (2008),16.

　　谢弥沈及其家族在福州仓前山的私人住宅因其豪华程度被人称为"宫殿"[②],该住宅中的花园——禅臣花园中不仅种有来自远洋的珍贵树种,还有一个玻璃温室花园。这个温室花园被谢弥沈称为"兰花屋",其中培育了各式各样的兰花。1899 年 3 月 12 日德国出版的《园艺世界》(*Die Gartenwelt*)杂志刊登了时任德国驻福州领事的谢弥沈给杂志所写的亲笔信的部分内容,并刊登了禅臣花园的温室照片。两张照片的标题为"帝国领事希姆森在福州(中国)的兰花屋"(图 4-4)。两张照片明显都在玻璃暖房中拍摄,花草盆栽郁郁芊芊,数量众多,但摆放有序且美观。一张照片中央是一个各色蝴蝶兰叠起的花山,花山左右上方环绕悬挂着 8 盆植物,地面上左右平行摆放着长桌,上面摆放着盆栽。另一张照片中央是摆成约 1 米小山的各色花草盆景,左上角和右上角各悬挂着品种不同的兰花,地上一左一右立着两个平行的、高于地面约半米长的桌型铁架,架子上摆放着多种植物。

---

① Christoph Knüppel/Frieder Knüppel, *Von einem,der in Shanghai überlebte,dort die Frau für's Leben fand und in Kasseedorf starb*,http://www. ferienhaus-oh. de/RHerz261015.pdf [2021-01-04].

② Rolf Hendrik Siemssen, Das Schloß in Foochow im Zweiten Weltkrieg, in *StuDeO-INFO* 3 (2008),18.

图 4-4　谢弥沈兰花屋

图片来源：*Die Gartenwelt*，24(1899)，281-283.

这篇题为《帝国领事希姆森在福州(中国)的兰花屋》的文章写道，"前段时间，标题中提到的这位爱好者给我们寄来了一些他栽培的植物的照片，今天只刊登了其中的两张温室照片。他栽培植物的观点已被我们收留，供以后使用。所有的照片都表明，这些植物栽培得很好。从爱好者以下信件内容可以看出，只有特别值得称赞的、自学成才的中国工人才能取得这样的成就"。正文刊登的谢弥沈亲笔信内容如下：

> 我冒昧地提示各位，福州不在热带地区。从 10 月到 4 月，我必须日夜不停地给这些花加热。我只雇用中国的园丁，他们是我亲自培训的。
> 希望这些照片能引起你们的兴趣。你们能以任何方式使用这些照片。
> 借此机会，我对你们编辑的报纸表示充分的赞赏。
> 祝福你们！
> 您忠实的，真诚的
> G.希姆森①

谢弥沈为禅臣花园倾注了大量心血。1900 年谢弥沈夫妇参观巴黎世博会时，谢弥沈还在世博会上购入了一盏电动聚光灯，用于照亮其在福州禅臣花园的喷泉。②

①　Gutav Siemssen，Orchideen，in *Gartenwelt*，24(1899)，283-284.
②　Christoph Knüppel und Frieder Knüppel，*Von einem，der in Shanghai überlebte，dort die Frau für's Leben fand und in Kasseedorf starb*，http://www.ferienhaus-oh.de/RHerz261015.pdf[2021-01-04].

在园艺活动之外，希姆森家族还热爱马术，是福州跑马场的常客。1911年末，谢弥沈的长子弗雷德里克·希姆森在福州的一场马术比赛中获得胜利，并认识了莉莉·伯根（Lilly Elisabeth Maria Burgun），两人次年在福州结婚。[①]

1913年，谢弥沈照例携家人到德国普伦湖（Plöner See）畔博绍（Bosau）度假，但是，这次行程之后，他再也没能回到福州的禅臣花园。

（五）一战阴云

由于1914年一战爆发，谢弥沈及其家人未能按原计划返回福州，只能滞留在德国。谢弥沈本人也未等到战争结束，便于1915年在柏林因病去世。谢弥沈的儿子弗雷德里克·希姆森和威廉·希姆森在1914年加入青岛德国海军，二人在1914年11月12日与日本人交战时被俘，之后被押送至日本的战俘营，直到1919年才被释放。谢弥沈另外的两个儿子提奥多·希姆森和尼古拉斯·希姆森1914年时正在青岛上学，战争爆发后，二人逃回福州躲避战乱，后于1919年随大部分德国人一起被遣返回国。[②]

1917年北洋政府正式对德宣战后，闽厦两关从1917年12月起停止给德、奥两国商人发三联单，[③][④]并禁止德奥商人在闽从事贸易。福州禅臣洋行亦作为敌产被没收。[⑤]

（六）卷土重来

1920年，当时的中国政府同意将没收的所有德国财产归还给原先持有这些财产的德国人。1920年末，弗雷德里克·希姆森和提奥多·希姆森重回福州掌管福州禅臣洋行。战后重建洋行的工作困难重重：曾经的生意伙伴联系中断，更糟糕的是，当时福州唯一能供他们使用的银行是来自敌对国英国的汇丰银行。兄弟二人借着公司以往的知名度和声誉，与德亚银行达成伙伴关系，

---

① Hilke Veth, Wera Schoenfeld geborene Siemssen, Ein Portrait anläßlich ihres 95. Geburtstages am 22. Juli 2016, in *StuDeO-INFO* 1（2016），39.

② Helmut Siemssen/Siems Siemssen, Das HandelshausSiemssen & Krohn, in *StuDeO-INFO* 3（2008），17.

③ 即买土货的报单。为了杜绝沿途私卖、偷漏税的现象的发生，清政府总理衙门与英国公使卜鲁斯议定，凡洋商入内地买土货，必须向海关申请买土货报单。

④ 福建省地方志编纂委员会：《福建省志·海关志》，方志出版社，2004年，第47页。

⑤ Helmut Siemssen/Siems Siemssen, Das HandelshausSiemssen & Krohn, in *StuDeO-INFO* 3（2008），17.

并成功使公司再度振兴。1923 年,弗雷德里克·希姆森将福州禅臣洋行总部迁往上海,提奥多·希姆森则留守福州分公司。洋行的业务也不仅仅局限于茶叶贸易,而是逐渐扩展到动物皮毛、帽子、鸭毛、鹅毛、猪肠衣等产品的出口贸易,并进口德固赛(Degussa)、贝林(Behring)、法本(IG Farben)等德国公司的轮胎、自行车和饮料,使公司在困难时期继续顽强生存。[1]

　　弗雷德里克·希姆森在上海的成功使他成为在沪德国人社交圈中的领袖人物,多次担任在沪德国人社交团体"德国花园协会"(Deutscher Gartenklub)的主席。[2] 在福州,希姆森家族也依然是当地有头有脸的家族。[3]

S.M.L. Sauzetti.
Mrs. G. T. Siemssen, a well-known
resident of Foochow, has recently
been visiting Shanghai

图 4-5　上海英文报纸《字林西报》对于提奥多·希姆森夫人抵沪的报道

　　图片来源:*North China Daily News*,18 Apr. 1931,8. 报道中的文字为"一位知名福州居民 G. T.希姆森夫人近日抵沪"。

---

[1]　Helmut Siemssen/Siems Siemssen,Das HandelshausSiemssen & Krohn,in *StuDeO - INFO* 3 (2008),17.

[2]　Christoph Knüppel/Frieder Knüppel,*Von einem*,*der in Shanghai überlebte*,*dort die Frau für's Leben fand und in Kasseedorf starb*,http://www. ferienhaus-oh. de/ RHerz261015.pdf [2021-01-04].

[3]　N.N,Mrs. G. T. Siemsssen,a well known resident of Foochow,has recently been visiting Shanghai,in *North China Daily News*,18 Apr. 1931,8.

不过,军阀混战的时局还是给生活在福州的提奥多·希姆森带来了一些麻烦。当时的报纸记载了这样一个小插曲:1926 年 8 月 20 日晚,提奥多·希姆森和夫人在福州南台岛外国人聚居区散步时,在石座附近遇到一男子。这名男子试图与他们搭话,在这个过程中,他注意到了希姆森夫人的腕表,便突然袭击希姆森夫人,抢得腕表。提奥多·希姆森试图保护夫人,但被歹徒刺伤;他又试图抓住歹徒,但没有追上。因提奥多·希姆森被刺伤,夫妻两人只得前往医院,希姆森在抵达医院时昏倒,又被抬进医院诊室,所幸经检查后发现伤势不重。当天在同一地点又发生了两起抢劫事件。离此处不远是一个来自北方的军营,据称抢劫提奥多·希姆森夫妇的正是一个有着北方口音的人。①

(七)最后的"宫殿"时光

好景不长,日本侵华战争使神州大地深陷战火,第二次世界大战再次重创德国在华公司。自 1942 年到抗战结束,德国与上海的邮政业务停滞,仅能相互发送电报。1945 年,第二次世界大战结束后,福州禅臣洋行再次作为敌产被民国政府征收,公司解散。福州禅臣洋行重返福州或上海的希望最终在战后彻底落空。②

1941 年,在福州二次光复前夜,日本通知仍住在禅臣花园中的谢弥沈遗孀多萝西·邓,他们第二天就要撤军,此后不能保障她在福州的安全。当晚,多萝西·邓与几位仓前山上的欧洲老朋友一起吃了一顿晚饭,第二天,她离开家族的"宫殿",乘一艘日本轮船自厦门前往上海,并在上海度过了最后的岁月。自此,再无德国人居住在福州禅臣花园的"宫殿"之中。③

希姆森家族的友人布兰德(Brand)所写的一封信提到,他 1951 年离开福州时,禅臣花园的玻璃温室和马厩已毁,他们认识的人中仅剩阿同(音译,原文为 A-Tong)还居住在"宫殿"的侧翼。之后,"宫殿"建筑本身也被毁。④ 如今禅臣花园遗址中仅剩人工湖和当年种植的树木,仍在无声地展示着近现代德商在福州留下的印记。

---

①　FOOCHOW MAN IS STABBED WHILE DEFENDING WIFE, BKSY Notice, in *China Press* (cnbksy.com) [2021-01-04],译文来自本章作者。

②　Christoph Knüppel und Frieder Knüppel, *Von einem, der in Shanghai überlebte, dort die Frau für's Leben fand und in Kasseedorf starb*, http://www.ferienhaus-oh.de/RHerz261015.pdf[2021-01-04].

③　Rolf Hendrik Siemssen, Das "Schloß" in Foochow im Zweiten Weltkrieg, in *StuDeO-INFO* 3 (2008), 18.

④　Rolf Hendrik Siemssen, Das "Schloß" in Foochow im Zweiten Weltkrieg, in *StuDeO-INFO* 3 (2008), 18.

二、宝记洋行

德国商人巴仕楠于 1859 年创办的宝记洋行是厦门第一家德商企业,也是厦门最早的几家外商公司之一。据《福建省志》记载[1],巴仕楠来自普鲁士波美拉尼亚省的格里门市(今梅克伦堡-前波莫瑞州格里门市),于 1864 年被任命为布鲁斯(即普鲁士)、汉诺威、咸伯(即汉堡)和鄂尔敦堡(即奥尔登堡)驻厦门代表,后于 1867 年被任命为北德意志公会驻厦门代表。[2] 宝记洋行初期主要依靠买卖台湾大米获得较高利润,但由于 1864 年清政府禁止台湾大米出口,洋行的经营转向了其他领域,[3]如船运代理、进出口贸易代理等。[4]

图 4-6　1880 年前后的厦门宝记洋行

图片来源:Thomas H. Hahn Docu-Images-Historical photographs of China-Amoy-Xiamen 1880,https://hahn.zenfolio.com/p147681789/h15c67505♯h15c67505,[2022-02-18].

---

① Bernd Eberstein, *Hamburg-China*:*Geschichte einer Partnerschaft*, Hamburg:Christians. 1988,103.

② 福建省地方志编纂委员会:《福建省志·外事志》,方志出版社,2004 年,第 31 页。

③ Bernd Eberstein, *Hamburg-China*:*Geschichte einer Partnerschaft*, Hamburg:Christians. 1988,103.

④ Bernd Eberstein, *Hamburg-China*:*Geschichte einer Partnerschaft*, Hamburg:Christians. 1988,103.

1883 年,巴仕楠自厦门回德,将宝记洋行转让给了来自吕贝克的商人丕罗(August Piehl)及另一位德商韩巴乐(Bernard Hempel),二人合伙经营宝记洋行。[1] 丕罗于 19 世纪 70 年代来到厦门,于 1897 年 5 月 12 日担任荷兰、挪瑞联盟驻厦门领事。韩巴乐则于 1891 年来到厦门,1899 年 4 月就任荷兰驻厦门领事,1903 年成为鼓浪屿工部局第一届董事会董事之一。

这一时期宝记洋行经营范围广泛。从 19 世纪 90 年代到 20 世纪 10 年代,宝记洋行主要经营煤炭贸易,以及亚细亚火油公司、北德路易航运公司、汉堡-美洲航运公司、日本邮船株式会社、大英印度航运公司的代理业务。[2] 1910 年前后,除代理德、荷、英、美、日、法、意诸国轮船及保险公司外,宝记洋行还代理伦敦英瑞牛奶公司及上海祥泰木行公司等在厦业务,代理公司总数近三十家。[3] 在这些明面上的业务之外,宝记洋行以航运业务作为掩护,背后还从事了大量"苦力"贸易,即掠夺贩卖契约华工至海外的人口贸易[4]——1902 年至1904 年,51 艘德国轮船共运送了 123 313 名乘客,大多数船登记在宝记洋行名下。[5]

此外,宝记洋行还在厦门开设了制瓦厂。厂内设备如制瓦机、印模机等都是从德国运来的。每块水泥瓦的成本只需几分钱,售价一角多。宝记洋行依靠该制瓦厂获利颇多。但因为制瓦机、印模机的机件并不复杂,制造很容易,宝记洋行害怕中国人看懂制瓦机原理后依样画葫芦仿制出来,导致自己的生财之道被中国人抢走,因此拒绝他人参观制瓦厂。[6]

至 1925 年,宝记洋行又被倒售给商人马天士(C. Martens),并将公司的原外文名改为马天士洋行(Martens & Co.)。[7] 马天士频繁参与毒品走私活动。据《近代厦门经济档案资料》记载,"近代进口吗啡大多为德国产品,宝记

[1] Arnold Wright, *Twentieth Century Impressions of Hongkong, Shanghai, and other Treaty Ports of China*, London: Lloyds Greater Britain Publishing Company, 1995, 828.

[2] Arnold Wright, *Twentieth Century Impressions of Hongkong, Shanghai, and other Treaty Ports of China*, London: Lloyds Greater Britain Publishing Company, 1995, 828.

[3] 黄光域:《近世百大洋行志》,载《近代史资料》,1992 年总第 81 期,第 34 页。

[4] 吴凤斌:《厦门的苦力掳掠》,载《南洋问题》,1986 年第 2 期,第 51-62 页。

[5] 参见 Manuel Rigger, Trade and Commerce-German Involvement in Xiamen After the First Opium War 1842—1917(Ⅲ), in *Journal of Gulangyu Studies*, 4(2016), 10.

[6] 厦门市档案局:《近代厦门经济档案资料》,厦门大学出版社,1997 年,第 164 页。

[7] 黄光域:《近世百大洋行志》,载《近代史资料》,1992 年总第 81 期,第 34 页。

洋行大班马天士多次干这种买卖"①。有记录显示,马天士在担任宝记洋行大班期间,曾在吗啡贸易中诈骗中国买办的押拒金并卷款逃跑。此事在第一章也有提及。②

有研究称,一战结束后,1917 年宝记洋行和其他德国资产一样作为战败国敌产被北洋政府没收。③ 宝记洋行此后在厦门事实上的确失去了踪迹。④

三、新厦门酒店

"新厦门酒店"由来自德国北部港口城市埃姆登(Emden)的商人卢卡森(F. H. Lucassen)创立。卢卡森早在 12 岁时就随英国和美国商船到中国从事贸易。他在 1876 至 1878 年回到德国,并在德国海军服役。之后再次来到中国,并在香港获得了大副资格证书,开始从事沿海贸易。卢卡森于 1884 年就职于中国海关,后于 1891 年辞职,随后加入壳牌运输和贸易公司。在壳牌公司工作了 9 年之后,他于 1900 年在厦门鼓浪屿开设了"新厦门酒店"(The New Amoy Hotel)。英国作者莱特(Arnold Wright)在其 1908 年所写的《二十世纪香港、上海和中国其他条约港口的印象》一书中,曾称赞鼓浪屿上这家酒店是当时中国沿海同类酒店中最好的,它环境舒适,服务贴心,还有台球设施可供玩乐。⑤ 虽然从这一报道看,新厦门酒店似乎是一家颇具现代豪华气象的酒店,不过,在同时期曾赴德国驻厦门领事馆上任的福兰阁(Otto Franke)眼中,新厦门酒店却并非如报告中所描写的那样舒适。

1900 年,福兰阁被任命为德国驻厦门领事馆翻译。他只身赴任,来厦期间曾暂住在新厦门酒店中。他在回忆录中写道:"我不得不住在一个有点儿简陋的酒店里,它属于一个德国人,这人从前是海员。酒店位于鼓浪屿的外国移民区内。"⑥

---

① 厦门市档案局:《近代厦门经济档案资料》,厦门大学出版社,1997 年,第 160 页。
② 厦门市档案局:《近代厦门经济档案资料》,厦门大学出版社,1997 年,第 174 页。
③ Manuel Rigger, Trade and Commerce-German Involvement in Xiamen After the First Opium War 1842—1917(Ⅲ), in *Journal of Gulangyu Studies*, 4(2016), 10.
④ 黄光域:《近世百大洋行志》,载《近代史资料》,1992 年总第 81 期,第 34 页。
⑤ Arnold Wright, *Twentieth Century Impressions of Hongkong, Shanghai, and other Treaty Ports of China*, London: Lloyds Greater Britain Publishing Company, 1995, 828.
⑥ 福兰阁:《两个世界的回忆——个人生命的旁白》,欧阳甦译,社会科学文献出版社,2014 年,第 114 页。

　　1900 年夏天,鼓浪屿伤寒和鼠疫肆虐,新厦门酒店中就有多达 6 名旅客死于伤寒,剩下还活着的旅客纷纷逃命,只剩下福兰阁一人坚持住在酒店中。因为他自恃经验丰富,认为欧洲人对伤寒有免疫力,并不特别害怕。之后,福兰阁还是担心酒店的水源受到了污染,最终决定搬离新厦门酒店,转而在一个更加简陋的小旅店落脚。直到他感染了比较严重的眼部疾病,才不得不放弃鼓浪屿的小旅馆,彻底搬进时任德国驻厦门领事梅泽博士(Dr. C. Merz)的家中。①

THE NEW AMOY HOTEL.
(Proprietor, F. H. LUCASSEN.)

图 4-7　鼓浪屿上的新厦门酒店旧影

　　图片来源:Arnold Wright, *Twentieth Century Impressions of Hongkong, Shanghai, and other Treaty Ports of China*, London: Lloyds Greater Britain Publishing Company, 1995, 828.

---

①　福兰阁:《两个世界的回忆:个人生命的旁白》,欧阳甦译,社会科学文献出版社,2014年,第 114 页。

第三节　总　结

　　从 19 世纪后半叶到第一次世界大战爆发前夕,在闽德商一度得益于德国政府经营福建势力的企图和敏锐的经济嗅觉,获得了较高的经济地位,并常常兼任领事,拥有一定政治地位,跻身在华特权阶级之列。当时一度出现了福州禅臣洋行这样的知名德商洋行。但在历史的洪流中,德商的个人努力仍难逃浮沉的命运。第一次世界大战期间,北洋政府对德宣战后,德商资产作为敌产被没收。在闽德商纵然有财富与地位傍身,亦只能在风雨飘摇中随波逐流。德国在第一次世界大战的战败极大地打击了在华德商,致使德商在闽几乎销声匿迹。一战过后,少量德商重拾被没收的财产,再次来闽经商,一度重现往日辉煌。但好景不长,德国在第二次世界大战的失败导致德商的踪迹彻底在闽厦等福建地区消失。

第五章　福州船政学堂及赴德军事留学生[①]

第一节　福州船政学堂[②]的历史

第二次鸦片战争后,面对西方殖民主义国家坚船利炮的冲击,以奕䜣、曾国藩、李鸿章、左宗棠、张之洞等为代表的洋务派首先作出了回应,为挽救清政府的统治,他们以"自强""求富"为口号,开展了向西方学习的洋务运动,开启了中国现代化的进程。

时任闽浙总督的左宗棠决定"师夷制夷"、兴办船政。1866 年 6 月 25 日,他向朝廷上奏《拟购机器雇洋匠试造轮船先陈大概情形折》,从海防、民生、漕运、商业等角度论述了海洋对于中国的重要性和创办船政的紧迫性,奏折中称:

> 窃维东南大利,在水而不在陆。自广东、福建而浙江、江南、山东、直隶、盛京,以迄东北,大海环其三面,江河以外,万水朝宗[……]自海上用兵以来,泰西各国火轮兵船直达天津,藩篱竟成虚设,星驰飙举,无足当之[……]臣愚以为欲防海之害而收其利,非整理水师不可;欲整理水师,非设局监造轮船不可。轮船成,则漕政兴,军政举,商民之困纾,海关之税

---

① 　本章作者:李美茹(厦门大学)。
② 　福州船政学堂又称马尾船政学堂,在本章中统一称为"福州船政学堂"。

旺，一时之费，数世之利出。①

1866 年 7 月 14 日，清政府颁布上谕（图 5-1），奏准了左宗棠的提议，内称："中国自强之道，全在振奋精神，破除耳目近习，讲求利用实际。该督现拟于闽省择地设厂，购买机器，募雇洋匠，试造火轮船只，实系当今应办急务。"上谕同时要求左宗棠"拣派妥员认真讲求"，必须"尽悉洋人制造、驾驶之法"。②

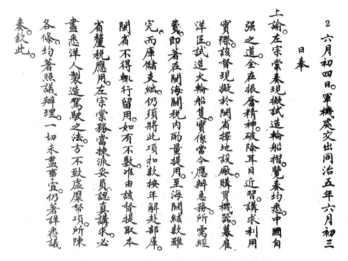

图 5-1　1866 年 7 月 14 日清政府上谕

图片来源：清代总理衙门档案，转引自中国船政文化博物馆。

得到批准后，左宗棠任命法国军官日意格（Prosper Marie Giguel，1835—1886）、德克碑（Paul Alexandre Neveue d'Aigwebelle，1831—1875）为正、副监督，并与其二人签订了四份合同文件，即《总说明》《协议》《预算》《合同样本》。根据这四份文件，日意格和德克碑有义务雇用外国人，在五年时间内帮助"造船，购买外国铁厂和船厂的产品，以及所有需要的原材料"。同时，他们还应建立一所学校，"培训中国学生和工匠，使他们能够熟练掌握造船的所有原理，并能自行建造船舶和工具。学校还将教授英语、法语以及与造船有关的

① 戴逸：《左宗棠卷（中国近代思想家文库）》，中国人民大学出版社，2012 年，第 57 页。

② 戴逸：《左宗棠卷（中国近代思想家文库）》，中国人民大学出版社，2012 年，第 63 页。

知识和如何操作船舶"①。如能在五年合同期内实现该目标,则日意格、德克碑及其招募的外国雇员将获得一大笔奖励。

　　1866 年 8 月 19 日,左宗棠与日意格一同前往马尾中岐乡择定厂址。② 马尾镇位于闽江支流马江北岸,为天然良港。这里临江背山,便于设防,极具战略意义。左宗棠和日意格迅速完成选址。同年 9 月,左宗棠调任陕甘总督,后奏请江西巡抚沈葆桢总理船政。在船政大臣沈葆桢的统筹领导下,福州船政中外人员通力合作,排除各种干扰和困难,于 1874 年初在福州马尾如期完成了建厂、造船、教育等一系列工作,至此全部达到船政创办的各项目标,史称"船政成功"。③

　　据日意格在 1875 年的记录,福州船政占地总面积约 600 亩(图 5-2),工厂、储藏所、煤栈各占三分之一,不仅建起了下设 13 个厂、当时号称远东第一大厂的造船厂,还建起了中国近代第一所新式的实业学堂"求是堂艺局"。④

图 5-2　1867—1871 年福州船政全景图

图片来源:https://www.cca.qc.ca/en/search/details/collection/object/4777,[2022-04-15].

　　福州船政既是海军人才的重要培养基地,又是中国近代海军装备制造的重要地点。福州船政的根本在于学堂,晚清军事教育与军事工业在这里相得益彰。1866 年,左宗棠上奏《详议创设船政章程折》,提议开设学堂"为造就人才之地":"一面开设学堂,延致熟习中外语言、文字洋师,教习英、法两国语言、

① Institute of Modern History, *Academia Sinica*, 1957, 31.译文来自本章作者。

② 沈岩:《船政学堂》,科学出版社,2007 年,第 235 页。

③ 参见中国船政文化博物馆。

④ 沈岩:《船政学堂》,科学出版社,2007 年,第 23 页。

文字、算法、画法，名曰求是堂艺局，挑选本地资性聪颖、粗通文字子弟入局肄习"。① 建立伊始，校舍暂定福州城内定光寺②、仙塔街和城外亚伯尔顺洋房。1866 年 12 月 23 日，船政工程动工兴建，求是堂艺局对外招生 105 人③。1867 年 1 月 6 日，求是堂艺局正式开学。由此，中国第一所新式教育学堂、近代最早的海军学校在福建福州诞生了。

求是堂艺局招生不问出身家世，教授造船和洋文，与当时的知识分子的传统培养方式大相径庭。求是堂艺局章程第四条规定：

> 开艺局之日起，每个月考试一次，由教习洋员分别等第：其学有进境，考列一等者，赏洋银十圆；二等者，无惰无罚，三等者，记惰一次。两次连考三等者，戒责。三次连考三等者，斥出。其三次连考一等者，于照章奖赏外，另赏衣料，以示鼓舞。④

1867 年 6 月，求是堂艺局从福州定光寺搬迁至福州府闽县马尾乡，至此正式定名为"船政学堂"。根据学堂入学章程，考入学堂的学生不仅读书、吃住、看病费用全免，制服、书籍均由学校提供，每月还能得到四两纹银补贴。学堂学制五年，每三个月考试一次，成绩一等者还可以获得十两银子的嘉奖。⑤

因为"一般人民还沉醉于科举，士大夫的子弟，更不肯应招"，船政学堂初期招生对象"只有贫寒子弟"⑥。作为洋务运动的产物，船政学堂是中国最早创办的专门培养造船技术和海军人才的学校。

船政大臣沈葆桢的考虑是，法国造船技术当时世界第一，英国航海技术十

---

① 福建船政交通职业学院网站：https://www.fjcpc.edu.cn/cz/2018/0612/c1988a54777/page.htm，[2021-12-09]。福建船政交通职业学院前身即为福州船政学堂。
② 又称白塔寺。
③ 沈岩：《船政学堂》，科学出版社，2007 年，第 235 页。因各资料来源数据有所不同，本文数据统一选取沈岩《船政学堂》中的统计数据。
④ 来源：中国船政文化博物馆求是堂艺局章程。
⑤ 福建省广播影视集团：《船政学堂：一所学堂影响一个时代》，中国文联出版社，2016 年，第 64 页。
⑥ 林萱治：《福州马尾港图志》，福建省地图出版社，1984 年，第 89 页。

分发达,所以在初期将船政学堂分为前、后学堂两区:①前学堂由法国人教授船舰制造技术,使用法文教授物理、数学、化学以及制造等课程;后学堂则教授驾驶、管轮,设英文教学的天文、地理、管轮、驾驶等课程。②

前、后学堂建成之际,沈葆桢认为还需要培养工程技术人才及工人,又于1867 年 12 月设立绘事院,1868 年增设管轮学院、艺圃。1872 年 5 月 7 日,沈葆桢在《船政不可停折》中再奏称:"原议学堂两所[……]后添绘事院、驾驶学堂、管轮学堂、艺圃四所,艺童徒共三百余名。"③艺圃又称艺徒学堂,学生叫艺童或艺徒。艺圃招收艺徒 100 多人,学制 5 年,旨在培养中级造船工人。采用双轨制培养学生,艺徒半天上课,半天实习,毕业后分配于船政各厂直接就业,同时也择优随前学堂学生赴法国大船厂实习深造。④ 由此,船政在马尾形成了以学堂、艺圃为主体的船政教育系统。

福州船政学堂的性质相当于后来的职业技术性高等教育专门学校或专科学校,它在中国高等教育史上普遍被认可为中国近代第一所高等实业学堂。但它是否是中国近代第一所高等学校,仍存在一定的争议。⑤

福州船政成立后,从 19 世纪 60 到 70 年代,造船和技术人才培养均稳步发展。然而在 1884 年中法战争中,依靠福州船政建造的船舰成立的福建水师几乎全军覆没,这动摇了清政府对于自行建造舰船的信心,对福州船政的支持因此大不如从前。1907 年,福州船政学堂被迫停止招生。⑥ 1913 年后,原船政学堂复课,前学堂更名为福州海军制造学校,后学堂更名为福州海军学校⑦。1926 年,福州海军制造学校和新设的福州海军飞潜学校一起并入福州海军学校。后又经过多次更名迁址,于 1949 年迁往台湾。船政学堂在 1867 年成立后的数十年历史中,屡经搬迁、更名、流变,其历史沿革如图 5-3 所示。

---

① 前、后学堂的名称由来是因"制造学堂"的地理位置位于船政衙门之前,故习惯称之为"前学堂","驾驶学堂"位置在后,称之为"后学堂"。

② 福建省广播影视集团:《船政学堂:一所学堂影响一个时代》,中国文联出版社,2016 年,第 66 页。

③ 沈岩:《船政学堂》,科学出版社,2007 年,第 35 页。

④ 参见林忠侯:《"艺圃"的前世今生》,载《就业与保障》,2019 年 01/02 期(上),第 73 页。

⑤ 参见潘懋元:《船政学堂的历史地位与中西文化交流——福建船政学堂创办 140 周年纪念》,载《中国大学教学》2006 年第 7 期,第 14 页。学界争议在于 1866 年创立的福州船政学堂与 1862 年创立的京师同文馆,以及 1895 年创立的天津中西学堂相比,哪所才更具有中国近代第一所高等学校的特点。

⑥ 黄沛:《福州船政兴起录》,载《东方收藏》,2014 年第 5 期,第 15 页。

⑦ 又称马尾海军学校。

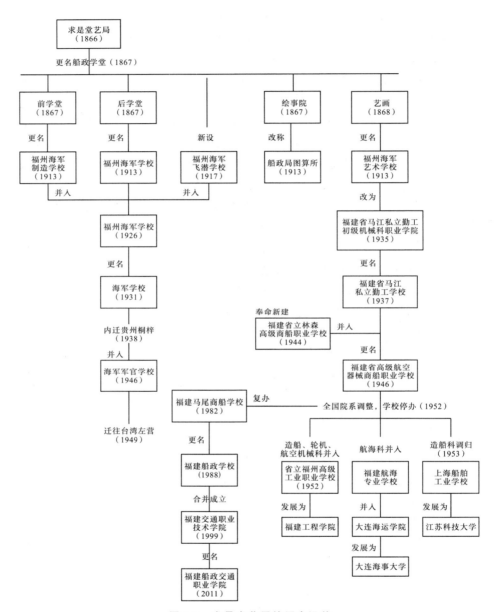

图 5-3　求是堂艺局的历史沿革

注:本图根据中国船政文化博物馆历史沿革和沈岩《船政学堂》船政学堂大事记绘制。

第二节　福州船政学堂的现代化特点

　　船政学堂是中国近代海军的摇篮,也是中国近代航海教育的发祥地。它的出现和发展是中国教育史上的一次重大创新,同时开启了中国教育的现代化进程。基于其在教学内容、教学方法、教学思想和教学制度等方面的突出创新之处,它在中国教育史上均占有重要地位。

　　首先,从教学内容上看,福州船政学堂与传统科举的"中学"大相径庭,它引入近代科学的课程体系,根据专业设置相应的学习科目:造船学堂的基本课程为法文、算术、代数、画法、几何、解析几何、三角、微积分、物理、机械学等;绘画学堂的基本课程则包括法文、算术、平面几何和画法几何及一门"150 匹马力轮机课程"[①];艺徒学堂的基本课程包括法文、平面几何和画法几何、代数、制图以及一门讲解轮机的课程。[②]

　　以上三所学堂因为均需学习法文,也被称为"法文学堂"。法国人日意格在 1864 至 1874 年任船政学堂监督,在《福州船政局及其成果》(*La arsenal de Fou-Tcheou, ses résultats*)一书中,他描述了法文学堂的课程设置及其传授的知识:

　　　　为了计算机器或船体的尺寸,必须了解算术和几何知识;为了在平面图上再现该物体,有必要理解透视学,即画法几何;为了解释重力、热量和其他自然现象对发动机、船舶及所有物体施加的压力,有必要了解物理定律。其次是物体在所受力的推动下所经历的运动;它需要克服的阻力,它能够或需要承受的应变,这便是静力学和机械学的知识。[③]

　　英文学堂同样由三所学堂组成,分别为:驾驶学堂、练船学堂和管轮学堂,

---

① 陈元晖、毕乃德:《记福建船政学堂的分科及教学》,上海教育出版社,1992 年,第 379 页。

② 陈清辉:《论福建船政学堂与福建教育的近代化》,载《福州党校学报》,2006 年第 2 期,第 54 页。

③ James Reardon-Anderson, *The Study of Change: Chemistry in China 1840—1949*, Cambridge: Cambridge University Press, 1991, 54. 译文来自本章作者。

所开设的课程也是根据专业需要进行安排。驾驶专业的基本课程包括英语、算术、几何、代数、平面三角和球体三角、航海天文学、航行理论和地理等；轮机专业课程主要为英语、算术、几何、制图、发动机绘制、海上操纵轮机规则，以及指示器、盐重计及其他仪表之用途。①

1874 至 1897 年，船政学堂又新增了电报学堂，并将艺圃分设为艺徒学堂和匠首学堂。截至 1897 年，船政学堂共拥有造船学堂、绘画学堂、艺徒学堂、匠首学堂、驾驶学堂、练船学堂、管轮学堂、电报学堂等八所学堂。学堂教材从西方引进，教习也主要由日意格从英法两国聘请。② 船政学堂成为一所结合船舶工程学校与海军学校、按学科分设专业与课程的近代高等专科学校。

其次，从教学方法看，船政学堂提倡理论与实践相结合，建立了厂校合一、工学紧密结合的办学体制。船政学堂初期采取一师制教学，前、后学堂的理论课程各有一名洋教习负责教学，辅之以数量不等的助教，要求包教包会。学员从学堂课业毕业后，分别派遣到船政工厂和练习舰上实习，合格后获得基础任官的职位。③

学堂以培养应用型人才为目标，监督既管学堂，又管工厂；教习既是教师，又是工程师；学生要"手脑并用、技艺斯通"，既学习理论，又参加工厂劳动，并承担生产任务。各专业都安排了大量的实习。在 3 年的学习期间，学生除学习基本课程外，还要完成 8 个月实习期，需要"每天花若干小时在工厂同工人打交道，熟悉各种轮机和工具的实际细节"④。此外，学堂还采用了班级授课制，按专业分科教学，强调学用结合。学堂考试严格、频繁，淘汰率极高，其严格的教学管理制度初具现代之风。

船政学堂实行严格的考核管理制度，加之重视实际训练，实行教学与实践密切结合的教学方法，使得学生质量较高，成效颇丰。船政学堂开办 5 年之后，制造专业的学生就有独立制作的能力，毕业之后能自己造船。1875 年开工建造的 17 号"艺新"轮船，就是由第一届毕业生吴德章设计船体，汪乔年设计轮机与汽缸，"为船政学堂学生放手自制之始"⑤。至于驾驶专业学生，原定

① 陈元晖、毕乃德：《记福建船政学堂的分科及教学》，上海教育出版社，1992 年，第 382 页。
② 柳靖、黄鹍：《福建船政学堂的办学体制与特点》，载《燕山大学学报（哲学社会科学版）》，2008 年第 1 期，第 96 页。
③ 参见中国船政文化博物馆。
④ 柏荣：《福建船政学堂与中国教育的近代化》，载《黑龙江史志》，2009 年第 22 期，第 97 页。
⑤ 福建船政交通职业学院网站：https://www.fjcpc.edu.cn/cz/2018/0612/c1988a54778/page.htm，[2022-04-12]。

于 5 年之内达到"能在望见陆地的沿海驾驶",实际上学生在"练船"实习期间便早已远航公海了。①

最后,从教学思想及基于此思想的教育制度上看,福州船政学堂真正建立起了中国留学生教育制度的基本模式。船政学堂不仅把外国教员请进来,也主张把中国学生派出去,以增长其见闻,精进其所学。

李鸿章、左宗棠、沈葆桢均赞成福州船政学堂学生留学之事,并不断上奏。② 沈葆桢在 1873 年 12 月《奏请分遣学生赴英法两国学习造船驶船折》奏折中,明确提出了派遣船政学堂学生留学英法两国的主张:

> 窥其精微之奥,宜置之庄岳之间,前学堂习法国语言、文字者也,当选其学生之天资颖异、学有根柢者,仍赴法国,深究其造船之方,及其推陈出新之理。后学堂习英国语言文字者也,当选其学生之天资颖异、学有根柢者,仍赴英国,深究其驾驶之方,及其练兵制胜之理。③

1874 年 2 月 15 日,陕甘总督左宗棠致函总理衙门,力荐船政学堂学生出国留学。其中特别提及,学生的派遣不应局限于某几处,而应根据需要酌情派遣,例如前往枪炮制造技术成熟的普鲁士:

> 今幸闽厂工匠自能制造,学生日能精进,兹事可望有成。再议遣人赴泰西,游历各处,借资学习,互相考证,精益求精,不致废弃,则彼之聪明有尽,我之神智日开,以防外侮,以利民用,绰有余裕矣。就此一节而论,沈(指沈葆桢)议遣赴英法,曾议遣赴花旗(指美国),窃意既遣生徒赴泰西游学,则不必指定三处,尽可随时酌资遣,如布洛期(即普鲁士)枪炮之制,晚出最精[……]④

1875 年,日意格就已带领首批学生前往欧洲"游历"见识。1877 年,船政学堂派遣第一批正式留欧学生。船政留学生的派遣之路虽并非一帆风顺,但

---

① 潘懋元:《船政学堂的历史地位与中西文化交流——福建船政学堂创办 140 周年纪念》,载《中国大学教学》,2006 年第 7 期,第 14 页。
② 沈岩:《船政学堂》,科学出版社,2007 年,第 42 页。
③ 陈学恂、田正平:《中国近代教育史汇编:留学教育》,上海教育出版社,1991 年,第 225 页。
④ 高时良:《洋务运动时期教育》,上海教育出版社,1992 年,第 903 页。

意义重大,不仅开了清政府向欧洲官派留学生之先河,而且许多留欧学生归国后成为海军的骨干力量,在"西学东渐"、"东学西传"的过程中发挥了不可代替的作用。^① 英国军官寿尔(Henry N. Shore,1847—1926)在访问船政学堂后,曾高度评价这一留学模式:

> 这事(指船政学生留洋)已经办了,我们不久就要看到结果,因为一个巨大的变化已在目前,当这些青年带着旷达的眼光和丰富的西方学问回到中国时,一掬酵母将在中国广大群众之中发挥作用,这对于整个人类不能没有影响。^②

从 1866 至 1911 年底,有文字记载的船政学堂及其延续机构毕业生数超过 1357 人,其中包括已查明的毕业生共计 650 人。^③ 福州船政学堂的学制和办学经验成为全国楷模,为清末各地后续兴办的水师学堂^④提供了借鉴,福州船政学堂也由此得到了李鸿章"闽堂为开山之祖"^⑤的评价。

第三节　船政留学生派遣及赴德留学生

福州船政建成后,成为当时中国青年人睁眼看世界的重要窗口。作为第一位船政大臣,沈葆桢始终主张取法西洋,为学生留欧教育多方努力。1866年建局之初,左宗棠等人就提出要派遣驾驶、制造专业的学生留学。之后沈葆桢将这一想法付诸实施,制定了初步的出洋章程,并借购船之机派遣学生先期探路,为后来正式派遣留学生做了初步的准备。^⑥ 1873 年 12 月 7 日,沈葆桢等奏请派出前后学堂优秀毕业生赴英法两国深造。1875 年 3 月 7 日,日意格

---

① 杨茂庆:《福建船政学堂赴欧留学生的贡献及其经验教训》,载《纪念〈教育史研究〉创刊二十周年论文集(7)》,2009 年,第 151-156 页。
② 沈岩:《船政学堂》,科学出版社,2007 年,第 119-120 页。
③ 沈岩:《船政学堂》,科学出版社,2007 年,第 103 页。数据来源于沈岩《船政学堂》。
④ 如天津水师学堂、江南水师学堂、广东水师学堂、威海刘公岛水师学堂。
⑤ 参见中国船政文化博物馆。
⑥ 朱智斌、李婵玉:《洋务运动时期幼童留美教育与船政学堂留欧教育之比较》,载《陕西理工大学学报(社会科学版)》,2019 年第 2 期,第 34-39 页。

奉命前赴欧洲采购挖土机船、钢材、机器等,沈葆桢派魏瀚、陈兆翱、陈季同、刘步蟾、林曾泰等5名学生随同日意格赴欧,这些学生名为游历,实为进修学习,此次赴欧之旅成为船政学堂派遣赴欧留学生的前奏。①

经日意格建议,船政学堂于1877年向欧洲派出了第一批共37名留学生,学习海军、制造等专业,这是近代中国首个成功施行的留学计划。因为初具成效,之后又陆续派出三届留学生,此后更升格为国家举办的海军、海事人员进修活动。②

船政留学生的派遣之路实际上困难重重。一开始由于巨额经费难以筹措,又发生了日军侵台事件,导致1874年沈葆桢奉命前往办理台防无暇顾及,因此一开始暂未定议。台防结束后,沈葆桢调任两江总督兼南洋通商大臣,将派遣留学生的主张与有关大臣协商,得到了陕甘总督左宗棠、直隶总督兼北洋通商大臣李鸿章和继任船政大臣丁日昌、吴赞诚的支持。1877年1月13日,李、沈、丁、吴联名上奏提议,请准选派船政学生出洋肄业章程,清政府批准执行。③ 章程中规定:任命华、洋监督各一人,不分正副,会办出洋肄业事务。首批派遣由李凤苞任华监督,日意格任洋监督,以三年为期,前往英、法留学。④

从1875年5名学生随日意格赴欧洲游历起,至赴美留学的韩玉衡等最后2名学生1916年学成归国止,船政学堂及其延续机构在41年间共陆续派遣出国留学生计111名,⑤从而成为19世纪70至90年代中国派遣赴欧留学生的主要基地之一。⑥

船政学生的留学目的地以英法两国为主,也包括德国、美国、比利时、西班牙、日本等其他国家。表5-1收录了1875年至1916年间船政学堂赴德学习军事的学生名单。

---

① 沈岩:《船政学堂》,科学出版社,2007年,第237页。

② 参见中国船政文化博物馆,首批军事留学生数字根据沈岩《船政学堂》(科学出版社,2007年)有修正。

③ 福建省教育科学研究所网站:https://www.fjedusr.cn/jyz2101/,[2021-12-21].

④ 福建省教育科学研究所网站:https://www.fjedusr.cn/jyz2101/,[2021-12-21].

⑤ 数据来源:沈岩:《船政学堂》,科学出版社,2007年。

⑥ 沈岩:《船政学堂》,科学出版社,2007年,第237页。

表 5-1　1875—1916 年船政学堂派赴德国军事留学生名录

姓名	籍贯	留学经历	留学时间	国别	学习专业	留德目的地	备注
郑清濂	福建闽县（今属福州）	制造班一届	1875—1879	法、英、德、比	轮机制造兼造洋枪	不详	赴德监造军舰，1883 年 10 月回国
池贞铨	福建闽县（今属福州）	制造班一届	1877—1880	法、德	采铁炼钢	德国哈次矿局（德国哈次矿山①）	赴德国哈次矿局学习矿务
林日章	福建	制造班一届	1877—1880	法、德	矿务兼轮机	德国哈次矿局	赴德国哈次矿局学习矿务
张金生		制造班一届	1877—1880	法、德	矿务	德国哈次矿局	赴德国哈次矿局学习矿务
林庆升	福建	制造班一届	1877—1880	法、德、英、比	采铁炼钢	德国哈次矿局	赴英、比两国学习矿务与炼钢
罗臻禄	福建闽县（今属福州）	制造班一届	1877—1880	法、德	矿务	德国哈次矿局	
叶殿铄	福建闽县（今属福州）	艺圃一届	1877—1880	法、德	轮机合拢,铁甲、鱼雷艇绘图,鱼雷制造	德国鱼雷厂	赴德国学习鱼雷制造
陈伯璋	福建闽县（今属福州）	制造班二届	1882—？	德	鱼雷	德国刷次考甫水雷厂②	自购试药,负债过多,自杀身亡
陈才锐		制造班二届	1882—1884	德	鱼雷、水雷	德国刷次考甫水雷厂	
刘义宽	广东	管轮班二届		德	鱼雷		

---

① 沈岩《船政学堂》称为哈次矿局;刘传标《船政人物谱(上)》称为哈次矿山。

② 德文名:Eisengießerei und Maschinen-Fabrik von L. Schwartzkopff。

续表

姓名	籍贯	留学经历	留学时间	国别	学习专业	留德目的地	备注
常朝幹	福建闽县（今属福州）	管轮班九届	1908—1911、1913—1914	德、奥	鱼雷	德国白头鱼雷厂	1908年入皇家柏林高等工业学校①，专攻枪炮制造和鱼雷技术；1913留学期间兼任驻德公使海军武官

数据来源：沈岩《船政学堂》留学生名表。

　　1917至1949年赴德学习军事的船政人物名单见表5-2。辛亥革命以后，原船政学堂的前、后学堂分别更名为福州海军制造学校和福州海军学校。1926年，福州海军制造学校再次和福州海军飞潜学校并入福州海军学校。由于福州海军学校与原船政学堂一脉相承，其分别派出留德的学生在表5-2中统称为"船政人物"。

表5-2　1917—1949年赴德学习军事的船政人物

姓名	籍贯	留学经历	留学时间	国别	学习专业	留德目的地	备注
吴建安	湖南长沙	马尾海军学校第六届航海班	1937	德	潜艇、驾驶		
饶佳羽			1937	德	潜艇、驾驶		
郎鉴澄	福建福州	福州海军制造学校	1937	英、德			1924年转入烟台海军学校；1937年奉命由英国转入德国留学
韩兆霖	福建闽侯	马尾海军学校第三届航海班	1937	英、德			1937年奉命由英国转入德国留学
黄廷枢	福建长乐	马尾海军学校第二届航海班	1937	英、德			1937年奉命由英国转入德国留学

---

① 今天的柏林工业大学前身。

续表

姓名	籍贯	留学经历	留学时间	国别	学习专业	留德目的地	备注
蒋菁	福建长乐	马尾海军学校第六届航海班	1937	德	潜艇、驾驶		1937年,奉海军部之命前往德国,6月到达柏林补习德文,后学习船艺、航海和枪炮
欧阳晋	福建连江琅岐(今属马尾区)	马尾海军学校第六届航海班	1937—1939	德	船艺、航海、枪炮	德国海军军官学校	1937年,海军部派航海练习生10人从上海赴德留学
刘震	福建闽侯	马尾海军学校第六届航海班	1937—1939	德	潜艇、驾驶	德国海军军官学校	1937年,海军部派航海练习生10人从上海赴德留学
林濂藩	福建闽侯	马尾海军学校第六届航海班	1937—1939	德	潜艇、驾驶	德国海军军官学校	1937年,海军部派航海练习生10人从上海赴德留学
何树铎	浙江瑞安(今属温州)	马尾海军学校第六届航海班	1937—1939	德	潜艇、驾驶	德国海军军官学校	1937年,海军部派航海练习生10人从上海赴德留学
邱仲明	四川资中	马尾海军学校第六届航海班	1937—1939	德	船艺、航海、枪炮	德国海军军官学校	1937年,以第一名成绩毕业于马尾海军学校第六届航海班
陈尔恭	福建闽县(今属福州)	福州海军学校第十三届轮机班	1938—1939	德	潜艇	德国柏林大学海军潜艇学校	1938年,海军司令部派8人赴德学习潜艇技术
陈庆甲	福建福州	马尾海军学校第三届航海班	1938—1939	意、德	潜艇	德国柏林大学海军潜艇学校	1938年,自意大利海军学校毕业,转赴德国学习

续表

姓名	籍贯	留学经历	留学时间	国别	学习专业	留德目的地	备注
程法侃	福建福州	福建海军制造学校	1938—1939	英、德	潜艇	德国柏林大学海军潜艇学校	1938年,海军司令部派8人赴德学习潜艇技术
程璟	福建闽县(今属福州)	福州海军学校第十四届轮机班	1938—1939	德	潜艇	德国柏林大学海军潜艇学校	1938年,海军司令部派8人赴德学习潜艇技术
林祥光	福建闽县(今属福州)	原福州海军制造学校,后调入烟台海军学校第十八届航海班	1938—1939	英、德	巡航、潜艇		国民政府主席林森的侄子;1938年,海军司令部派8人赴德学习潜艇技术
陈粹昌	福建闽县(今属福州)	马尾海军学校第一届航海班	1929—1934	英、德	水鱼雷、枪炮	格林威治皇家海军学院;英国皇家海军学院朴茨茅斯枪炮专科学校	1938年,海军司令部派8人赴德学习潜艇技术

数据来源:根据《船政人物谱(上)》、《船政人物谱(下)》(刘传标,福建人民出版社,2017年)整理。

　　除了赴德国留学的船政毕业生之外,1875之后,船政学堂也有赴德工作(之余兼学习)的学生,例如1880年黎晋贤奉派赴德国伏尔铿造船厂验料和监造"定远"、"镇远"、"济远"等舰,"随同练习,期于船成学亦成"[1]。20世纪20、30年代,民国政府持续派遣人员前往德国工作和研习。如1938年,民国政府派4人赴德国吕贝佛兰德造船工厂监造中国订造的潜艇,并研习潜艇技术。船政学堂及其延续机构历年赴德工作、研习(包括在驻德使馆工作、监造军舰、

---

[1]　刘传标:《船政人物谱(上)》,福建人民出版社,2017年,第432页。

采购军备)的船政人物名单见表5-3。

表5-3　1875—1939年在德工作、研习的船政人物名录

姓名	籍贯	学历	留学时间	国别	学习专业	在德经历
陈季同	福建侯官（今属福州）	制造班一届	1875—1876	法	法律	驻德使馆
魏瀚	福建侯县（今属福州）	制造班一届	1875—1879	法	造船监造洋枪	1880年，赴德监造军舰"定远号""镇远号"
陈兆翔	福建闽县（今属福州）	制造班一届	1875—1879	法	轮机制造	1880年，赴德监造军舰"定远号""镇远号"
林怡游	福建侯官（今属福州）	制造班一届				1896年，随李鸿章赴欧洲英、法、俄、德考察及采购军备
吕文经	福建同安		1896,1909	英	航海	1896年，随李鸿章赴欧洲英、法、俄、德考察及采购军备。①
曾宗瀛	福建长乐	制造班二届	1880	法	船舰制造	1886年，赴德监造军舰"经远号""来远号"；1896年赴德监造军舰"海筹号""海容号""海琛号"
林鸣埙		制造班二届		法		1896年，赴德监造军舰"海筹号""海容号""海琛号"
叶伯鋆	福建侯官（今属福州）	驾驶班一届	1876—1880	英	化学、力学、物理	1894年，叶伯鋆奉派前往德国监造清政府订购的鱼雷艇

---

① 李鸿章访问期间，向德国船厂订购"海龙""海青""海华""海犀"等4艘高速"鱼雷炮舰"（驱逐舰）。吕文经奉派与蔡濑元、何嘉兰、吕调镛、林国禧赴德国船厂监造。

续表

姓名	籍贯	学历	留学时间	国别	学习专业	在德经历
刘步蟾	福建侯官（今属福州）	驾驶班一届	1876—1879	英	驾驶	1880年，赴德监造军舰"定远号""镇远号"
林永升	福建侯官（今属福州）	驾驶班一届	1877—1879	英	战阵、兵法、驾驶行船理法	1887年，奉派英国、德国接带"经远"等舰
罗丰禄	福建闽县（今属福州）	驾驶班一届	1877—1880	英	物理、化学、气学	驻德使馆①
邱宝仁	福建闽县（今属福州）	驾驶班一届				1887年，随往德国接受"来远"舰
林履中	福建侯官（今属福州）	驾驶班三届	1882—1884	英	驾驶、枪炮、数学、电学	在德监造军舰；学成赴德，1885驾舰回国
吴应科	广东四会	驾驶班八届	1873年赴美幼童	美	船舶	1909年，参观德国海军机构，向德国订购"国安""建康""豫章""江鲲""江犀"等舰
罗之彦	福建闽县（今属福州）	驾驶班十届	1886	英		1906年，任德国大臣荫昌的英文翻译；后任杨晟的翻译官
黎晋贤	广东南海县（今属佛山）	艺圃				1880年，赴德监造军舰"定远号""镇远号"②
裘国安	福建侯官（今属福州）	艺圃		法		1886年，赴德监造军舰"经远号""来远号"③

---

① 1878年，罗丰禄兼任清廷驻德国公使郭嵩焘英文秘书，边学习边从事外交翻译工作。郭嵩焘离任后，罗丰禄任出使德国大臣李凤苞的随员，兼管肄业局事宜。

② 赴德国伏尔铿造船厂验料和监造"定远""镇远""济远"等舰，派往德国驻厂监造，"随同练习，期于船成学亦成"。

③ 1886年赴德国伏尔铿造船厂验料和监造"来远""经远"铁甲舰。

续表

姓名	籍贯	学历	留学时间	国别	学习专业	在德经历
陆麟清	福建闽县（今属福州）	管轮班一届				1880年，赴德监造军舰"定远号""镇远号"，前往德国驻厂监造铁甲舰，随同练习
陈景祺	福建长乐	船政后学堂				1887年，随往德国接受"来远"舰
王荣瑸	福建闽县（今属福州）	马尾海军制造学校造舰班	1929—1932	英	内燃机设计制造技术（曼彻斯特大学）	1938年，赴德国吕贝佛兰德造船工厂执行监造中国订造的潜艇工作任务。王荣瑸负责建造潜艇的轮机设计①
林惠平	福建闽县（今属福州）	轮机班十二届	1937—1939	德、美	潜艇、造船	1938年，赴德国吕贝佛兰德造船工厂执行监造中国订造的潜艇工作任务
王致光	福建侯官（今属福州）	后学堂驾驶班，后转入烟台海军学校	1937—1939	德		1938年，赴德国吕贝佛兰德造船工厂执行监造中国订造的潜艇工作任务②
徐振骐	福建侯官（今属福州）	福州海军飞潜学校乙班	1937—1939	英、德	潜艇技术	1938年，赴德国吕贝佛兰德造船工厂执行监造中国订造的潜艇工作任务，并研习潜艇技术③

---

① 1939年，德、日、意结成轴心联盟，中国订购的潜艇遭扣押。王荣瑸把潜艇部分资料冒死带回国内。

② 王致光为监造总负责人。

③ 1938年，海军部改编为海军总司令部，身在德国的徐振骐充任海军总司令部舰械处轮电科少校科员。

续表

姓名	籍贯	学历	留学时间	国别	学习专业	在德经历
王先登	安徽省无为县	福州海军学校第四届轮机班①	1937	英、德	轮机和舰船制造	1937年，江阴雷电学校向德国订购快艇，军政部选派人员到德国担任监造员，并学习轮机和舰船制造
晏海波	湖北武汉	福州海军学校第四届轮机班	1937	德	轮机和舰船制造	1937年，江阴雷电学校向德国订购快艇，军政部选派人员到德国担任监造员，并学习轮机和舰船制造
沙大鹏						1937年，江阴雷电学校向德国订购快艇，军政部选派人员到德国担任监造员，并学习轮机和舰船制造

注：根据沈岩《船政学堂》留学生名表编制；1917—1949年根据刘传标《船政人物谱（上）》、《船政人物谱（下）》编制。不包括专门留德学习的船政学堂学生。

自1875年始，船政学堂分别在1877年、1882年、1886年、1897年派遣四批学生赴欧留学，学制3年。第四批学生计划留学6年，后因为1900年义和团运动和八国联军侵华战争爆发，被提前召回。② 1912年后，船政学堂屡经搬迁更名、流变，赴德留学生改由船政学堂前、后学堂更名后的福州海军制造学校和福州海军学校派遣。1937年，日本发动全面侵华战争，两所学校的留学派遣目的地从日本改为德国。1939年，第二次世界大战爆发，在德留学的船政留学生全部被召回。此后直至1949年新中国成立，赴德船政留学生的派遣全面陷入停滞。

---

① 1936年，王先登因违犯学规被下令开除。后被招进江阴雷电学校第一届轮机班。
② 陶行知研究中心：http://xzx.shnu.edu.cn/9f/a3/c18438a499619/page.htm，［2022-02-26］.

第四节　知名船政留德学生

1875 至 1949 年间,福州船政学堂培养了大批海军人才。清末民初的海军将领、造舰专家以及海军中坚力量主要出自于此,作为近代海军的摇篮,福州船政学堂彪炳史册的地位无可非议。船政派遣赴德的军事留学生代表者有常朝千、黄廷枢、蒋菁、欧阳晋、程法侃等。

常朝干(1882—1955),福州人。1895 年,常朝干考入福建船政后学堂第九届管轮班。无论是校课还是舰课,常常取得优异的成绩。1904 年,常朝幹以全班第一名成绩毕业。1906 年,常朝幹被派往德国留学,进入皇家柏林高等工业学校(今柏林工业大学)深造,专攻枪炮制造和鱼雷技术。他 1908 年注册,1911 年于机械制造系毕业。[①] 回国后派充南洋鱼雷分局教习。1913 年,他与林献炘奉派赴奥地利,学习新式水鱼雷相关技术。常朝幹在德奥留学期间兼任驻德公使海军武官。回国后,他作为中国第一代水鱼雷专家,参与创建中国海军新式鱼雷营。1927 年,海军水鱼雷营成立后,常朝幹出任首任营长,军衔上校。他还撰写教材,亲自授课,并指导学生实习。1947 年任海军总司令部军官队海军轮机上校。[②] 本书第六章对常朝幹另有述及。

黄廷枢(1909—1995),福建长乐人。1923 年 6 月,黄廷枢考入马尾海军学校第二届航海班。1936 年 7 月,黄廷枢等 6 人奉命赴英国学习。1937 年 7 月,郎鉴澄、黄廷枢、韩兆霖 3 人奉命由英国转赴德国留学。1939 年 7 月,黄廷枢等人相继回国,分派各舰艇、机关、部队服务,1948 年晋升为海军中校。中华人民共和国成立后,黄廷枢任大连海事大学教师、驾驶系主任,负责船艺、航海天文、海商法等课程的教学和教材编写工作。"文革"结束后,黄廷枢任大连海事大学教授,潜心于海商法的研究,编写出版了我国第一本海商法教材《海法》。[③]

蒋菁(1918—1979),福建长乐人。1931 年 6 月 16 日,蒋菁考入马尾海军学校,同年 9 月被列入第六届航海班。1937 年 4 月,蒋菁等人在航海班毕业

---

① 刘悦、杜卫华:《近现代柏林中国学人考》,浙江大学出版社,2018 年,第 72 页。
② 刘传标:《船政人物谱(上)》,福建人民出版社,2017 年,第 28-31 页。
③ 刘传标:《船政人物谱(上)》,福建人民出版社,2017 年,第 371-372 页。

后,奉海军部之命赴德学习潜艇、驾驶等技术。^① 他在 6 月到达柏林后,先补习德文,之后在德国学习船艺、航海和枪炮。1939 年 7 月,德国入侵欧洲各国,中国政府驻柏林的大使馆准备撤退,经驻德国海军武官安排,蒋菁等 10 位学员中断学业,回国参与对日抗战。^②。1946 年 11 月 1 日,蒋菁充任青岛中央海军训练团舰训班航海少校教官。1949 年 2 月,蒋菁升任青岛中央海军训练团航海课中校课长。中华人民共和国成立后,蒋菁先后任厦门大学航海系主任、副教授,集美航海专科学校副教授,以及大连海运学院驾驶系主任、副教授。^③

欧阳晋(1917—2018),福建连江琅岐(今属福州市马尾区)东屿村人。欧阳晋 1931 年 6 月 18 日考入马尾海军学校,1937 年 1 月 26 日毕业于马尾海军学校第六届航海班。毕业后,他与邱仲明、林濂藩等 10 人获派去德国学习船艺、航海和枪炮。第二次世界大战爆发后,欧阳晋奉召回国,被分配在国民党海军队任布雷官一职,奉命在沿江航道和要塞布雷。后又随军参加保卫武汉战斗,与日军浴血奋战,多次立功受奖。^④ 1944 年 10 月,欧阳晋考取了海军总司令部组织的第二批赴英国海军参战人员考试。1949 年 4 月 30 日,林遵率海防第二舰队全体起义,欧阳晋积极参与筹备谋划工作并负责联络事宜。起义成功后,欧阳晋加入中国人民解放军,任华东军区海军司令部训练处参谋。1985 年,欧阳晋加入中国共产党。1987 年自海军指挥学院离休。参与编制海军条例、条令,撰写、编审教材及《中国大百科全书·军事卷》条目等。^⑤

程法侃(1907—1988),福建福州人。1922 年夏,程法侃考入福州海军制造学校。1924 年 4 月,北京政府海军部派海军制造学生程法侃等 31 名学生,改赴烟台海军学校学习,入十八届驾驶班。1929 年,海军部选定程法侃等 20 人赴英国留学。1938 年 1 月 6 日,程法侃等 8 人根据海军总司令部的指派赴德学习潜艇技术。第二次世界大战爆发后,德国停止为中国制造潜艇。1939 年 10 月,程法侃回国,入海军服务。1949 年 11 月 30 日,他协助叶裕和率领江防舰队在重庆江面起义。1950 年,程法侃任人民解放军华东海军"五四"舰

---

① 赖晨:《一位马尾海校生在抗战中的传奇爱情》,载《福州文史》,2020 年第 4 期,第 15 页。
② 赖晨:《一位马尾海校生在抗战中的传奇爱情》,载《福州文史》,2020 年第 4 期,第 15 页。
③ 刘传标:《船政人物谱(上)》,福建人民出版社,2017 年,第 410-411 页。
④ 杨东汉:《从马尾海军学校走出的抗日名将欧阳晋》,载《海峡时报》,2015 年 9 月 3 日,第 3 页。
⑤ 刘传标:《船政人物谱(下)》,福建人民出版社,2017 年,第 719-721 页。

舰长。1965 年 1 月,他回到福州故里定居。[①]

第五节 总 结

福州船政是一个以造船为主体的近代企业,不仅拥有造船厂所需的铸铁、打铁、模子、水缸、轮机等工厂,还设立了铁厂和船槽。在为中国造船事业培养人才的船政学堂成立后,福州船政建起了从制件、造船、维修到造船人才培养的完整体系。船政学堂引入的外文教学与留学深造相结合的现代化培养模式,开创了近现代中国留学教育的先河,奠定了相关留学模式和基本制度。[②]实践证明,船政学堂的留学生派遣模式是成功的,它培养出的优秀人才归国后活跃在中国的海军、工业建设、外交等多个领域。船政留学生们怀着满腔热血,背负国家民族期望,负笈西行,把当时欧洲先进的军事技术、军事思想带回国内。特别是船政学堂及其延续机构派遣的赴德军事留学生,所学专业大多以鱼雷、潜艇为主,这些领域在当时的中国还是一片空白。赴德军事留学的船政留学生及其他人员归国后,大多成为该领域的开创者或中坚力量,在中国近现代军事发展中作出了重要贡献。

相较于 1872 年清政府派遣的第一批留美幼童,福州船政学堂派遣的赴欧留学生既年长许多,又旨在专业基础上深造提高。从中西文化交流的实质性成效和留学生制度的成效上看,在真正建立起中国近现代留学教育的基本模式并沿袭下来的意义上,应该说,福州船政学堂作出了绝不低于幼童留美的贡献。[③]

---

① 刘传标:《船政人物谱(上)》,福建人民出版社,2017 年,第 196-199 页。
② 沈岩:《船政学堂》,科学出版社,2007 年,第 119 页。
③ 沈岩:《船政学堂》,科学出版社,2007 年,第 42 页。

第六章 近现代闽籍留德学人[①]

第一节 清代闽籍留德学人

一、晚清船政学生出洋学习

作为第一次鸦片战争后被迫开放的首批通商口岸,福州、厦门两地是中国近代最早对外开放的城市之一,它们一方面成了西方列强对中国实施经济侵略的"前站",另一方面在客观上也较早地走上了现代化的道路。

第二次鸦片战争失败以及太平天国运动的爆发使清政府更深地陷入内外交困的境地,朝廷中的一些有识之士深感外国坚船利炮之威胁,为解除内忧外患,实现富国强兵之目的,开始推行洋务运动。

1866年,左宗棠在《详议创设船政章程折》中提议开设"求是堂艺局"。1867年,原名"求是堂艺局"的船政学堂在福州创办。有关船政学堂的发展与作用已于本书第五章进行详细梳理,在此不再赘述。福州船政学堂是中国近代第一所技术专科学校和海军学校,也是中国近代赴欧留学教育的先驱。此时洋务运动正如火如荼,新型技术人才紧缺,为学习西方自然科学,派遣学生出洋学习成为必然趋势。从19世纪70年代起,船政学堂正式选派优秀学生赴欧洲留学。

---

① 本章作者:林家惠(厦门大学)

　　1875 年，沈葆桢派魏瀚等 5 名船政学生随同法国籍监督日意格[①]赴欧游历，意在"学习制造、驾驶之方，及推陈出新、练兵制胜之理"[②]。1877 年，船政学堂第一次正式派出 30 名优秀毕业生赴英法两国留学。随后又有 5 名艺圃毕业生赴法国留学。这 35 名学生外加当时已经在法国实习的魏瀚和陈兆翱共 37 名学生，组成了船政学堂的首批公派留学生。[③] 1882 年，船政学堂派遣第二批 10 名赴欧留学生，[④]其中 2 人赴德学习。[⑤] 1886 年，船政学堂与北洋水师学堂联合派出船政留学生 34 人，其中船政学堂派出 29 人，[⑥]目的地仍为英、法两国。[⑦] 此后直至 1896 年，船政学堂十多年没有派遣留学生。1897 年，船政学堂第四批留学生成行，共 6 名学生赴法学习，后有 1 名自费留学生改为留法公费生，因此第四批留学生共计 7 人。[⑧] 船政学堂派赴欧洲的学生主要学习制造、驾驶、矿务等军事相关技术。1907 年，由于船政学堂已然问题众多、积重难返，清政府决定其暂停办学。

　　据李鸿章等于 1877 年 1 月 13 日所呈的《奏闽厂学生出洋学习折》，船政学堂学生出洋费用由"闽省厘金项下筹银十万两，闽海关四成洋税下筹银五万两，船政经费项下匀拨银五万两"[⑨]，经费主要涵盖学生房租、膳食、剃头、洗衣、添购书籍、纸笔等费用，分三批汇付银钱，第一年制造学生每人 210 镑英银，第二年制造学生每人 160 镑，此外每人游历费用 60 镑，第三年制造学生每人 220 镑，三年预计每生费用共 650 镑。[⑩] 船政学生出洋学习事务由华、洋监督各一人共同办理，学习地点的安排、教习的聘请由华、洋监督共同负责；学生费用则由华监督进行支取发放。[⑪]

---

① 日意格（Prosper Marie Giquel, 1835—1886），法国军官。1835 年出生于法国洛里昂。1866 年左宗棠奏请日意格为福州船政监督。

② 陈学恂、田正平：《中国近代教育史汇编：留学教育》，上海教育出版社，1991 年，第 229 页。

③ 陈学恂、田正平：《中国近代教育史汇编：留学教育》，上海教育出版社，1991 年，第 125 页。

④ 陈学恂、田正平：《中国近代教育史汇编：留学教育》，上海教育出版社，1991 年，第 126 页。

⑤ 陈学恂、田正平：《中国近代教育史汇编：留学教育》，上海教育出版社，1991 年，第 156 页。

⑥ 陈学恂、田正平：《中国近代教育史汇编：留学教育》，上海教育出版社，1991 年，第 127 页。

⑦ 陈学恂、田正平：《中国近代教育史汇编：留学教育》，上海教育出版社，1991 年，第 156-158 页。

⑧ 陈学恂、田正平：《中国近代教育史汇编：留学教育》，上海教育出版社，1991 年，第 127 页。

⑨ 陈学恂、田正平：《中国近代教育史汇编：留学教育》，上海教育出版社，1991 年，第 231 页。

⑩ 陈学恂、田正平：《中国近代教育史汇编：留学教育》，上海教育出版社，1991 年，第 235-237 页。

⑪ 陈学恂、田正平：《中国近代教育史汇编：留学教育》，上海教育出版社，1991 年，第 232 页。

从 1875 年至 1916 年,由船政学堂派遣出国的留学生共计 111 名,其中 7 人留学 2 个国家以上。按照留学人数进行统计,船政学堂留学生留学目的国分布见图 6-1。[①]

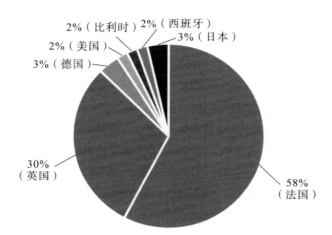

图 6-1 船政学堂留学生留学目的国分布

数据来源:《船政学堂》(沈岩,科学出版社,2007 年,第 129 页)。

二、船政学堂留德学生

船政学堂创办数年后,普鲁士在普法战争中获胜,德意志结束了邦国林立的局面,于 1871 年建立起统一的德意志帝国,国力日渐强盛。以李鸿章为首的洋务派将学习西方的目光投向了德国,寻求学习德国先进军事技术,以加紧建立新式海军。因此为数众多的船政留学生都有在德国学校或军营学习和历练的经历。其中许多人回国后成为各自领域的先驱人物,对于中国的军事现代化发挥了重要作用。本书第五章对于曾在德国学习军事的船政留学生和曾在德工作和研习的船政人物名录有专表梳理。

1877 年船政学堂正式派出的第一届留学生中,林庆升、池贞铨、张金生、罗臻禄、林日章等五人曾随李凤苞[②]游历德国哈次(Harz,今译为哈茨)[③]。据

---

① 沈岩:《船政学堂》,科学出版社,2007 年,第 128 页。

② 李凤苞(1834—1887),江苏崇明(今属上海市)人。1875 年调任福州船政局总考工。1878 年后,历任出使德、奥、意、荷四国大臣,使法大臣。

③ 陈学恂、田正平:《中国近代教育史汇编:留学教育》,上海教育出版社,1991 年,第 249 页。

称，他们在德国哈次矿局①"与洋员研求淘洗、熔炼，均能得其要领"②，水平与国外的官学毕业生相当，"能放手造作新式船机及应需之物"③。林庆升、池贞铨、张金生、罗臻禄四人为福建闽县（今属福州市）人，林日章为福建长乐人。五人皆为船政前学堂制造班第一届毕业生，学习科目为矿务。第一批船政留学生中后来成为中国第一代军舰制造专家的魏瀚（福建福清人），成为轮机制造专家的陈兆翱（福建闽县螺洲人）、成为造船专家的郑清廉（福建福州人）也曾在德国学习。④

除船政学堂有计划地官派学生留学之外，还有一些学生被零星派出国学习。如在1880年，北洋水师向德国定购"定远""镇远"铁甲舰，此时身在北洋水师的后学堂管轮班第一届毕业生陆麟清奉命到船政学堂挑选黄戴、陈和庆、林祥光⑤、谭秀、黎晋贤⑥、程好等学生及轮机工人陆爱昭到德国学习监造。⑦

1881年，船政学堂派出第二批出洋学生，其中魏逻、陈伯璋、陈才镱等三人被派往德国，三人均为福建人，在刷次考甫水雷厂学习鱼雷制造技术，兼习德语。魏逻后改赴法国，陈伯璋在德逝世，仅陈才镱一人学成归国，后者所学专业还包括枪炮、营制、硝药、制造、鱼雷等，掌握的技术已超出造船与驾驶⑧，在回国进入福州船政局后，陈才镱利用自己所掌握的鱼雷制造技术，很快便试制出了鱼雷和水雷，攻克了国内工匠未能解决的难题，并且在船政学堂内专门建立了一个车间进行批量生产。⑨

船政学堂在1885和1897年还曾派出两批毕业生赴欧学习，但其中没有赴德留学生。1897年之后，船政学堂虽然未再成批派遣留学生，但仍有部分学生零星出洋学习，其中亦有赴德学习者。

1909年，根据出使德国的清政府大臣荫昌呈报的留德学生名单，全国留

---

① 沈岩：《船政学堂》，科学出版社，2007年，第153页。
② 陈学恂、田正平：《中国近代教育史汇编：留学教育》，上海教育出版社，1991年，第249页。
③ 陈学恂、田正平：《中国近代教育史汇编：留学教育》，上海教育出版社，1991年，第250页。
④ 沈岩：《船政学堂》，科学出版社，2007年，第185页。
⑤ 福建闽县尚干乡人。
⑥ 广东南海县人。
⑦ 福建省地方志编纂委员会编：《福建省志·教育志》，方志出版社，1998年，第748页。
⑧ 郑新清主编：《船政文化研究 第8辑》，海峡出版发行集团，2015年，第100页。
⑨ 彭鸿斌编：《西进：中国人留学档案》，经济日报出版社，2000年，第52页。

德学生共 77 人,其中有四位闽籍学生:林献炘(Lin Hsien-Sin①)、常朝干(Chang Chao-Kan②)、许居廉(Hsü Tsülien③)及周慕西(Chiu Moses④)。其中常朝干为船政学堂管轮第八届学生。林献炘和常朝干为直隶⑤派遣,是同期的官费留学生,前往皇家柏林高等工业学校(今柏林工业大学)学习制造。⑥据资料显示,1908 年 4 月,二人在皇家柏林高等工业学校机械工程系注册入学,1911 年 5 月毕业。⑦ 许居廉和周慕西均为自费留学,就读于柏林大学(今柏林洪堡大学)。许居廉曾在清政府度支部⑧任职,后奉父命赴德留学,⑨他在 1908/1909 年冬季学期注册入学柏林大学,学习国家学(Staatswissenschaft),1911/1912 年冬季学期毕业。⑩ 周慕西于 1906/1907 年冬季学期注册入学,1910 年冬季学期毕业,⑪1911 年取得哲学(Philosophie)博士学位,论文题目为《对老子及其学说的批判性思考》⑫,是最早取得德国博士学位的中国留德学生之一。

---

① 拼音为相关留学生在德国高校入学登记时使用的名称,下同。参见刘悦、杜卫华:《近现代柏林中国学人考》,浙江大学出版社,2018 年,第 72 页。

② 拼音为相关留学生在德国高校入学登记时使用的名称,下同。参见刘悦、杜卫华:《近现代柏林中国学人考》,浙江大学出版社,2018 年,第 72 页。

③ 拼音为相关留学生在德国高校入学登记时使用的名称,下同。参见刘悦、杜卫华:《近现代柏林中国学人考》,浙江大学出版社,2018 年,第 102 页。

④ 拼音为相关留学生在德国高校入学登记时使用的名称,下同。参见刘悦、杜卫华:《近现代柏林中国学人考》,浙江大学出版社,2018 年,第 101 页。

⑤ 据荫昌 1910 年呈报名单,两人为北洋派道,故此处存疑。

⑥ 刘真主编,王焕琛编:《留学教育(二)》,“国立”编译馆,1980 年,第 640 页。

⑦ 刘悦、杜卫华:《近现代柏林中国学人考》,浙江大学出版社,2018 年,第 72 页。

⑧ 1906 年由户部改为度支部,综理全国财政和管理各省田赋、关税、榷课、漕仓、公债、货币、银行、会计等事务,监督本部特设各局、厂、学堂,以及调查各省财政等事宜。

⑨ 《政府公报》,1915 年 11 月 2 日。

⑩ 刘悦、杜卫华:《近现代柏林中国学人考》,浙江大学出版社,2018 年,第 102 页。

⑪ 刘悦、杜卫华:《近现代柏林中国学人考》,浙江大学出版社,2018 年,第 101 页。

⑫ 袁同礼:《袁同礼著书目汇编》,国家图书馆出版社,2010 年,第 592 页。原作题目为 Kritische Betrachtung über Lau Tsze und seine Lehre,译文来自本章作者。

第二节　北洋政府时期(1912—1927)的留德学生

一、北洋政府时期的留欧学生管理规程

1907 年,清政府学部奏请派遣欧洲游学生监督,统一管理在欧学生事务。1909 年,学部再奏请将欧洲游学监督处事宜归于驻欧各国使馆,选派专人管理,由出使大臣总管一应事务。到了北洋政府时期,教育部加强了对留欧事务的管理,制订并实施了较为完备的章程制度,对留德学生均依照教育部对留欧学生的管理章程进行管理。

1913 年 8 月 20 日,北洋政府教育部颁发了《经理欧洲留学生事务暂行规程》,裁撤清末设置的欧洲留学生监督,改为由教育部特派留学生经理员管理各国留学生学费事项。其中规定"留学生到留学国别后应将所入学校及住址等呈报经理员备查"①,欧洲留学生经理员处对各留学生之学校、住址均有备案。规程对留德学生往返川资和治装费及每月学费进行了规定,每月学费为 320 马克,每三月发给一次,出国川资为本国银圆 500,回国川资为 1000 马克,置装费为本国银圆 200。除以上费用,无论是何理由都不得支取其他款项,也不可预支学费。②

1913 年 12 月,北洋政府教育部又颁布《留欧官费学生规约》,裁消原设的经理员,由三月发放一次学费改为每月发放,同时对留欧学生提出了更加严格的管理措施,规定学生一旦违反规程,即停止发放资助。③ 如果说《经理欧洲留学生事务暂行规程》主要从管理者责任的角度提出了对留欧事务的管理规定,那么《留欧官费学生规约》则主要是对留欧学生制定了管理措施。④

1914 年的教育部《整理教育方案草案》进一步指出:"今先改订选送方法,

---

① 陈学恂、田正平:《中国近代教育史汇编:留学教育》,上海教育出版社,1991 年,第 307-309 页。

② 陈学恂、田正平:《中国近代教育史汇编:留学教育》,上海教育出版社,1991 年,第 307-309 页。

③ 刘真主编,王焕琛编:《留学教育(三)》,"国立"编译馆,1980 年,第 1369-1371 页。

④ 李喜所主编:《中国留学通史·民国卷》,广东教育出版社,2010 年,第 11 页。

各省游学经费每岁划出若干,并定东西洋游学定额若干,各有缺额时,一律由部选送。"①该草案提出了新的选派留学生方案——以省派为主选送留学生出国,经费由各省从游学经费中划拨,如有缺额,则由教育部招考补选。因此,1914年以后,官费留欧生主要由教育部和各省派遣,闽籍官费留德学生也多由教育部和福建省教育厅派遣出国。

1914年7月22日教育部颁布的《各省官费留学生缺额选补规程》又对各省官费留学生定额进行了规定,各省官费生数额核定后,各省应按年如额给费,不得减少;如有缺额,由教育总长在候选人员中挑其"品行学问优异,堪资深造者"选补缺额。②

1915年8月26日教育部颁布的《管理留欧学生事务规程》规定,教育部及各省选派的留欧学生事务由留欧学生监督进行管理,留欧学生监督每年年终应依照学校、学科年级,及次年度毕业人数,将官费生列表汇报教育部及分报各省行政公署。该规程将自费留学生也纳入了管理范围,使得教育部对留欧学生的管理更加完备。③

1916年10月18日,教育部公布《选派留学外国学生规程》,提高了对留学资格的要求,规定要通过考试的方式进行选拔留学生,每届选派学生名数由教育部以1914年各省核定留学名额为范围,依据各部院各省所需人才的数量确定。教育部在京发给留学生置装费和出国川资,每月学费则由监督按月发给,回国川资由监督在填发留学毕业证明书时发放。赴德学生的治装费为本国币200元,出国川资为本国币500元,每月学费为德国币320马克,回国川资为德国币1 000马克。该规程发布后,《各省官费留学生缺额选补规程》废止。④

1924年7月26日,教育部又公布了《管理自费留学生规程》,主要规定了自费留学生的资格;自费留学生也应当领取留学证书,抵达留学国后应向驻该国的学务办理机关呈验报到,管理机关则报告教育部备案;自费生毕业回国时,应将毕业证书呈请管理机关验明,由管理机关发给证明书;凡经教育部认为合格的自费生毕业回国后与公费生享受同等待遇。⑤之后,教育部又公布

《发给留学证书规程》，规定领取留学证书后方可向交涉员公署请求发给护照和向有关国家领事馆请求签字。① 由此，从北洋政府时期开始，中国的赴外留学人员，无论官费还是自费，均有较为完备固定章程可循，不按规定行事则不能顺利完成留学学业。

二、留德学人概况

（一）官方统计

辛亥革命爆发后，清政府垮台，中华民国建立。德国方面最初对这一巨变持观望态度，但很快转向支持掌握军政大权的前清大臣袁世凯。② 1912 年 10 月 6 日，袁世凯正式出任中华民国大总统，德国在次日便正式予以承认。袁世凯政府也表示愿意与德国展开全面合作，尤其在军事和交通等领域进行广泛合作。③

一战爆发前，德国对中国留学生的吸引力相对较小，其原因在于与其他欧美国家相比，德国崛起时间较晚，是一个"迟到"的西方国家，在殖民势力涉足中国的过程中"落后"于其他欧洲国家。德国在中国势力范围较小，在中国建立的教育机构影响范围也更为有限，学习德语的人数远不及学习英语、法语的人数。④

1913 年 3 月，据北洋政府驻德学生监督处报告，当时在德留学生人数为41 人。⑤ 其中叶堃（Yeh Kun）、廖福同（Liao Fuh-Tung）二人籍贯福建，均为官费留学生。叶堃由交通部选派赴德，⑥于 1912 年 10 月 17 日在皇家柏林高等工业学校（今柏林工业大学）机械工程系注册入学，1917 年 3 月 8 日毕业。⑦

---

① 刘真主编，王焕琛编：《留学教育（三）》，"国立"编译馆，1980 年，第 1013-1014 页。

② 参见孟虹：《一战前后中德关系的演变及其对中国近代外交理念的影响》，载《武汉大学学报（人文科学版）》，2015 年第 5 期。

③ Glenn H. Snyder，*Alliance Politics*，Ithaca：Cornell University Press，1997，19.

④ Thomas Harnisch，*Chinesische Studenten in Deutschland*，*Geschichte und Wirkung ihrer Studienaufenthalte in den Jahren von 1860 bis 1945*，Hamburg：Institut für Asienkunde，1999，169.

⑤ 刘真主编，王焕琛编：《留学教育（三）》，"国立"编译馆，1980 年，第 1529 页。

⑥ 刘真主编，王焕琛编：《留学教育（三）》，"国立"编译馆，1980 年，第 1529 页。

⑦ 刘悦、杜卫华：《近现代柏林中国学人考》，浙江大学出版社，2018 年，第 73 页。

廖福同在 1909 年毕业于京师大学堂预备科，①为教育部官费留学生，1912 年
时在德学习预备课程，②1914 年 11 月 17 日在皇家柏林高等工业学校注册入
学化学系，1915 年 4 月 14 日毕业。③ 他 1917 年在布雷斯劳（Breslau）取得工
科博士学位，博士论文题目为《关于榄香醇及其衍生物》，④一战期间不幸在德
国去世。⑤

　　据民国的欧洲留学生经理员统计，1913 年 9 月，在欧留学生共 315 人，其
中 127 人在英国，71 人在法国，56 人在比利时，在德留学的公派生共计 48
人，⑥包括教育部派官费生、稽勋局派官费生、交通部派官费生、陆军部派官费
生、海军部派官费生及各省所派学生。⑦ 其中闽籍学生有廖福同、李景枞（Li
Djin Dsung⑧）、叶堃等三人。其中李景枞是福建闽侯人，⑨为稽勋局官费留学
生，⑩1914 年 11 月 16 日在皇家柏林高等工业学校冶金系注册入学，1917 年 8
月 28 日毕业，1919 年 6 月 2 日复在该校机械工程系注册入学，1921 年 1 月 13
日毕业。⑪ 李景枞回国后历任国民政府交通部技正⑫、航空科科长、航空部总
务司司长等职。欧亚航空公司成立后担任总经理。⑬

　　1913 年 10 月 20 日，教育部发布《通咨各省东西洋各国留学生以后暂停
派遣文》，以"财政困难已达极点""内无接济，外难借贷"为由，令各省停止继续
派遣留学生。⑭ 此后到 1914 年第一次世界大战爆发，中国学生赴德留学一度

①　潘懋元、刘海峰编：《中国近代教育史资料汇编·高等教育》，上海世纪出版股份有限公司，2007 年，第 37 页。
②　刘真主编，王焕琛编：《留学教育》（三），"国立"编译馆，1980 年，第 1529 页。
③　刘悦、杜卫华：《近现代柏林中国学人考》，浙江大学出版社，2018 年，第 73 页。
④　袁同礼：《袁同礼著书目汇编》，国家图书馆出版社，2010 年，第 612 页。原文题目为 Über Elemol und seine Derivate，译文来自本章作者。
⑤　庄启：《战后欧游见闻记》，商务印书馆，1922 年，第 287 页。
⑥　Thomas Harnisch, *Chinesische Studenten in Deutschland*，*Geschichte und Wirkung ihrer Studienaufenthalte in den Jahren von 1860 bis 1945*，Hamburg：Institut für Asienkunde，1999，169.
⑦　刘真主编，王焕琛编：《留学教育》（三），"国立"编译馆，1980 年，第 1524-1527 页。
⑧　刘悦、杜卫华：《近现代柏林中国学人考》，浙江大学出版社，2018 年，第 73 页。
⑨　刘国铭主编：《中国国民党百年人物全书（上）》，团结出版社，2005 年，第 931 页。
⑩　刘真主编，王焕琛编：《留学教育（三）》，"国立"编译馆，1980 年，第 1524-1527 页。
⑪　刘悦、杜卫华：《近现代柏林中国学人考》，浙江大学出版社，2018 年，第 73 页。
⑫　技术岗位，军衔可从中校至少将。
⑬　刘国铭主编：《中国国民党百年人物全书（上）》，团结出版社，2005 年，第 931 页。
⑭　刘真主编，王焕琛编：《留学教育（三）》，"国立"编译馆，1980 年，第 1000 页。

中断。一战爆发后,德国在西方列强中政治影响日渐下降,民国初期的中德关系还未得到充分发展便逐步陷入困境。[①]

根据教育部制订的《选派留学外国学生规程》,从 1917 年起,国民政府开始招考、选派公费留学生,1917 年、1918 年、1919 年、1920 年、1922 年、1925 年共进行了 6 次考试。[②] 但 1917 至 1918 年全国无人被派往德国留学,1917 至 1925 年间没有闽籍的公派留学生赴德。[③]

另据《留学教育:中国留学教育史料》[④]中收录的核准自费留学生名单,1918 至 1919 年全国无自费生赴德,1920 年始有 11 名自费生赴德,其中闽籍自费赴德生有王世京[⑤]、林椿年(Lyin Tschin Nien[⑥])二人:王世京为福建闽侯人,时年 17 岁,应为上海同济医工专校肄业,赴德学习化学;林椿年为福建长乐人,时年 23 岁,北京国立医学专校毕业,赴德学习医科。

一战结束后,中国留学德国的人数迅速增加,乃至出现了第一次留德高潮。主要原因有两个:第一,战后德国陷入了极其严重的通货膨胀,马克大幅贬值,外国人在德国的生活成本明显低于战前;第二,中德两国结束敌对状态,于 1921 年 5 月 20 日签订了《中德协约》。根据该条约的附加条文,德国政府同意接收中国学生赴德留学并提供奖学金和实习场所。这一政策的转变推动了中国留德学生的第一次热潮形成。[⑦]

1919 年 10 月 24 日,《晨报》刊登了一篇名为《五年间我国留德学生之状况》的报道(图 6-2),刊载转录了一封由二十多名留德学生联名所写的留德学生报告书,对自一战爆发至 1919 年期间在德生活状况进行了详细描述。该信是今日对民国初年留德学生研究的不可多得的佐证。信中写道:

> 我国留德学生一战前约五十余人,战事发生返国者众,所留者官费生十四人,自费生五人,战争期间返国者五人,战争期内来德者官费生九人,

---

① 孟虹:《一战前后中德关系的演变及其对中国近代外交理念的影响》,载武汉大学学报(人文科学版),2015 年第 5 期。

② 李喜所主编:《中国留学通史·民国卷》,广东教育出版社,2010 年,第 7 页。

③ 刘真主编,王焕琛编:《留学教育(三)》,"国立"编译馆,1980 年,第 1559-1571 页。

④ 刘真主编,王焕琛编:《留学教育(三)》,"国立"编译馆,1980 年,第 1571-1659 页。

⑤ 本章涉及的留德学生的名字拼音均来自《近现代柏林中国学人考》及《袁同礼著书目汇编》,若无备注德语姓名则为以上书目中无该生德语名字记载,下文同,特此注明。

⑥ 刘悦、杜卫华:《近现代柏林中国学人考》,浙江大学出版社,2018 年,第 110 页。

⑦ 李喜所主编:《中国留学通史·民国卷》,广东教育出版社,2010 年,第 92 页。

自费生三人,总计官费生二十人,自费生六人。此二十余人中病死于德国者一人,卧病医院待剖割者一人,赴瑞士就医者三人,死者一人,其尚须赴瑞士养病者一人。此外诸人虽无重病之可言,然以饮食恶劣,滋养缺乏之故类,皆躯体羸顿、形容枯槁,现虽照常上课而精神委愈,力颇难支。[……]

德国自开战以来,因国内食物不充,行按丁给量之制,所有事品须持有市政厅所给之粮食券,然后能买,此法虽善,仅能制限小民,富豪则广钱通神,商则多财善贾。城市居民往往赖其乡间亲友接济食物,而留德学生既无余钱,亦无亲友,复无本国政府接济,食物仅依赖于粮食券,干黑面包乃其正膳,间得腐臭马肉,不啻珍馐。[……]

德国锁港严厉,食物日少,战费浩繁,纸币日多,目前物价之昂、生活之困,远非笔墨所能形容者。留德学生中官费生月得学费五百马克,不足饭食居住之用,书籍衣服学费零用全凭借贷抵押;自费生仅准在丹麦使馆月借两百马克。

报告除对在德学生生活状况记录外,还介绍了德国国民及德国政局的状况,落款的在德中国留学生为:李景枒、刘文显、胡庶华、叶秉衡、杨茂杰、骆凤麟、杨毓桢、宋式?[①]、毛毅可、王纲、陈雨苍、杨权中、陆益善、廖尚果、许陈琦、翼、廖馥君、廖福同、廖馥亚、胡哲揆、戴夏、胡显精、陈凤济等。[②]

1921 年,全国赴德自费生 9 人,其中闽籍 4 人。闽籍学生中,季炳奎(Chi Bin Kue[③])为福建浦城人,时年 21 岁,上海同济医工专校机械科毕业,1921 年 11 月 28 日在皇家柏林高等工业学校机械工程系注册入学;[④]黄有识(Huang Joseph Y. S.[⑤])为福建闽侯人,时年 18 岁,北京汇立大学预科毕业,1922/1923 年冬季学期在柏林大学(今柏林洪堡大学)化学专业注册入学,1927 年夏季学期毕业,[⑥]1929 年在柏林获得博士学位,论文题目为《关于氢化菲同系物的合

① 此处"?"表示报纸字迹难以辨认。

② 《五年间我国留德学生详况》,载《晨报》1919 年 10 月 24 日。报纸来源:中国历史文献总库·近代报纸数据库(http://bz.nlcpress.com,[2022-01-01])。

③ 刘悦、杜卫华:《近现代柏林中国学人考》,浙江大学出版社,2018 年,第 76 页。

④ 刘悦、杜卫华:《近现代柏林中国学人考》,浙江大学出版社,2018 年,第 76 页。

⑤ 刘悦、杜卫华:《近现代柏林中国学人考》,浙江大学出版社,2018 年,第 110 页。

⑥ 刘悦、杜卫华:《近现代柏林中国学人考》,浙江大学出版社,2018 年,第 110 页。

图 6-2　1919 年《晨报》报道

图片来源：中国历史文献总库・近代报纸数据库（http://bz.nlcpress.com，
［2022-01-01］）。

成和分解》；[1]黄运槃为福建宁德人，时年 21 岁，国立医学专校毕业，赴德学习
医科；邱长康（Chiu Chang-kong[2]）为福建将乐人，时年 22 岁，朝阳大学预科
毕业，赴德学习实科，1922 年秋在德国"易北林"[3]林业专业学校肄业，后在德
国汉堡大学哲学院人类学系就读，[4]1937 年在汉堡取得哲学博士学位，论文题

---

① 袁同礼：《袁同礼著书目汇编》，国家图书馆出版社，2010 年，第 610 页。原文题目为
　　Über Synthesen und Spaltungen in der Hydrophenanthren-Reihe，译文来自本章作者。
② 袁同礼：《袁同礼著书目汇编》，国家图书馆出版社，2010 年，第 592 页。
③ 政协将乐县委员会文史资料编辑组：《将乐县文史资料・第 7 辑》，1989 年，第 85-86 页。
④ 政协将乐县委员会文史资料编辑组：《将乐县文史资料・第 7 辑》，1989 年，第 85-86 页。

目为《中国古代资料中的苗族文化》。①

1922年,全国赴德自费生共36人,其中仅2人来自福建。郑振涛(Cheng Chen-tao②)为福建长汀人,时年27岁,国立法政专校毕业,1924年夏季学期在柏林大学注册入学,学习法学;③缪怀琛,福建福安人,时年22岁,曾就读于北京朝阳大学本科一年级,赴德学习法科或农科,据后来《宁德名产》一书所载缪怀琛培育"福安水蜜桃"一事,推测其专业应为农科。④

1923年,全国赴德自费生9人,其中闽籍1人:陆保真,福建松溪人,毕业于福建省立第五中学校,赴德学习工科。

1924年,全国赴德自费生为20人,其中无闽籍人士。

1925年后,德国通货膨胀得到控制,马克币值回升,德国物价和生活成本跃居欧洲各国之首,加上欧洲爆发经济危机,许多外国学生又再离开德国,中国留德学生人数也大为减少。⑤

1927年,全国赴德自费生3人,其中无闽籍人士。

(二)非官方统计

1905年,海外华侨子弟李登辉在上海发起创办寰球中国学生会。⑥ 1907年,寰球中国学生会成立游学招待部,旨在提供游学指导,间接沟通中西文化。游学招待部负责统计国内外留学生数量,以作备案。据该会记录,"历年官私费出洋学生,一切出国事宜,大都交由本部代为照料。其可得而远者,如历届放洋之部派留学欧美学生,清华及其他官私费出洋学生,留法俭学生,暨各省派送东西洋各国留学生,于其出发之前,大都由本部代为照料一切"⑦,因此该学会记录的统计数据较为可靠。寰球中国学生会印行的《第二期寰球中国学

① 袁同礼:《袁同礼著书目汇编》,国家图书馆出版社,2010年,第592页。原文题目为 *Die Kultur der Miao-tse nach älteren Chinesischen Quellen*,译文来自本章作者。

② 刘悦、杜卫华:《近现代柏林中国学人考》,浙江大学出版社,2018年,第114页。

③ 刘悦、杜卫华:《近现代柏林中国学人考》,浙江大学出版社,2018年,第114页。

④ 中共宁德市委宣传部、宁德市地方志编纂委员会编:《宁德名产》,海峡书局,2010年,第73页。

⑤ 李喜所主编:《中国留学通史·民国卷》,广东教育出版社,2010年,第93页。

⑥ 本章中提及寰球中国学生会发行之资料,均来源于"中国国家图书馆·中国国家数字图书馆网站"(http://www.nlc.cn/)。

⑦ 寰球中国学生会:《寰球中国学生会廿五周年纪念册(二十五年来之本会)》,寰球中国学生会,民国19年(1930年),第3页。

生会年鉴》①《寰球学生会十五年特刊》②公布的《出洋学生调查录》，以及《寰球中国学生会二十周年纪念册》③，对官方记载的闽籍留德学生名单提供了具有可信度的补充（下文名单中的拼音来自其他资料记载的佐证）：④

　　1921 年：梁舒文，福建福州人，毕业于上海同济医工专门学校。⑤

　　1922 年：沈觐康，福建闽侯人，时年 19 岁，毕业于同济大学，到德所学专业、学校不详；⑥高冈，福建长乐人，时年 17 岁，毕业于北京清华学校；⑦汤腾汉（Tang Teng-han⑧），福建龙溪人，时年 23 岁，毕业于天津北洋大学；⑨王位中，福建闽侯人，时年 23 岁，毕业于同济大学，在萨克森高等工业学校（今德累斯

---

① 寰球中国学生会：《第二期寰球中国学生会年鉴》，寰球中国学生会，民国 12 年（1923 年），第 28-53 页。

② 寰球中国学生会：《寰球学生会十五年特刊（出洋学生调查录）》，寰球中国学生会，民国 15 年（1926 年），第 1-61 页。

③ 寰球中国学生会：《寰球中国学生会二十周年纪念册》，寰球中国学生会，民国 14 年（1925 年），第 41-90 页。

④ 人物信息基本保留原始材料表述，一些留学生的籍贯和就读学校的记录不全或不详。

⑤ 寰球中国学生会：《寰球学生会十五年特刊（出洋学生调查录）》，寰球中国学生会，1926 年，第 10 页。据其他资料显示，梁舒文后于 1925 年在明斯特取得哲学博士学位，论文题目为《鞘翅目、雄性生殖腺和消化系统的形态学研究》（见袁同礼：《袁同礼著书目汇编》，国家图书馆出版社，2010 年，第 612 页。原文题目为 *Morphologie des Hypopygiums, der männlichen Genitaldrüsen und des Verdauungssystems von Thaumastoptera calceata Mik*），1927 年在慕尼黑取得医学博士学位，论文题目为《论先天交感神经母细胞瘤样肝肿瘤》（出处：同上，第 644 页。原文题目为 *Über einen angeborenen sympathoblastomartigen Lebertumor*），译文均来自本章作者。

⑥ 寰球中国学生会：《第二期寰球中国学生会年鉴》，寰球中国学生会，1923 年，第 33 页。沈觐康是林则徐的外曾孙，20 世纪 30 年代曾在厦门任警察局长，后调重庆任军统局工程处少将处长（见郭银土：《人物·风采·时代》，海峡文艺出版社，1988 年，第 227 页）；为国民党战犯，1975 年获特赦（陈锦满主编：《惠安文史资料第 29 辑》，文史资料委员会，2015 年，第 58 页）。

⑦ 寰球中国学生会：《第二期寰球中国学生会年鉴》，寰球中国学生会，1923 年，第 40 页。

⑧ 刘悦、杜卫华：《近现代柏林中国学人考》，浙江大学出版社，2018 年，第 117 页。

⑨ 寰球中国学生会：《第二期寰球中国学生会年鉴》，寰球中国学生会，1923 年，第 33 页。汤腾汉 1925/1926 年冬季学期在柏林大学化学专业注册入学，1929/1930 冬季学期毕业（见刘悦、杜卫华：《近现代柏林中国学人考》，浙江大学出版社，2018 年，第 117 页）。1929 年在柏林取得博士学位，博士论文题目为《对麻黄碱类药物的药理学研究》（见袁同礼：《袁同礼著书目汇编》，国家图书馆出版社，2010 年，第 651 页。原文题目为 *Beiträge zur Pharmakognosie der Ephendrin-Drogen*，译文来自本章作者）。

顿工业大学)学习电机;①郑振涛,时年 27 岁,福建长汀人,毕业于北京法政专门学校;②缪怀琛,时年 22 岁,福建福安人,毕业于北京朝阳大学。③

　　1923 年,寰球中国学生会印行《第二期寰球中国学生会年鉴》,年鉴中所刊《中国留德医药学者调查表》④显示,当时在德学习医科的中国学生中有 5位为闽籍,分别为:李宣襟(Li Hsuan-chin⑤),到德年月未详,毕业于同济大学,就读于法兰克福大学;⑥林椿年(Lyin Tschin Nien),毕业于北京医学专门学校;⑦张懋澍(Mao-schu Chang),1921 年到德,就读于弗赖堡大学;梁舒文(Shu wen Liang),毕业于上海同济医工专门学校,1920 年到德,就读于明斯特大学(与上文 1921 年记录为同一人);郑河先(Cheng Hosien⑧),毕业于上海同济,1920 年到德,就读于柏林大学(今柏林洪堡大学)。⑨

①　寰球中国学生会:《第二期寰球中国学生会年鉴》,1923 年,第 33 页。

②　寰球中国学生会:《第二期寰球中国学生会年鉴》,1923 年,第 29 页。

③　寰球中国学生会:《第二期寰球中国学生会年鉴》,1923 年,第 41 页。

④　《中国留德医药学者调查表》,载寰球中国学生会:《第二期寰球中国学生会年鉴》,1923年,第 28-53 页。下文所录均为原始资料表述,籍贯和来德时间未提及之处均为原文未记录。

⑤　袁同礼:《袁同礼著书目汇编》,国家图书馆出版社,2010 年,第 642 页。

⑥　李宣襟后于 1924 年在美因河畔法兰克福取得医学博士学位,博士论文题目为《论胆汁酸对粪便中钙质皂类溶解的发展》(见袁同礼:《袁同礼著书目汇编》,国家图书馆出版社,2010 年,第 642 页,原文题目为 *Über die Entwicklung von Gallensäuren auf die Lösung von Kalkseifen im Stuhl*,译文来自本章作者)。

⑦　1922/1923 冬季学期在柏林大学(今柏林洪堡大学)医学系注册入学(见刘悦、杜卫华:《近现代柏林中国学人考》,浙江大学出版社,2018 年,第 110 页)。

⑧　刘悦、杜卫华:《近现代柏林中国学人考》,浙江大学出版社,2018 年,第 105 页。

⑨　《中国留德医药学者调查表》所载郑河先名字拼音为 Cheng Kosien,结合其入学登记所用名 Cheng Hosien 判断,原文应为笔误。郑河先 1920/1921 冬季学期在柏林大学医学专业注册入学,1922/1923 冬季学期毕业,后于 1924 年在耶拿大学获得医学博士学位(见刘悦、杜卫华:《近现代柏林中国学人考》,浙江大学出版社,2018 年,第 105 页),论文题目为《关于交感神经切除术的问题》(见袁同礼:《袁同礼著书目汇编》,国家图书馆出版社,2010 年,第 632 页,原文题目为 *Zur Frage der Sympathektomie*,译文来自本章作者)。

第三节　南京国民政府时期(1927—1948)的留德学生

一、留学政策与留学生管理

1927年4月18日,"国民政府"在南京成立,史称南京国民政府。南京国民政府曾一度废除教育部,改实行大学区制度,大学区制度取消后,教育部令各省整顿留学教育,严格规定选派留学生的资格,并要求将留学科目的重点放在实用学科上,以培养专门技术人才为留学目的。[①]

1928年,福建省出台了《福建省政府教育厅选派公费留学生规程》(图6-3),规定留学生的资格为:(1)国内外大学或专门学校毕业,在本省服务三年以上著有成绩者;(2)国内外大学或专门学校毕业,在省外服务三年以上著有成绩,经本省聘任担任本省事务一年以上者。留学生通过考试选派,其中大学教员可以免试或仅考一部分;当年留学各国名额共37名,其中德国留学名额为3名;每届选派学生试验日期、名额、留学国、留学年限、研究科目均由教育厅议定先期规定;学生留学期间要呈报在学证书、学业成绩及研究心得,对未完成学业而回国的留学生,停止公费资助;公费生如有"反革命之言论或行动者,停给公费"。[②]

1930年,南京国民政府第二次全国教育会议召开,在《改进全国教育方案中改进高等教育计划》中对于留学生派遣办法进行了更加完善的规定,如:[③]

　　"以后选派国外留学生,应注重自然科学及应用科学等,以应国内建设的需要,并储备专科学校及大学理、农、工、医等学院的师资。"

　　"省费留学生,应视各地方建设上特殊需要,斟酌派遣,每次属于理、

---

① 李喜所主编:《中国留学通史·民国卷》,广东教育出版社,2010年,第183-184页。

② 《福建省政府教育厅来函》,载《燕京大学校刊》,1928年12月7日。见中国历史文献总库·近代报纸数据库(http://bz.nlcpress.com,[2022-01-01])。

③ 刘真主编,王焕琛编:《留学教育》(四),"国立"编译馆,1980年,第1661-1662页。

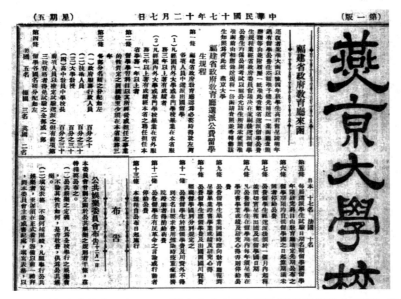

图 6-3　《福建省政府教育厅来函——福建省政府教育厅选派公费留学生规程》,1928 年

图片来源:《燕京大学校刊》(1928 年 12 月 7 日。《中国历史文献总库·近代报纸数据库》,http://bz.nlcpress.com,[2022-01-01])。

农、工(包括建筑)、医药者至少应占全额的十分之七。"

"自费留学生,得依本人志愿,肄习任何学科。但学理、农、医者,应尽量先叙补公费或津贴。学文哲政治艺术等科者,非至大学毕业入研究院时,不得受公家补助。"

"教育部应规定自费留学生于请领取留学证书时,须经各留学国语言文字的考试,不合格不给证书。"

"自费留学生,最低限度,应在高级中学毕业。"

"公费派遣国外留学生,应为国内省立及已立案大学或专校教员,与学术、实业、行政、机关服务人员,继续任职若干年,对于专门学术确有相当贡献,并通习各该留学国语文,经考试或审查合格,方可派遣出国。"

1933 年 4 月,根据第二次全国教育会议的原则,教育部公布施行《国外留学规程》,对留学期限和考选办法、公费生的报考资格、考试内容、学费及川资的发放、留学生管理、自费生留学资格以及申领留学证书手续等方面均进行了详细的规定。对于各省市选考公费生,《国外留学规程》加强了对公费、自费留学生的管理规范规定,规定各省市依据地方需要,在每届招生前作出详细规定,呈教育部核准施行;公费生通过各省市初试后,由教育部进行复试,通过复试后三个月内出国,逾期取消资格。①

总体而言,南京国民政府实施的留学政策是积极的,较之北洋政府时期也有了新的特点。首先,从留学生资格认定要求上来说,政府提高了公费、自费留学生的各选派标准。这在一定程度上保证了派出留学人员的质量,避免政府经费的浪费,同时对选派人员提高要求也有利于保证其毕业后的知识水平,从而更好地与世界科技接轨。其次,政府规定留学年限为 2 至 6 年,旨在促使留学生充分利用学习机会,提升自身实力,为国家做贡献。最后,南京国民政府时期的留学政策对于赴国外学习理、农、工、医四科的学生给予了一定的政策倾斜,不仅公费派出的机会更多,自费留学生还可以优先叙补公费。这一时期重视应用学科的导向,改变了民国初期留学生一度在专业选择上偏重政法而轻视理工科的状况。②

二、闽籍留德学生

南京国民政府成立后,中德关系逐渐好转。20 世纪 30 年代后期,留德学生人数稳步增长,据《民国教育统计资料汇编(第四册)》整理,1929 年,全国 86 名留学生赴德,其中公费生 6 人,自费生 80 人;1930 年,全国共 66 名留学生赴德,其中公费生 5 人,自费生 61 人;1931 年,全国共 84 名留学生赴德,其中公费生 15 人,自费生 69 人;1932 年,全国共 64 名留学生赴德,其中公费生 6 人,自费生 56 人,半公费生 2 人;③1933 年,全国赴德留学生 68 人,其中公费生 17 人,自费生 51 人。④

这一时期中国留德学生数量增加的主要原因在于:(1)南京国民政府的推动。为满足国内建设需要,国民政府在选派留学生的管理规程中多次提出,应注重自然科学及应用科学等,对理、工、医药留学生的派遣尤为重视,而德国在这些领域长期保持世界领先地位,这促进了中国留学生向德国的流动;(2)

---

① 教育部编:《第一次中国教育年鉴(乙编)》,开明书店,1935 年,第 116-119 页。
② 李喜所主编:《中国留学通史·民国卷》,广东教育出版社,2010 年,第 187 页。
③ 王燕来编:《民国教育统计资料汇编(第四册)》,国家图书馆出版社,2010 年,第 481-508 页。
④ 王燕来编:《民国教育统计资料汇编(第五册)》,国家图书馆出版社,2010 年,第 641-642 页。

1934 年,中德签订了《中德易货协定》,规定中国政府以砂矿和农产品换回德国的工业产品,德国则向中国提供重工业企业设备,中德关系逐渐升温;(3)"九一八"事变后,蒋介石着力军事建设,在聘请大批德国军事顾问训练军队的同时,也选派一些现役军官赴德深造,这在客观上也壮大了当时的留德队伍。[①]

抗日战争爆发后,留德教育由盛转衰,不少留德生纷纷辍学回国,留/赴德学习者寥寥无几,1937 年仅有 52 人,1938 年只剩下 22 人。1939 年,德国发动第二次世界大战后,中国公派赴德留学事业完全中断。[②]

综合《寰球中国学生会廿五周年纪念册》《第一次中国教育年鉴》《民国教育统计资料汇编》《留学教育》等资料记录,1918 至 1937 年闽籍留德学生状况统计如下:

1928—1930 年:无闽籍留德学生;[③]

1931 年:闽籍公费生 1 人,自费生 1 人;[④]

1932 年 8 月至 1933 年 7 月:全国共 64 人赴德留学,6 名公费生,58 名自费生,其中仅 1 名自费生来自福建,无闽籍公费生留学德国;[⑤]

1934 年:全国赴德学生 61 人,公费生 11 人,自费 50 人,福建 1 人;[⑥]

1935 年:3 名闽籍留德学生;[⑦]

1937 年,福建省派遣 1 名公费留学生李世瑨赴德习纤维工业[⑧]。

从以上数据可以看出,当时福建省留学德国人数极少,部分年份甚至没有闽籍留德学生的记录。由此可见,南京国民政府时期,福建省在留德教育中未扮演重要角色,对全国留德学生数的趋势变化影响较小。同时由于南京国民政府时期资料对闽籍留德学生的状况大多仅有数字记录,资料中多以"福建省"、"闽省"的字眼一笔带过,当时的闽籍赴德留学生究竟有何背景身份,大多已不得而知。

---

① 李喜所主编:《中国留学通史·民国卷》,广东教育出版社,2010 年,第 223 页。

② 李喜所主编:《中国留学通史·民国卷》,广东教育出版社,2010 年,第 223 页。

③ 寰球中国学生会:《寰球中国学生会廿五周年纪念册(二十五年来之本会)》,寰球中国学生会,民国 19 年(1930 年),第 6 页。

④ 教育部编:《第一次中国教育年鉴(丙编)》,开明书店,1935 年,第 1120 页。

⑤ 王燕来编:《民国教育统计资料汇编(第四册)》,国家图书馆出版社,2010 年,第 491-493 页。

⑥ 王燕来编:《民国教育统计资料汇编(第五册)》,国家图书馆出版社,2010 年,第 613-621 页。

⑦ 《留学英德自费生最近一年之统计》,载《新天津》,1935 年 7 月 25 日,来源:中国历史文献总库·近代报纸数据库(http://bz.nlcpress.com/),[2022-01-01].

⑧ 刘真主编,王焕琛编:《留学教育(四)》,"国立"编译馆,1980 年,第 1819 页。

第四节　闽籍留德学人群像

近代以后的留德学人中学有所成者众多。许多人在毕业归国后,在自己的专业领域发挥了重要作用。闽籍留德学人涉及领域甚广,在各领域中成为佼佼者也不乏其数。下文将对部分代表性闽籍留德学人及其成就进行简要介绍,其中包括留德留学的闽籍学人和有留德经历的闽籍学者或名人,按赴德时间先后排序。

（一）辜鸿铭（1857—1928）

祖籍福建省惠安县,生于马来西亚。辜鸿铭是清末民初的文化名人,20世纪初,他在向西方世界传播中国传统文化方面具有重要的影响力。在当时欧洲人的眼里,辜鸿铭是一位精通西方文化并能高论东西文明是非的东方文化代言人。[①] 1870 年,14 岁的辜鸿铭前往德国学习科学,并于 1872 年辗转英国,就读于爱丁堡大学。毕业后又赴德国莱比锡大学等著名学府研究文学、哲学。[②] 本书第七章和第十一章对于辜鸿铭有更加详细的叙述。

（二）周慕西（1879—1914）

福建厦门人。1892 年,周慕西进入福州美国基督教卫理公会创办的鹤龄英华书院学习。1901 年到英国不莱福特约克郡学院学习神学,毕业后赴德国哈勒大学学习神学,后转到柏林大学学习哲学,1911 年获得博士学位。随后京师高等学堂聘请周慕西回国任英德文教员。1912 年京师大学堂改名为北京大学,京师高等学堂改为北京大学的预科,北京大学首任校长严复聘请周慕西任预科学长（即院长）。之后因严复辞去北京大学校长职务,周慕西也辞去了预科学长的职务,但仍执教北京大学。不幸的是,在事业基础初成,欲大展宏图之际,他却不幸感染疟疾,于 1914 年 7 月不治身亡,年仅 36 岁。周慕西逝世后,其夫人、北京伦敦布道团医院的护士长伊丽莎白·罗伊德（Elizabeth Lloyd）将周慕西的 1227 册西文藏书赠送给北京大学校图书馆,周慕西成为向

---

① 方厚升:《君子之道:辜鸿铭与中德文化交流》,厦门大学出版社,2014 年,第 1 页。
② 郭丹主编:《福建历代名人传》,海峡文艺出版社,2019 年,第 392 页。

北京大学图书馆赠书的第一人。①

(三)常朝干(1882—1955)

号竹波,福建福州人。1904 年毕业于福建船政后学堂第八届管轮班。1906 年,常朝干被海军统制官萨镇冰派往德国留学,进入皇家柏林高等工业学校(今柏林工业大学)机械工程系学习。1911 年毕业回国后,担任南洋鱼雷分局教习。1911 年,南洋鱼雷分局改名为南京鱼雷营,常朝干担任管带。1912 年 9 月,常朝干出任中国海军第一批技正。1913 年 3 月,常朝干与林献炘作为领队带学员赴奥地利研习新式水雷。1914 年,第一次世界大战爆发后,二人带全体学员回国。回国后,常朝干作为中国第一代鱼雷专家,参与建立了中国海军新式水鱼雷营,1915 年出任海军鱼雷营营长。1927 年南京国民政府成立后,中国海军决定成立海军水鱼雷营,常朝干出任首任营长,军衔上校。1930 年 8 月,常朝干在南京海军水鱼雷营设立了无线电训练班,先后举办了两届。抗战结束后,因不满蒋介石发动内战和排斥闽系海军,他申请退役,转赴长江航务局宜昌办事处工作,1948 年退休后回福州定居,1955 年病逝于福州。②

(四)林献炘(1884—1960)

别号向欣,福建福州人。1904 年毕业于广州黄埔水师学堂第八届驾驶班。1908 年进入皇家柏林高等工业学校机械工程系学习,1911 年毕业回国。1913 年又与常朝干一起留学奥地利学习新式水雷。历任技正、造船监督、海军电雷学校教官。1929 年南京国民政府海军部成立后,林献炘任海军部军械司少将司长。抗战初期,海军部改编为海军总司令部,林献炘被缩编,回到上海。后在重庆出任海军总司令部军械处少将处长。1947 年林献炘申请退休,在上海解放前夕拒绝前往台湾。中华人民共和国成立后,他参加了中国人民政治协商会议福建省委员会海军史料整理工作,著有《载洵、萨镇冰出国考察海军》。③ 1960 年,林献炘病逝于上海。

① 参见厦门市社科联主编:《鼓浪屿研究·第 1 辑》,厦门大学出版社,2015 年,第 146 页。冯友兰:《三松堂全集·第 14 卷·教育文集、杂著集、诗词楹联集、书信集、译著集全集闰编(第 2 版)》,河南人民出版社,2000 年,第 170 页;刘东主编,《中国学术·总第 33 辑》,商务印书馆,2013 年,第 176 页。

② 张作兴主编:《船政文化研究·第 4 辑》,海潮摄影艺术出版社,2006 年,第 261 页。

③ 刘国铭主编:《中国国民党百年人物全书(下)》,团结出版社,2005 年,第 1524-1525 页。刘琳、史玄之:《福州海军世家》,海风出版社,2003 年,第 195-197 页。

(五)沈觐宜(1895—1969)

字来秋,福建福州人。1916 年毕业于上海同济大学,1920 年公费赴德留学,先就读于德累斯顿工业大学机械工程系,两年后,为探索中国工业化道路,转而进入法兰克福大学。他于 1924 年 2 月取得经济学博士学位,毕业论文题目为《中国的工资问题》[①]。回国后历任海军造舰少监、福建船政局制机主任、军需主任。1927 年,他与几位志同道合的年轻人共同发起成立海军制造研究社,并负责主编该社的刊物——《制造》。后转任福建省金库库长,历任福建学院教授、厦门大学教授、同济大学教授兼教务长、云南大学教授、华中大学教授兼经济系主任,以及曾任福建大学、福建农学院教授等职。[②]

(六)林语堂(1895—1976)

"两脚踏东西文化,一心评宇宙文章"[③]的林语堂是中国近现代史上著名的学者和作家。与同时代的大多数作家相比,林语堂作为双语作家,既能用流畅的英语向世界的读者介绍中国的历史、文化,又用汉语向中国的读者介绍美国和其他国家的文化与风情。[④] 他 1919 年进入美国哈佛大学文学系。1922年转入德国莱比锡大学攻读语言学。次年获博士学位后回国,先后任北京大学教授、北京女子师范大学英文系主任。[⑤] 1926 年林语堂到厦门大学就任语言学教授、文科主任兼国学院总秘书,开设"英国语言学""英国语音学""普通语言学"等课程,挑起了厦门大学文科的重任。[⑥] 本书第七章、第十章和第十一章对林语堂有更为详细的介绍。

(七)汤腾汉(1900—1988)

福建龙溪人,生于印尼爪哇。1917 年回国求学,先后在南京工专机械系和天津北洋大学冶金预科肄业。1922 年,他到德国柏林大学(今柏林洪堡大

---

① 沈来秋教授遗著收集编辑组编:《沈来秋文集》,2002 年,第 1 页。原文题目为 Dar Lohnproblem in China,译文来自该书。

② 郑芳:《16 个福州家族的百年家史》,福建教育出版社,2017 年,第 46 页;张作兴主编:《船政文化研究》,海潮摄影艺术出版社,2006 年,第 287-294 页。

③ 林语堂:《我的话(上)·行素集》,河北教育出版社,1994 年,第 45 页。

④ 李喜所主编:《留学生与中外文化》,南开大学出版社,2005 年,第 772 页。

⑤ 张琦编:《历史文化常识全知道》,江西美术出版社,2018 年,第 554 页。

⑥ 谭林:《中外名人教师生涯研究》,四川科学技术出版社,2018 年,第 134 页。

学)学习,先入化工系,后来又转到药学院。1926 年毕业,获得德国国家药师证书。1929 年获柏林大学理科博士学位。1930 年回国,担任青岛大学化学教授、化学系主任,后出任理学院院长。1939 至 1946 年在成都华西协合大学理学院药学系担任药物化学教授兼系主任,并曾在中山大学医学院、四川大学和川康农工学院兼任教授。1940 年后,任中央制药厂总工程师、厂长,兼任同济大学化学教授、上海医学院化学教授。同时也是中山大学医学院、四川大学、川康农业学院的教授。著有《化学试剂及其标准》一书。[①]

(八)林几(1897—1951)

字百渊,福建侯官(今闽侯)人。1916 年留学日本,次年因参与学生运动被迫回国。1918 年考入国立北平医学专门学校,1922 年毕业后留校任病理学助理。1924 年,为更好地向西方学习先进的现代法医学知识,林几留学德国华兹堡大学(今译维尔茨堡大学),1926 年转学柏林大学法医研究所,1928 年毕业获博士学位。回国后任北京大学医学院教授,1930 年创建法医学教室。1932 年在北平筹建法医检验所,并担任所长,1933 年,林几在北平主持招收法医学研究员。1934 年,林几创办了我国历史上第一本公开发行的法医杂志《法医月刊》。1935 年,他回到北京大学任法医学教室主任教授,兼冀察审判官训练所教职。抗战爆发后,林几任西北联合大学教授。1943 年任教于中央大学医学院,创设法医学科,在此期间举办多期高级司法检验员培训班。1948 年兼任医学院法医研究所所长。1949 年后兼任国家卫生部卫生教材编审委员会法医组主任委员。著有《中国古代法医学发展简史》《最近法医学鉴定法之进步》《法医学》《医师用法医学讲义》《鉴定实例专号》等教科书和著作。[②]

(九)陈蜀琼(1910—?)

福建福州人,生于四川成都。1928 年高中毕业后赴德留学,在德国耶拿大学攻读法学,1936 年获法学博士学位,[③]博士论文为《中国和德国法中的判

---

①　中国科学技术协会:《中国科学技术专家传略·医学编·药学卷》,中国科学技术出版社,1996 年,第 118-126 页。崔月犁、韦功浩主编:《中国当代医学家荟萃·第 1 卷》,吉林科学技术出版社,1987 年,第 503 页。

②　周川主编:《中国近现代高等教育人物辞典》,福建教育出版社,2018,第 391 页。周斌主编:《警史钩沉·第 17 辑》,武汉出版社,2009 年,第 39-41 页。

③　尹恺德主编:《当代中国社会科学人物》,四川教育出版社,1992 年,第 99 页。

刑——比较研究》①。1937 年回国效力。1938 年起在南通学院任教,一边教授德语,一边宣扬民族气节。1941 年 12 月起,参加《德华标准大字典》的编纂工作,历时六年终于完成,这部大字典自问世起,一直是德语学习者常备的参考用书,历时三十多年而不衰,直到 20 世纪 80 年代才有新的《德华词典》问世。② 1956 年,陈蜀琼参加了上海外国语学院德语建系工作,1957 年参加华东政法学院国际法研究小组工作。1958—1968 年在上海社科院编译组工作,1978 年回上海社科院情报所工作。③

(十)周辨明(1891—1984)

字忭民。福建惠安人。1911 年毕业于上海圣约翰大学,留校担任预科英语教员。1914 年出任清华学校英语教员。1917 年赴美留学,进入哈佛大学学习数学。1921 年担任厦门大学总务主任。1928 年赴德国汉堡大学留学,1930 年获得哲学博士学位,后曾任英国伦敦大学东方语文学院汉语讲师。1931 年回国后,任厦门大学英文教授兼注册部主任,1934 年任文学院院长。1937 年任国立厦门大学语言学教授兼教务长。1949 后移居新加坡。著有《半周钥笔索引法说明》《半周字汇索引》《万国通语论》等教科书和著作。④ 关于周辨明在本书第十章有更为详细的介绍。

(十一)庄长恭(1894—1962)

字丕可,福建泉州人。1919 年作为清华学校津贴生留学美国,进入芝加哥大学化学系,1921 年获学士学位,1924 年获博士学位。同年回国,任国立武昌大学化学系教授。后任省立东北大学化学系教授兼系主任。"九一八"事变后赴德国,到哥廷根大学任客座教授,从事甾体化合物研究,⑤后去维也纳大学从事研究。1933 年回国,任国立中央大学理学院教授、院长。次年任中央研究院化学研究所所长。1935 年当选为中央研究院评议会评议员。1941 年

---

① 王伟:《中国近代留洋法学博士考:1905—1950》,上海人民出版社,2011 年,第 326 页。原文题目为 Die Strafzumessung im chinesischen und deutschen Recht,Eine rechtsvergleichende Studie,译文来自本章作者。

② 尹恺德主编:《当代中国社会科学人物》,四川教育出版社,1992 年,第 99 页。

③ 王伟:《中国近代留洋法学博士考:1905—1950》,上海人民出版社,2011 年,第 326 页。

④ 周川主编:《中国近现代高等教育人物辞典》,福建教育出版社,2018 年,第 434 页。

⑤ 宋立志编:《名人与名校·芝加哥大学、哥伦比亚大学》,北京联合出版公司,2015 年,第 23 页。

去昆明从事研究。1945 年任北平研究院药物研究所所长。1948 年当选中央研究院院士。同年 7 月任台湾大学校长。1949 年后,庄长恭任中国科学院有机化学研究所所长,1955 年当选中国科学院学部委员、数理化学部副主任。著有《国药玄参的化学组成初步报告》《国药狼毒的化学研究初步报告》《麦角甾醇的结构》等。[①]

(十二)刘思职(1904—1983)

福建仙游人。1921 年进入厦门大学化学系学习。1925 年留学美国西南大学化学系,1926 年获理学士学位。之后入堪萨斯大学攻读物理化学,1929 年获博士学位后回国,到上海大夏大学任教。1930 年任北平协和医学院助教,后提升为讲师、副教授,从事蛋白质变性分子结构研究。1934 年 8 月至 1935 年 6 月曾到德国威廉恺撒研究院细胞生理研究所进修,1935 年 6 至 8 月又去英国剑桥大学摩丁诺研究所进行研究。1942 年任国立北京大学医学院教授。1950 年主持编纂《生物化学名词草案》。1952 年任北京医学院教授兼生物化学教研室主任。1957 年入选中国科学院生物学部委员。曾兼任中国生理学会理事长、《中国生理学杂志》主编、中国生物化学学会常务理事。合译有《蛋白质的生物化学》,著有《生物化学大纲》《从免疫沉淀物提取抗原及抗体之定量研究》《低级抗体的免疫学性质》等教科书和著作。[②]

(十三)邵循正(1909—1973)

字心恒,福建侯官人。1924 年就读于福州英华书院。1926 年考入福州协和大学。同年转学清华学校政治学系,攻读国际法和国际关系,1930 年升入研究院学习历史。1934 年留学法国巴黎法兰西学院东方语言学院,习蒙古史、古波斯文。1935 年转入德国柏林大学研究蒙古史。1936 年回国,任国立清华大学历史学系讲师。抗战爆发后,历任国立西南联合大学历史学系讲师、副教授、教授。1945 年秋去英国任牛津大学访问教授。次年回国,任国立清华大学教授。1950 年任清华大学历史系主任。1952 年任北京大学历史系教授、中国近代史教研室主任,兼中国科学院第三历史研究所研究员。著有《中

① 周川主编:《中国近现代高等教育人物辞典》,福建教育出版社,2018 年,第 141-142 页。
② 周川主编:《中国近现代高等教育人物辞典》,福建教育出版社,2018 年,第 157 页。卢美松编:《福建北大人》,方志出版社,2002 年,第 112-114 页。

137

法越南关系始末》《中国历史概要》《中国史纲要》等著作。[①]

(十四)陈耀庭(1913—2007)

福建同安人。1936 年获清华大学政治系法学士学位,并通过清华大学 1935 年与德国远东协会及德意志学术交流处(DAAD)签订的交换研究生协议,去德国留学并从事研究工作,并于 1940 年获德国耶拿大学法学博士学位[②]。陈耀庭曾任民国福建省政府会计处科长、建设厅主任秘书、中国公学商科主任,历任光华大学、复旦大学、大夏大学教授,以及厦门大学商学院院长、政治系教授。1947 年,陈耀庭作为中国驻日代表团法律专门委员之一,被委派到日本,在代表团的工作结束后留在日本,成为日本明裕商事株式会社、公信株式会社董事。[③]

(十五)虞宏正(1897—1966)

福建闽侯人。1912 年进入北京大学化学系,毕业后在北京大学任教。1924 年任北京农业大学教授。1927 年任北京师范大学农科教授。1928 年任北京大学教授。1936 年赴德国莱比锡大学和英国伦敦大学进修,加入德国胶体化学会。1937 年回国,为西安临时大学教授。1938 年任西北农学院教授。1954 年任中国科学院西北生物土壤研究所所长,兼西北农学院土壤农化系主任。同年起为中国科学院西北分院筹委会委员、陕西分院副院长。1955 年入选中国科学院数理化学部委员。著作有《同位素的分离》等。[④]

(十六)林遵(1905—1979)

原名准,字遵之。福建福州人,出生于江苏南京。1924 年进入烟台海军

---

① 周川主编:《中国近现代高等教育人物辞典》,福建教育出版社,2018 年,第 384 页。

② 王伟:《中国近代留洋法学博士考:1905—1950》,上海人民出版社,2011 年,第 328 页。

③ 参见王伟:《中国近代留洋法学博士考:1905—1950》,上海人民出版社,2011 年,第 328 页;厦门大学校史编委会编:《厦大校史资料第 2 辑》,厦门大学出版社,1988 年,第 95 页;方惠坚、张思敬主编:《清华大学志·第 2 卷》,清华大学出版社,2001 年,第 750 页;罗力胜主编:《面向世界》第 2 期,清华大学国际合作与交流处,2009 年,第 56 页;苏云峰编:《清华大学师生名录资料汇编(1927—1949)》,台北"中央研究院"近代史研究所,2004 年,第 173 页。

④ 参见《中国科学家辞典》编委会编:《中国科学家辞典·现代》,山东科学技术出版社,1982 年,第 461 页。王乃庄、王德树主编:《中华人民共和国人物辞典(1949—1989)》,中国经济出版社,1989 年,第 546 页。

学校,1928 年烟台海军学校停办,转入马尾海军学校。1930 年奉派留学英国,1934 年回国,任海军副舰长。1937 年赴德国研修潜艇技术。1939 年回国,任"永绥"舰副舰长、国防部研究院海军研究员、国民政府驻美国大使馆副武官、海军部第二舰队司令等。1949 年 4 月率国民党海防第二舰队起义,1949 年 9 月任解放军华东军区海军第一副司令员。1951 年任解放军军事学院训练部海军教授会主任,1957 年任副院长。后任东海舰队副司令员。[①]

(十七)王世中(1913—1985)

福建福州人。1930 年毕业于福州英华中学,被保送入北平燕京大学化学系,1934 年毕业,获化学理学士学位。先后任职于南京卫生实验处及兵工署应用化学研究所。1937 年赴德国留学,进入莱比锡大学农业化学系,1940 年获博士学位。1941 年,任国立云南大学农学院副教授、教授。1945 年抗战胜利后,转任国立浙江大学农学院教授。1947 年举家迁台,出任台湾糖业公司试验所土壤肥料系主任,后担任副所长、分所长及顾问等职。他在糖业研究方面成果显著,1959 年当选为台湾"中央研究院"院士,1966 年任台湾"长期发展科学委员会"委员,兼该会生物组组长,及台湾"行政院科学委员会"委员等工作。著有《农作物施肥法原理》《土壤学之新发展》等书。[②]

---

① 周川:《中国近现代高等教育人物辞典》,福建教育出版社,2018 年,第 393 页。

② 卢美松编:《福建北大人》,方志出版社,2002 年,第 295-296 页。刘国铭主编:《中国国民党百年人物全书(上)》,团结出版社,2005 年,第 143 页。

第七章 近现代中德交往中的闽籍名人[①]

第一节 近现代群英荟萃的福建

近现代风云巨变,热爱海洋与挑战的福建人只身向"洋",在与西洋社会打交道的过程中书写了一段段传奇。无论是陈嘉庚等远下南洋的华侨商人,还是面对国家兴亡,前往日本寻找救亡图存之道的林觉民、方声洞等爱国青年,或是林则徐、严复等睁眼看世界的思想先驱,抑或福州船政局、厦门鼓浪屿等历史的见证,均是福建参与近现代中外文化交汇的明证。

回顾短短百年的近现代中德交往史,诸多闽籍文学家、思想家、科学家、政治家、军事家在"西学东渐"的浪潮中,同德意志思想文化相互碰撞,在经济、军事、政治等方面与德国形成交集,架起了近现代中德交往的桥梁,同时将交往中累积的宝贵知识和经验回馈祖国,堪称中国向现代化发展进程的中流砥柱。

在本章梳理近现代中德交往中的闽籍名人之前,首先应明确"闽籍"的定义:"闽"为福建的简称,"籍"为"籍贯"之意,在《辞海》中解释为"祖居或出生地"[②]。因此,本文采用《辞海》的定义,指出生于福建或祖居福建的人士。例如清末民初名人辜鸿铭虽未出生于福建,但祖辈居于闽地,因此辜鸿铭可归为

---

① 本章作者:王文勤(厦门大学)。
② 辞海编辑委员会编:《辞海(下)》,上海辞书出版社,1979 年,4334 页。

"闽籍名人"(辜鸿铭曾在其著作《读易草堂文集》中署名"厦门辜鸿铭"[1])。

一、近现代中德思想文化交往中的闽籍名人

晚清至民国时期,中国文化思想界的许多闽籍学者、文学家、作家、翻译家均与德国思想文化界有着密切的关联。他们在"西学东渐"的时代潮流中汲取德意志思想的养分,以译介方式传播德意志思想文化产物,其中很大一部分人同时也积极投身向西方宣传中国文化的行列,推动了中德文化的双向交流。

在近现代中德思想文化交往史上,最早也是最有影响力的闽籍知识分子之一是祖籍福建泉州惠安[2]的著名学者辜鸿铭(1857—1928)。辜鸿铭早年游学德国,对歌德、海涅等人的作品多有分析和评述,并向中国文坛翻译介绍了歌德的著作《浮士德》,他的《清流传》《中国人的精神》等著作一度在德国掀起了一股"辜鸿铭热"[3]。同样也曾留学德国的还有出生于福建龙溪(今漳州)的文学家林语堂(1895—1976),他的多部作品被译为德语,在当时的德国有一定的影响力。[4]

还有一些近现代闽籍文学家虽然从未前往德国留学,也并不精通德语,但在"新文化运动"中,他们博览德国文学著作,从德国文学作品乃至哲学作品中汲取养分,孕育创作的灵感。某种程度上,他们的部分文学作品与德国文学及哲学有着深厚的渊源,有着"福州才女"之称的两位著名作家庐隐(1898—1934)和冰心(1900—1999)即为明证。

庐隐,原名黄淑仪,福建闽侯(今福州)人,为中国五四时期著名作家之一。新文化运动时期,郭沫若翻译《少年维特之烦恼》,在民国文坛一度掀起了轰轰烈烈的"维特热"。初出茅庐的作家庐隐也被这本崇尚自由与解放的小说所打动,并在其影响之下创作了同为日记书信体的《或人的悲哀》。正如评论者指出:

> 庐隐的《或人的悲哀》,倾诉知识青年亚侠在茫茫的人生大海探求真挚的爱情和人生意义的热烈心愿,传达出了一派悲凉孤寂的情调,加上主

---

① 高令印、高秀华:《辜鸿铭与中西文化》,福建人民出版社,2008 年,第 5 页。

② 辜鸿铭祖籍目前在学术界尚有争论,除祖籍泉州外,另有祖籍厦门等说法。

③ 方厚升:《君子之道:辜鸿铭与中德文化交流》,厦门大学出版社,2014 年。

④ 郑朝然:《以〈京华烟云〉为例看林语堂作品在海外的传播》,载《对外传播》,2018 年第 7 期,第 56-58 页。

人公绝望郁结自杀而死、多愁伤感的书信体裁,明显地打上《维特》式浪漫
小说的烙印。[①]

可见歌德与维特对庐隐的影响之深。该小说也曾被译为德文[②],连载于
上海《德文月刊》(*Deutsche Monatsschrift*)1924 年第 1 卷第 4 期至第 9 期。

同一时期,除歌德之外,尼采也在中国掀起了一波热潮,他的"超人"之论
席卷文坛,影响了众多文坛作家。

冰心,原名谢婉莹,福建长乐(今福州)人,中国著名作家、翻译家和社会活
动家,著有《寄小读者》《繁星·春水》等作品。1921 年,冰心发表小说《超人》,
小说主人公何彬信奉尼采,冷漠孤僻,以"超人"的姿态处世。但最终禄儿纯挚
的夜啼唤醒了他心中对爱的眷恋与向往。在这本小说中,冰心批判了以极端
个人主义姿态出现的超人形象,宣扬"爱"和"纯真",展现了自己对盛行于中国
的"尼采热"的另一种思考。

在翻译领域,福建同样人才辈出。虽然受到时代影响,当时的翻译作品多
为英译汉,但是对德语作品的译介也并不鲜见,例如闽籍著名文学家郑振铎
(1898—1958)的翻译作品。虽然郑振铎最广为人知的是他对泰戈尔的译介,
但其实他还翻译过德国文学家莱辛的寓言故事。1925 年,商务印书馆出版了
他所译的《莱森寓言》,内收《驴与赛跑的马》《夜莺与孔雀》等 32 篇寓言故事,
为最早向中国人介绍德国寓言的译作之一。

在晚清民国时期中西思想激烈碰撞的过程中,闽籍知识分子或留学交流,
或借鉴创作,或翻译改写,与德国文化及学术界结下了不解之缘。他们推动了
西方文学、语言学、哲学等领域的概念和知识体系在中国的输入与传播,一定
程度上参与奠定了中国现代文学、语言学的基础,推动了晚清民国时期中国文
坛的蓬勃发展。尽管晚清时期的中国在中外文化交流中处于较为劣势的地
位,但是辜鸿铭、林语堂等中国文学家的作品在德国得到了较为广泛的接受与
传播,对于中国传统文化在近现代的对外传播有着重要影响。对此本书第十
一章有专门叙述。

---

① 范伯群、朱栋霖:《1898—1949 中外文学比较史(上)》,江苏教育出版社,2017 年,第
246 页。
② 德文版书名为 Ein Menschenleid,字面意为"人的苦难"。

二、近现代中德政治军事交往中的闽籍名人概述

1840 年鸦片战争以后,中国逐步沦为半封建半殖民地,饱受列强瓜分与欺凌。面对民族存亡的危机,许多闽籍爱国政治家和军事家纷纷将目光投向了海外,其中就包括德国。他们或"师夷长技以制夷",或分析时政局势,或参与对外作战,在近现代中德军事政治交往中留下了不可磨灭的印记。

沈葆桢(1820—1879),字幼丹,福建侯官(今福州)人,晚清名臣,自同治六年(1867 年)起一手主持经营福州船政局,[①]积极学习西方先进技术,推动了中国船政事业的早期现代化进程。1874 年 3 月 22 日,左宗棠写信给沈葆桢道:

> 愚见布洛斯[②]近出后膛螺丝开花大炮,精妙绝伦,最为利器。弟亲临试放数百出,知其命中致远,实为洋中所罕见。似可乘遣赴各国之便,亦到布洛斯讲习制炮、造子诸法。[③]

沈葆桢接任福州船政局以后,就海防事务曾多次与李鸿章书信往来。[④]1876 年 4 月 20 日,李鸿章上书光绪帝,提议派出卞长胜等 7 名武官前往德国克虏伯学习"水陆军械技艺"[⑤],1877 年 1 月 13 日,沈葆桢与李鸿章联合上书《奏闽厂学生出洋学习折》,奏请"选派学生分赴英、法两国学习制造、驾驶之方"[⑥]。在此背景下,福州船政学堂在沈葆桢去世之后仍继承其遗志,于 1881 年派出第二届出洋学生,其中就有三人赴德学习。

在沈葆桢等人呕心沥血的建设之下,福州船政局培养了一批优秀学子,其中就包括著名思想家严复(1854—1921)。严复为福建侯官(今福州)人,一生虽未曾到过德国,但是在他的上书、书信往来及译作中,德国多次以重要的形

---

① 刘传标:《船政人物谱(下)》,福建人民出版社,2017 年,第 782 页。

② 即普鲁士。

③ 陈元晖、高时良、黄仁贤:《中国近代教育史资料汇编·洋务运动时期教育》,上海教育出版社,2007 年,第 941 页。

④ 陈悦:《从船政到南北洋:沈葆桢李鸿章通信与近代海防》,福建人民出版社,2020 年,第 1-3 页。

⑤ 陈悦:《从船政到南北洋:沈葆桢李鸿章通信与近代海防》,福建人民出版社,2020 年,第 49 页。

⑥ 冯克诚:《清代后期教育思想与论著选读(下)》,人民武警出版社,2011 年,第 50 页。

象出现。北洋政府时期,严复作为筹安会六君子之一,曾为袁世凯翻译及整理当时各国报刊上关于战争的报道和评论,编成《一战缘起》一书,以备袁氏咨询省览。[①] 在该书中,严复参与翻译了《泰晤士今战史——一战缘起第一》《日耳曼开战兵略第二》《〈伦敦时报〉书〈布来斯审查会报告书〉后》《英国军械大臣来德佐治在满哲沙劝谕工人演说》《英人狄仑论今战财政》《希腊前相文尼芝禄上希腊王书》《美人宣告德国近情》等七篇文章,[②]向北洋政府详细地介绍了第一次世界大战的起源、发展与进程。由于德国是一战最重要的参战国之一,因此,严复在翻译过程中对德国特别关注,这从德国在其翻译的七篇文章中的占比便可见一斑。除翻译之外,严复本人也对德国和欧洲战局发表了自己的若干看法。在 1914 年 9 月写给好友熊纯如的信中,严复即指出:“德不出半年八月,必大不支,甚且或成内溃。小而比之,今之德皇,殆于往史之项羽,则胜钜鹿、既烧咸阳,终于无救于垓下。”12 月,严复又道:“从此精锐日消,财政日窘,危不在德而在谁危乎?”直指德国乃一战的罪魁祸首。严复有关一战以及对德法英等国的评论和意见,对袁世凯的外交策略的制定,有一定程度的影响。[③]

陈宝琛(1848—1935),清末阁老,福建闽县(今福州)人。作为晚清文臣,陈宝琛对国际形势颇有了解。在中法战争之前,陈宝琛曾在上书中提议清政府拉拢德国、抗衡法国:“德,法仇也,法岂须臾忘德哉?俄有衅,德无援,法始敢称兵于越耳。法得越且复强,非德之利也。故中国欲拒法,则必联德。应密令使德大臣乘间说诸德之君相,曲与联络,一面促造德厂铁船,多购毛瑟枪炮,时与德之官商往来款洽,以动法疑。德诚忌法而与我交固,足阴为我助;即不能得其要领,但令法军心存顾忌,亦足分其势而扰其谋。”[④]陈宝琛的联德抗法之说虽然颇有《孙子兵法》之智慧,但是他忽视了德法同为帝国主义列强的本质,德法虽有矛盾,却也有着一致的利益,瓜分中国才是其根本目的,绝无帮助中国抗衡另一方的动机。

同为闽县(今福州)人的陈绍宽同样在近现代中德政治军事交往中占据一席之地。民国时期,陈绍宽曾任海军部部长、海军总司令等职。1937 年,他随孔祥熙从英国辗转至德国柏林,与当时的德国总理希特勒、德国经济部长萨赫

---

① 林启彦:《近代中国启蒙思想研究》,百花洲文艺出版社,2008 年,第 398 页。
② 黄瑞霖:《严复思想与中国现代化》,海峡文艺出版社,2008 年,第 169 页。
③ 林启彦:《近代中国启蒙思想研究》,百花洲文艺出版社,2008 年,第 397 页。
④ 陈宝琛:《沧趣楼诗文集(下)》,上海古籍出版社,2006 年,第 826 页。

德见面,为中德两国合作谋求机会,①直至"七七事变"爆发后才启程回国,参与对日作战。后文将对陈绍宽与德国的两次交集进行详述。

三、近现代中德科学技术交往中的闽籍名人

科学技术交往是近现代中德交往的重要组成部分,许多近现代中国科学家、工程师都曾在德国学习,或与德国产生过交集。诸多闽籍科学家在国力衰微、技术落后的年代,励精图治、积极进取,孜孜不倦地从德国学习先进科学技术,尽管道路颇为坎坷,但是凭借不懈的努力与辛勤的耕耘,依旧做出了重要的贡献,极大地推动了中国现代科学技术的进步。

被誉为中国天文学奠基人之一的高鲁(1877—1947)出生于福建福州,年少时曾游历德国。1921 年,一战结束,高鲁亲赴德国,向德方要回了被掠夺至德国多年的古天文仪器②。

著名水利工程家严恺(1912—2006),出生于福州,曾前往德国游学。严恺于 1935 年前往荷兰德尔夫特科技大学,攻读水利工程和海洋工程学位。③ 为深入阅读校内德文书籍,严恺决定到德国学习德文。1936 年 3 月 26 日,他前往柏林,进入柏林大学附设的德语学院学习德文。在德期间,他常常利用课后时间参加各种活动,比如柏林相关高校在暑假组织的对汉堡港等水利工程的考察。④ 在德国游历学习的经历给严恺留下了宝贵的知识财富。回国后,严恺担任云南农田水利贷款委员会工程师,历任中国多所大学的水利系教授,培养了许多水利工程领域的专家学者。

出生于福建闽县(今福州)的著名化学家侯德榜(1890—1974)与德国也有过一次交集,也正是这次交集中的一段不愉快的经历,促使他发明了制碱技术"侯氏制碱法"。1934 年,侯德榜得知,根据德国察安法(Zahn Process)专利,食盐的利用率可达 90％～95％。1938 年 8 月,侯德榜率寿乐、张子丹、林文彪、侯虞茂赴欧洲考察察安法制碱技术,并洽谈购买专利,然而德方却在谈判中百般刁难。侯德榜遂决定终止谈判、放弃专利购买计划,在德国收集了一系

① *Documents on German Foreign Policy 1918—1945*,Series C,Volume 6. London:Her Majesty's Sationery Office 1959—1983.

② 福建炎黄文化研究会、福建省作家协会:《走进长乐:滨江滨海希望之城》,海峡书局,2011 年,第 179 页。

③ 周川:《中国近现代高等教育人物辞典》,福建教育出版社,2018 年,第 195 页。

④ 周雷鸣:《庚款留荷考》,载《民国档案》,2013 年第 4 期,第 113-123 页。

列制碱相关的资料后前往美国。1938年底,侯德榜在纽约深入研究分析了在德国得到的两本关于察安法的专利说明书和已发表的三篇相关论文,并结合考察到的实际情况,开展了新的试验研究。① 1941年,在侯德榜的努力之下,侯氏制碱法横空出世,成为中国制碱工业史的重要里程碑。

第二节　细数风流人物

近现代中德交往中的闽籍名人如同浩瀚繁星,照耀指引着后辈们的中德交流之路。放眼望去,有几颗星辰格外璀璨耀目,在历史的长河中熠熠生辉。他们在各自的领域与德国有着紧密的联系,在中德近现代交往史上留下了浓墨重彩的一笔。本节重点讲述辜鸿铭、林语堂、陈绍宽、高鲁四位闽籍名人与德国的故事。

一、享誉德国文坛的“儒林怪才”辜鸿铭

论起晚清文坛,就不得不提起辜鸿铭。日本著名作家芥川龙之介曾于1921年访华,他的朋友曾拉着他的手告诉他:“不去看紫禁城也不要紧,但不可不去一见辜鸿铭啊!”②可见辜鸿铭对彼时世界文坛的影响之深。

辜鸿铭,名汤生,字鸿铭,别号汉滨读易者,祖籍福建同安,1857年出生于马来西亚槟榔屿的一个华侨大家族。年少时,辜鸿铭就随义父布朗先生(Scott Brown)前往英国读书,16岁考入爱丁堡大学文学院,1877年从该校毕业之后,辜鸿铭遍游欧洲多国,并按照布朗先生的建议,前往德国莱比锡大学学习自然科学。③ 在德国游学期间,辜鸿铭还曾前往柏林、莱比锡、魏玛、耶拿等地,④深入接触了德国社会。

在德期间,辜鸿铭研读了大量德国文史哲著作,接触到了歌德、海涅等人

---

① 陈歆文、周嘉华:《永利与黄海:近代中国化工的典范》,山东教育出版社,2006年,第69页。

② 辜鸿铭:《中国人的精神》,黄兴涛等译,海南人民出版社,2007年,第236页。

③ 辜鸿铭在莱比锡大学究竟是否拿到学位、读的是何专业,一直以来众说纷纭。本文采用方厚升在《君子之道:辜鸿铭与中国文化交流》一书中的说法,即辜鸿铭虽前往莱比锡大学读过自然科学相关专业,但是并未获得学位。

④ 方厚升:《君子之道:辜鸿铭与中德文化交流》,厦门大学出版社,2014年,第28-29页。

的作品等,其中歌德对辜鸿铭的影响尤为深刻。众所周知,辜鸿铭十分推崇儒学,认为儒学才是中国人的精神救亡之道。在辜鸿铭看来,歌德便是欧洲的孔子,歌德的思想便是德国乃至欧洲的精神出路。辜鸿铭曾在《呐喊》一书中写道:

> 今天欧美最伟大的任务,就是要找到一种道德体系来教育人们怎样成为良民。而且它还要拥有在基督教中起作用的同样力量,能使人类成为好人的力量。事实上,一个道德体系对于欧洲人可以成为一种宗教,就像儒教对于中国人是一种宗教或准宗教一样。可是人们知道,欧美还没有完成此项任务,而且离完成这种伟大的任务还差得很远。产生这种道德体系的先兆和预示,在我看来,是德国人现在对极受欢迎的魏玛共和国的预言家、诗人歌德的作品与学说予以关注。在伟大的歌德的作品和学说中,欧洲人也许有一天会发现这种宗教。①

由此可见辜鸿铭对歌德的推崇与赞扬,以及辜鸿铭对歌德精神的深刻理解。

辜鸿铭对德国也同样颇有好感。在《中国人的精神》一书的序言中,辜鸿铭毫不避讳地表达了自己对德国的爱与推崇:

> 从1872年开始,欧洲人民整整享受了四十三年的和平生活,这都得感谢德国人的道德禀性及其军国主义利剑。所以,憎恨和谴责普鲁士德国军国主义的人们应该记住:正是这种军国主义曾一次又一次地为欧洲的和平立了功。②

尽管辜鸿铭认为德国军国主义是"残暴可怕"的,但他却坚持认为,德国军国主义的罪责主要归于英法等国:"正是欧洲诸国,尤其是大英帝国的群氓崇拜者、群氓崇拜教,应对德国的强权崇拜负责,是它导致了当今欧洲德国军国主义那种畸形变态的残暴和凶恶。"可见辜鸿铭对德国的另眼相看。但辜鸿铭最终也承认:"(德意志)滥用了文明的武器,结果不但给本国,也给世界带来了

---

① 辜鸿铭:《辜鸿铭文集(上)》,黄兴涛等译,海南出版社,1996年,第655页。
② 辜鸿铭:《中国人的精神》,黄兴涛等译,古吴轩出版社,2009年,第7页。

灾难。"①

　　1885 年，辜鸿铭来到中国，投在张之洞门下，担任英文翻译。② 他曾希望以自身之学识，以儒学之道，拯救处于救亡图存之中的中国，改变工业革命影响下处于"精神末路"的世界。1911 年，辜鸿铭效忠的清王朝覆灭，辜鸿铭遂前往青岛。彼时的青岛由德国殖民政府统治，大量德国学者、传教士旅居于此，其中就包括著名德国翻译家、汉学家卫礼贤（Richard Wilhelm）。

　　辜鸿铭与卫礼贤之间建立友谊并不令人意外。尽管他们一位是中国人，一位是德国人，在许多方面互不认同，但是出于对歌德和孔子的共同推崇，对中国文化和德国文化的共同向往，两位学者之间还是产生了许多思想共鸣。尽管他们最初相识的时间已经难以考证，但根据德国巴伐利亚慕尼黑科学院档案馆收录的辜鸿铭致卫礼贤的信集可以看出，在 1910 年 6 月至 1914 年 7 月间，两位学者就开始频繁密切地展开对话，仅辜鸿铭寄给卫礼贤的信就多达 21 封。③ 辜鸿铭最初主动致信卫礼贤，一方面是为了拜托卫礼贤照顾自己在青岛特别高等专门学堂④就读的儿子，另一方面也是为了将中华文化传播到欧洲。⑤

　　卫礼贤所译的德译本《论语》1910 年在德国大获成功之后，他计划再出一套以"中国的宗教和哲学"为主题的译作。辜鸿铭得知该消息后，异常兴奋，因为这与他促进东西方文化的交流的终身使命与追求相吻合。辜鸿铭于 1910 年 6 月 10 日致信卫礼贤，表达了自己对该计划的巨大热情。在接下来的多次通信中，辜鸿铭对卫礼贤的选书、翻译等提供了诸多宝贵意见。卫礼贤对辜鸿铭也颇为推崇。⑥ 1911 年，卫礼贤将辜鸿铭的著作《清流传》翻译成德语并出版。该书在德国颇为畅销，可以说，卫礼贤的翻译大大推动了德国文坛对辜鸿

---

① 辜鸿铭：《辜鸿铭文集（下）》，黄兴涛等译，海南出版社，1996 年，第 279 页。

② 易学百科全书编辑委员会：《易学百科全书》，上海辞书出版社，2018 年，第 904 页。

③ Hartmut Walravens，*Richard Wilhelm Missionar in China und Vermittler chinesischen Geistesgutes*，Nettetal：Steyler Verlag，2008，286.

④ 青岛特别高等专门学堂成立于 1909 年，1914 年因一战的爆发而停办，是晚清政府和德国政府合办的一所高等学堂。卫礼贤虽未直接在该学堂中任教，但当时卫礼贤正在青岛主持尊孔文社，文社成员包括青岛特别高等专门学堂的中德国籍教师，卫礼贤与学堂教师赫善心（Harald Gutherz）、学堂总稽查蒋楷等人过往甚密。

⑤ Hartmut Walravens，*Richard Wilhelm Missionar in China und Vermittler chinesischen Geistesgutes*，Nettetal：Steyler Verlag，2008，286-294.

⑥ 吴思远：《重建独白空间中的东西文化对话语境：以辜鸿铭致卫礼贤的 21 封信为中心》，载李雪涛等编：《全球史与中国（第 1 辑）》，大象出版社，2017 年，第 98-105 页。

铭的关注。此外,卫礼贤也曾将自己翻译的德译本《论语》《道德经》等寄给辜鸿铭,请其斧正。① 从某种意义上来说,辜鸿铭与卫礼贤的友谊,本身就是中德文化双向交往的最佳案例之一。

辜鸿铭对中德文化交往的意义远不止于此,其在德国所掀起的一波热潮更值得一提。1911 年,卫礼贤翻译的辜鸿铭社论合集《清流传》(又名《中国牛津运动故事》)(图 7-1)在德国出版。② 该书一经面世,便得到了德国文坛的高度推崇与赞扬,并在短短五年内多次再版,"辜鸿铭"在德国瞬间变成了中国文人学者的代名词。辜鸿铭在该书中激进地批判了中国政治文化等多方面的"西化"趋势,坚称中国传统文化才是中国人民精神的出路,深刻地讨论了何谓中国所需要的文明。辜鸿铭认为,中国需要的绝对不是欧洲那种高度"物质实利主义文明",而是道德力量与精神力量。这本书契合了一战前德国知识分子群体中存在的文化民族主义立场,也与德国知识界自第二次工业革命以来的现代性反思与主体性思考高度吻合。《清流传》出版之后,多家报纸、杂志刊登了关于这本书的书讯,甚至以大篇幅转载了《清流传》中的章节以飨读者。诸多德国学者纷纷为其撰文,赞其为"任何一位读者,只要开始读它,没有谁能够迅速摆脱它的魔力"③,并对自身文明所存在的不足之处提出了反思。在 20 世纪的第二个十年之初,德国出现了第一波"辜鸿铭热"④。直到 1913 年,德国报刊仍在刊登评论《清流传》的文章。⑤

---

① Hartmut Walravens, *Richard Wilhelm Missionar in China und Vermittler chinesischen Geistesgutes*, Nettetal: Steyler Verlag, 2008, 288.

② 德文版名为 *Chinas Verteidigung gegen Europäische Ideen: Kritische Aufsätze*,字面意为《中国对欧洲思想的抗拒:批判性文集》。

③ 转引自方厚升:《君子之道:辜鸿铭与中德文化交往》,厦门大学出版社,2014 年,第 93-95 页。

④ 方厚升:《君子之道:辜鸿铭与中德文化交流》,厦门大学出版社,2014 年,第 235 页。

⑤ 方厚升:《君子之道:辜鸿铭与中德文化交流》,厦门大学出版社,2014 年,第 106 页。

图 7-1　德文版《清流传》(1911 年版)

图片来源：Internet Archive（"网络档案馆"），https://openlibrary.org/books/
OL24409316M/Chinas_Verteidigung_gegen_europ％C3％A4ische_Ideen，[2022-01-01].

　　随着 1916 年《中国人的精神》在德国的翻译和出版，辜鸿铭更是名声大
噪，在德国文坛乃至普通市民阶层都引发了极大的讨论热潮。该书很快售罄，
应读者要求，1917 年即再版。德国报刊纷纷刊载评论文章。[①]　与《清流传》不
同，这本书在德国毁誉参半，褒贬不一。在该书中，辜鸿铭试图将以儒家文化
为核心的中国传统文化精神推广给全世界，成为解决世界问题和人类精神出
路的"治世良方"。不少德国学者撰文批评辜鸿铭的想法过于理想化和片面。
此外，20 世纪上半叶的中国在世界格局中处于劣势地位，部分德国知识分子
并不能接受中国文化高于欧洲文明的说法。[②]　但此书契合了德国人在第一次
世界大战尾声中及战败后的迷茫情绪，不少德国学者乃至普通民众对此书大

① 　方厚升：《君子之道：辜鸿铭与中德文化交流》，厦门大学出版社，2014 年，第 116 页。
② 　方厚升：《君子之道：辜鸿铭与中德文化交流》，厦门大学出版社，2014 年，第 117-129 页。

为赞扬,并以此反思西方文明的缺陷。辜鸿铭作品在德国的接受及其所获评论将在本书第十一章中进行专门叙述。一些高校和学术机构甚至成立了"辜鸿铭俱乐部"或"辜鸿铭研究会"。哥廷根大学哲学教授奈尔逊(Leonard Nelson)曾称:"并世同辈中,吾所佩服者当以辜鸿铭为第一。"①据当时留德的宗白华报道:"凡属国际青年团之人,几无一人不知孔子,更无一人不知辜鸿铭。"留德学生沈来秋回忆说:"在德国[……]辜鸿铭的名字流传于口。"又道:"德国人士认为,可以代表东方文化的有两个人,除了辜鸿铭外,便是印度的泰戈尔。"②直到 20 世纪 20 年代,林语堂留学德国时仍发现,"他(指辜鸿铭)的话德国人很喜欢听"③。

纵观近现代中德交往史,像辜鸿铭一样能在德国掀起如此大的热潮与反响的中国作家无出其右者。辜鸿铭一生跌宕起伏,中西混血、生在南洋、学在西洋、仕在北洋,青年时期开始推崇国学,推崇孔孟之道,欲将中华传统思想文化推广至全世界,作为治世救国之良方。因其对德国略有一些"固执"的偏爱,以及所著之说与德国思想界观念的契合,辜鸿铭备受德国思想界的关注与讨论,但也饱受批评与争议。或许在某种程度上,与其说德国人对辜鸿铭所宣扬的中国传统精神文化产生了兴趣,不如说是辜鸿铭的著述恰好契合了一战前后德国知识界的关注点——对主体性的反思、对工业文明的批判等。尽管辜鸿铭极力推崇的思想最终并未被德国知识界广泛采纳、"辜鸿铭热"也随着"东方热"的消退而在德国逐渐冷却,但不可否认的是,辜鸿铭是 20 世纪初德国知识界了解中国传统文化的最重要桥梁之一。

二、脚踏东西文化的文豪林语堂

谈到福建名人与德国的交往,便不得不提民国文豪中一位土生土长的福建人——林语堂。从 26 岁第一次踏上德意志土地时起,他便与德国结下了半生不解之缘。

林语堂(1895—1976)出生于福建龙溪一个基督教家庭,在父亲的影响下,

---

① 作者不可考:《德人之研究东方文化》,载《亚洲学术杂志》,1922 年第 4 期,第 15 页,转引自余明锋、张振华《欧洲文化丛书:卫礼贤与汉学:首届青岛德华论坛文集》,商务印书馆,2017 年,第 68 页。

② 黄兴涛:《闲话辜鸿铭》,广西师范大学出版社,2001 年,第 216 页。

③ 林语堂:《从异教徒到基督徒》,湖南文艺出版社,2016 年,第 33 页。

10 岁的林语堂曾前往鼓浪屿的一所教会小学读书。17 岁时,林语堂以优异的成绩考入上海圣约翰大学,起初学习神学,因实在不感兴趣,遂转入文学系,开始了对语言学和文学的学习与钻研。在大学时,林语堂第一次深入接触到了西方文学、哲学与社会科学,并沉迷其中。那时的他,览遍图书馆内的西方著作,接触了德国生物学家海克尔(Ernst Häckel)的《宇宙之谜》、英国历史学家张伯伦(Houston Chamberlain)的《十九世纪的基础》、英国作家王尔德(Oscar Wilde)的《社会主义制度下人的灵魂》等著作,①并修习了一学期的德语课程。② 毕业后,林语堂即受邀前往清华学校教授英文。当时,白话文运动正如火如荼地在全国范围内开展着,林语堂也高举白话文的改革旗帜,并于 1917年发表《汉字索引表》,率先发起部首改革运动。③ 1919 年,林语堂获得官费留学哈佛的机会,踏上了横渡太平洋的轮船,前往美国开启了漫长的留学之旅,他和德国的交集也由此开始。

1921 年,已在哈佛比较文学研究所学习了一年的林语堂虽然成绩颇佳,但由于清华每月四十元助学金被无故取消,其生活顿时陷入困窘,不得不离开美国,几经辗转,途经法国,最终前往德国耶拿大学,原因是德国物价较为便宜,且哈佛大学同意其只需修完一门莎士比亚戏剧的课程便可获得硕士学位。④ 但耶拿大学并没有莎士比亚的相关课程,林语堂只好写信给哈佛,询问是否可以以其他三门课程代替,得到批准后,便留在了耶拿求学。

耶拿虽然只是德国东部的一个小城市,但林语堂在那里仍度过了一段非常快乐的求学时光。据他自言,他和妻子"手拉手听课,一同去郊游,第一次尝到德国的大学生的滋味[……]真是天上人间的生活"⑤。在那里,他也迷恋上了德国的文学与教育以及古老的一切。在哈佛大学时,林语堂便在冯·雅格曼(Hans Carl Gunther von Jagemann)教授的带领之下,接触并研读了歌德的作品。⑥ 来到歌德的故乡耶拿之后,林语堂参观了歌德故居,被忧伤纯澈的《少年维特之烦恼》所打动,也着迷于《诗与真理》,但他更"读之入迷的是海涅的作品,除了诗,他的政论文字为最可喜"⑦,海涅的政治思想深刻地影响了青

---

① 郭丹:《福建历代名人传》,海峡文艺出版社,2019 年,第 412 页。
② 李平:《林语堂的学生生涯史料考察》,载《闽台文化交流》,2009 年第 4 期,第 116-121 页。
③ 周川:《中国近现代高等教育人物辞典》,福建教育出版社,2018 年,第 399 页。
④ 林语堂:《林语堂文集(第 8 卷)》,作家出版社,1995 年,第 360 页。
⑤ 林语堂:《林语堂文集(第 8 卷)》,作家出版社,1995 年,第 364 页。
⑥ 林语堂:《林语堂文集(第 8 卷)》,作家出版社,1995 年,第 358 页。
⑦ 林语堂:《林语堂文集(第 8 卷)》,作家出版社,1995 年,第 365 页。

年时期的林语堂,也给其后来回国参与政治活动的思想打上了烙印。

在耶拿,林语堂见识到德国大学自由却又浓厚的学术氛围,这颠覆了林语堂以往对大学教育的认知。直到晚年,林语堂还在书中感慨道:"我们没有请假这件事[……]生活何等自由!虽然有此自由,上课的人数还是依旧如常,每个人都照旧苦读,因为是出乎本心想求学。"①自由的教学风格给林语堂留下了深刻的印象,林语堂在1925年发表的《谈理想教育》一文中,以德国大学为范本,指出教育"应解做一种人与人的关系,不应当解做一种人与书的关系",在一所优秀的大学中,"上课的手续乃一种形式上的程序而已(且通常绝无考试,与德国大学例同)"②。进入大学任教后,他身体力行地贯彻自由的教学模式。例如在东吴大学任教时期,他采用和德国大学一样的方式,上课从不点名,从不强制学生来听课,但他的课程总是座无虚席。③

1922年2月,在耶拿求学已逾半载的林语堂顺利拿到了哈佛大学的文学硕士学位,但林语堂并不愿离开他所喜爱的德国,仍希望能够在语言学领域继续深耕下去,因此申请前往"印欧文法的比较哲学的重镇"莱比锡大学,师从著名汉学家孔好古(August Conrady)教授攻读博士学位。据林语堂回忆,莱比锡大学的中国研究室的中文书籍可谓是汗牛充栋,即使在莱比锡,他也常常能够从柏林借到中文书。正是从那时起,林语堂才开始认真研究中国的音韵学,并沉迷于《汉学师承记》《皇清经解》《皇清经解续编》等古籍的研读与考证之中。④ 应当说,正是莱比锡大学的这段求学经历,为林语堂后来的语言学研究打下了良好的基础。晚清民国时期的中国引入了西方的现代语言学理论,客观上推动了中国音韵学的革命。其间,林语堂借助其在德国接触到的大量汉语音韵学著作而完成研究,做出了不可磨灭的贡献。⑤ 在德留学期间,林语堂第一次见识到德国的"文学书目顾问学会"。他在书中写道:"关于Dürerbund⑥文学书目顾问学会,我认为大有用处。这个学术机构向读者提

---

① 林语堂:《林语堂文集(第8卷)》,作家出版社,1995年,第364页。
② 林语堂:《林语堂文集(第9卷)》,作家出版社,1996年,第331-332页。
③ 江盈盈:《留学体验与林语堂教育观的形成》,载《海峡教育研究》,2016年第4期,第67-74页。
④ 林语堂:《林语堂文集(第8卷)》,作家出版社,1995年,第365-367页。
⑤ 李雪涛:《一段鲜为人知的往事背后——由孔拉迪对林语堂的博士论文的批注想到》,载《中国图书商报》,2005年08月03日。
⑥ 即Dürerbund(丢勒协会),1902年创立于德国德累斯顿,是德语世界重要的文化组织之一,旨在培养人民的审美和文化素养。

供忠告，使他知道对某一个专题当读某些书籍。"①在当时的世界，尤其是在保守落后的中国，这样的学会并不常见。林语堂在德国时感受到了"导读书目"的重要意义，它如同一颗种子一样，在林语堂的心中扎根发芽。后来在纽约时，他"帮助编了一本供大学生阅读的书，一年销售了一百万多册"。林语堂也由此提出了自己创新性的教育理念："一本好的导读类的书，对自己研究的学生就如同锁的钥匙一样。有这样导读的书在手，让学生自己去研究，对这项专题方面，你等于已经提供他浩繁的材料。这是我对大学生研究一项专题的方法。"②

然而，由于妻子分娩，夫妻二人经济拮据，林语堂不得不迅速"赶完"博士毕业论文《论古汉语之语音学》，以至于他的博士论文导师孔好古教授在鉴定中写了如下评语："基于林语堂在文体上，这里指的是在论文中所用德语的错误以及各种疏漏，只能给林氏的论文以2分的成绩。"③1922年，林语堂在经济困窘、时间紧迫等多重压力之下，在莱比锡大学顺利拿到了语言学博士学位，结束了为期两年的德国留学之旅，并于次年踏上了回国之路。

回国后的林语堂先后在北京大学、北京师范大学等多校任教，并于1926年回到故乡厦门，应时任厦门大学校长林文庆之邀担任文学院院长。在林语堂的邀请与斡旋下，大文豪鲁迅、《北京晨刊》副刊主编孙伏园、中国古史权威学者顾颉刚、中西交通史权威学者张星烺、国学大师沈兼士及罗常培等人先后来到厦门大学任教，厦门大学一时人才济济、教资鼎盛，"一时颇有北大南迁的景象"④，厦门大学国学院的学术研究理念与学术水平一时跃升全国顶尖。然而，好景不长，由于与厦门大学的冲突，鲁迅于1927年离开厦门前往广州，校内爆发了"罢课罢考""改革学校"的运动，林语堂在压力之下也不得不离开故乡厦门，辗转多地，后与好友鲁迅在上海意外"团聚"⑤。

在上海期间，林语堂积极从事政治活动。1932年，他与宋庆龄、蔡元培、邹韬奋等人共同发起成立了"中国民权保障同盟"。林语堂任宣传部长，是该组织最核心的七人之一。在这一时期，林语堂与德国又有了一次交集。"中国民权保障同盟"成立以后，一直非常关注中国乃至全世界人民的人权问题。

① 林语堂:《林语堂文集(第8卷)》,作家出版社,1995年,第365页。
② 林语堂:《林语堂文集(第8卷)》,作家出版社,1995年,第365页。
③ 李雪涛:《一段鲜为人知的往事背后——由孔拉迪对林语堂的博士论文的批注想到》,载《中国图书商报》,2005年08月03日。
④ 林太乙:《林语堂传:我心中的父亲》,陕西师范大学出版社,2002年,第57页。
⑤ 朱水涌:《厦大往事》,厦门大学出版社,2011年,第198-202页。

1933 年,希特勒上台后,对犹太人实施了惨无人道的屠戮。林语堂、宋庆龄、鲁迅等中国民权保障同盟成员得知德国犹太人和进步人士的困境后,于同年 5 月 13 日前往位于上海外滩黄浦路 40 号的德国驻上海领事馆,就纳粹德国的暴行提出抗议,并于次日在《申报》发表抗议书《为德国法西斯压迫民权摧残文化的抗议书》,强烈谴责了德国法西斯政府对犹太人的迫害和对人权的践踏(图 7-2)。由在上海避难的犹太人群主办的《以色列信使报》(*Israel's Messenger*)获悉这一消息后,于 1933 年 6 月 2 日发表文章 The Civilized World Against Hilterrism(《文明世界反对希特勒主义》),对林语堂、宋庆龄等人的正义行为进行了报道,也对中国正义人士对犹太人命运的关怀表达了感谢。①

图 7-2　《申报》所刊宋庆龄、林语堂等人的抗议经过

图片来源:《申报》(1933 年 5 月 14 日,第 0010 版)。

　　林语堂对纳粹德国的抗议、对人权的争取并不仅此一次。尽管后期的林语堂并不像鲁迅那样积极从事政治活动,但始终密切地关注着希特勒统治下的德国人权问题。1939 年,林语堂在纽约举办的世界笔会大会上发表演讲《希特勒与魏忠贤》,将希特勒比作魏忠贤,谴责了纳粹政府对人权的野蛮摧残、对人类自由的蔑视。林语堂还援引了他最喜欢的德国作家海涅的一首诗:"我死时,勿葬我以笔,但葬我以剑。"鼓励世界上的作家们保持冷静,"守卫思想信仰之自由"②!

　　林语堂一生与德国有着不解之缘,从青年时期踏入德国留学开始,德国的思想、文化和教育影响均给他留下了不可磨灭的印记。如果没有在德国的求学经历,林语堂可能不会对汉语音韵学产生如此浓烈的兴趣,中国可能会错失

---

①　The Civilized World Against Hilterrism,in *Israel's Messenger*(《以色列信使报》),1933 年 6 月 2 日。

②　林语堂:《品味·人生》,四川文艺出版社,1996 年,147-151 页。

一位伟大的汉语语言学大师,也会错失一位优秀的大学教育者。同时,在 20 世纪初的"东方热"潮流中,林语堂本人与其作品在德国也得到了译介与传播,20 世纪 30 年代起,林语堂的作品《吾国与吾民》《京华烟云》等书陆续在德国翻译出版,一直到今天仍在再版。可见德国对林语堂的接受程度之高。有关林语堂作品在德国的接受及其所获评论将在本书第十一章中进一步专门叙述。

交往是双向的,林语堂从德国吸收了先进的教育和语言学理念,其作品也被传播到德国文坛,在近现代中德文化双向交往中发挥了重要作用。

三、陈绍宽与德国的两次交集

在中国的近现代历史上,许多海军船政人才均出自福建。前有沈葆桢一手创建的福建船政局培养的人才,后有萨镇冰、陈绍宽等立下赫赫战功的海军将领。

陈绍宽(1889—1969),字厚甫,出生于福建闽侯(今福州)的一个普通家庭。他 17 岁考入南洋水师学堂,攻读航海技术,毕业后入清朝海军服役,从此开始了辉煌的海军生涯。1912 年民国成立后,陈绍宽加入海军部,任"镜清号"练习舰上尉大副。随后几年,陈绍宽凭借优秀的海军作战能力多次得到晋升,颇受重视,成为北洋海军不容小觑的新星。1916 年,陈绍宽奉命赴英国考察。隔年,北洋政府参谋总长廕昌、海军总长刘冠雄派陈绍宽任驻英海军正武官,[①]陈绍宽在欧洲继续学习并参与实战。一战结束后,陈绍宽作为中国海军代表出席巴黎和会,回国后在北洋海军继续任职,并结识了同为福建同乡的海军元老萨镇冰,深受其影响。归顺国民革命军后,陈绍宽屡立战功,官至海军部部长、海军一级上将、海军总司令等职,深受蒋介石政府的信任与器重,事业进入巅峰期。1945 年抗战胜利后,陈绍宽以海军总司令身份参与日本受降仪式,随后因遭受蒋介石嫡系排挤,海军总司令一职遭到罢免,灰心之下,解甲归隐福建老家。[②] 中华人民共和国成立后,历任福建人民政府副主席、民革中央副主席等

---

① 《大总统令:大总统指令第一千四百四号(中华民国七年八月二十二日)》,载《政府公报》,1918 年第 926 期,第 7 页。

② 章洗文:《民国高级将领档案解密(第 1 卷)》,党史出版社,2011 年,第 151-152 页。

职。① 陈绍宽戎马一生,经历晚清政府、北洋政府、国民政府和新中国时期,堪称中国海军的中流砥柱,推动了新中国海军的建设与发展。

回顾陈绍宽将军的海军事业,他与德国曾有两段深度交集。第一次是在他初出茅庐的时期,当时他以北洋政府海军将领的身份参与协约国对德海军的作战。1916 年,第一次世界大战白热化之际,北洋政府决定派出陈绍宽等 6 名高级将领前往欧洲各交战国考察实战。② 12 月,陈绍宽奉命前往欧洲,先到英国,后转赴法国、意大利等国考察。1917 年,北洋政府正式参战,加入协约国,并对德、奥两国宣战,正于英国考察的陈绍宽受命加入英国海军,参与对抗德奥的战斗。同年 8 月,陈绍宽参与了英国战斗舰队对抗德国舰队的日德兰海战(Battle of Jutland)③。日德兰海战是一战爆发后规模最大的海战,在这场战役中,英军虽然损失了大量战舰及士兵,但还是取得了针对德国大洋舰队的绝对性战略胜利。此役之后,德国的战舰再也不敢大规模出海冒险,不得不龟缩在自己的港口,直至 1918 年签署停火协议。④ 战后,英国海军部颁给陈绍宽将军“一战战胜纪念章”(又称“一战纪念勋章”),以纪念并感谢其在对德海军战役中的英勇表现⑤。

陈绍宽与德国的第二段交集发生在南京国民政府时期。时任民国海军部长的陈绍宽随孔祥熙前往德国,与希特勒会面。1937 年 4 月,正值英王乔治六世加冕,南京国民政府派财政部部长孔祥熙为加冕典礼特使,海军部长陈绍宽为副使前往英国参加英王加冕典礼。⑥ 陈绍宽在赴英参加典礼的同时,计划向英德等国购买舰艇,以成立中国海军潜水艇舰队,因此随带海军人员十余人赴英训练。⑦ 加冕典礼一结束,陈绍宽即随孔祥熙前往德国柏林与希特勒见面,为中德两国合作寻求机会。德国经济部长萨赫德(Hjalmar Schacht)前

① 中国统一战线全书编委会:《中国统一战线全书》,国际文化出版公司,1993 年,第 855-856 页。

② 郭丹:《福建历代名人传》,海峡文艺出版社,2019 年,第 409 页。

③ 章冼文:《民国高级将领档案解密(第 1 卷)》,党史研究出版社,2011 年,第 151-152 页。

④ 伊恩·怀斯特威尔:《第一次世界大战》(第 1 卷),尚亚宁等译,九州出版社,2017 年,第 208 页。

⑤ 《指令:第三一六四号(十九年十一月十一日)》,载《行政院公报》,1931 年第 212 期,第 28 页。

⑥ 《国民政府指令:第六八六号(二十六年四月五日)》,载《国民政府公报(南京 1927)》,1937 年,第 2322 期,第 11 页。

⑦ 中国人民政治协商会议福建省福州市郊区委员会文史资料工作组:《福州郊区文史资料——陈绍宽一生专辑》,1986 年,第 6 页。

往柏林火车站欢迎孔祥熙、陈绍宽等人（图7-3）[①]。

图7-3　1937年德国经济部长萨赫德在柏林火车站欢迎孔祥熙、陈绍宽、程天放等人

图片来源：《国闻周报》（1937年第26期，第1页，全国报刊索引数据库，https://www.cnbksy.com，[2022-05-02]）。

1937年6月13日，希特勒会见了财政部部长孔祥熙、海军部长陈绍宽、行政院秘书长翁文灏等人，德方参会人员包括经济部长萨赫德、国防部部长布隆伯格等人。希特勒与孔祥熙讨论了国际形势、中德关系、日本的影响等问题，但没有就两国不平等条约等事项展开深入交谈。会谈中，孔祥熙把中国描绘成一个被不平等条约所限制的国家，称这一点正与德国被《凡尔赛和约》束缚类似，试图以这种方式谋求德方的同情与合作，使其介入调和中日关系。但希特勒并未配合，而是迂回地将中德关系拉回到了贸易关系与商业合作之中，而对中德政治关系，乃至对日本事由都打起了太极。[②]

会后，孔祥熙赴美，陈绍宽等人则留在德国继续参观、考察。1937年6月19日，陈绍宽与翁文灏等人前往哈雷（Halle，今译哈勒）参观各工厂，并于第二日前往埃森（Essen）参观克虏伯公司门下的兵工厂。[③] 在德期间，身为海军部长的陈

---

① 《国内时事：德国经济部长萨赫德（×）在柏林车站欢迎孔祥熙（○）孔左为程天放右为陈绍宽》，载《国闻周报》，1937年第26期，第1页。

② *Documents on German Foreign Policy 1918—1945*，Series C，Volume 6. London Her Majesty's Sationery Office 1959—1983.

③ 《陈绍宽翁文灏在德考察工业》，载《中央日报》，1937年6月20日，第0004版。

绍宽还积极谋求与德国海军的合作。他与德方确定了潜艇与母舰的购买事宜,随后派林遵等 20 余人赴德学习海军技术并监造。[1] 陈绍宽对林遵说:

> "现在,德国海军正在全力发展潜艇,无论在潜艇建造还是使用潜艇技术方面,都有许多新东西。我们同德国订立了以货易货的协议,由德国合步楼公司为中国制造 500 吨潜艇 1 艘,250 吨潜艇 4 艘和一艘潜艇母舰。海军部已经派了一批学员在德国学习潜艇技术。现在,决定派你在德国负责管理,同他们一起学习。你们务必尽可能早地把德国的潜艇技术学到手!"[2]

1937 年"七七事变"爆发,身在德国的陈绍宽得知这一消息后,迅速回国参与抗战,此后未再前往德国。由于德国与日本勾结组成轴心国集团,陈绍宽曾经积极谋求的中德海军合作不得不终止,向德国采购舰艇与学习技术事宜告吹。陈绍宽与德国的这段短暂交集以良好的局面开始,却以竹篮打水一场空的方式收尾,仅留下一片涟漪。

回顾陈绍宽与德国的两次交往,无论是对德作战,还是中德外交,陈绍宽均表现出一名优秀的海军将领的本色,特别是在第二次交往中,陈绍宽将军敏锐地认识到了德国海军战备的先进性以及中德军备合作的重要性,可见其眼光之独到。尽管他与德国的后一次交往不算成功,但是我们从中仍可一窥彼时中国海军事业的发展情况,以及国民政府与早期纳粹德国的外交关系。

四、从德国追回国宝的天文学家高鲁

在中国近现代天文学历史上,有一位堪称里程碑的天文学家,就是中国现代天文学奠基人、紫金山天文台创始人、中国天文学会首任会长高鲁(1877—1947)。他与德国也有着同样的不解之缘。

高鲁,字曙青,号叔钦,福建长乐县龙门村人。高鲁出身于福建书香门第,自小熟读四书五经,22 岁考入福州船政学堂,并以优异成绩毕业,后被选派留学比利时,在布鲁塞尔大学攻读工科博士学位,毕业论文题目为《飞机翼的力

---

[1] 陈书麟:《陈绍宽与中国近代海军》,海洋出版社,1989 年,第 43 页。

[2] 杨肇林:《海军世家:林遵》,华艺出版社,2010 年,第 68 页。

学计算问题》[①]。在欧洲留学期间，高鲁还被派往德国、法国等地考察西方工厂与工业技术[②]，这是高鲁与德国的初次交集。

旅欧期间，高鲁十分关心国内情况，积极参与政治。1909 年，孙中山先生赴法国巴黎筹建同盟会分支，正在比利时留学的高鲁听闻消息后，不仅自己加入同盟会，投身革命活动，还发动比利时的中国留学生加入同盟会。1911 年武昌起义后，高鲁随孙中山从美国回国。1912 年民国政府成立后，孙中山任中华民国大总统，高鲁任孙中山秘书兼内务部疆理司司长。同年，高鲁北上筹建中央观象台，担任台长一职。[③] 他参照当时欧洲天文和气象研究机构的体制和经验，对原钦天监[④]大刀阔斧地进行改革，提出筹建大型现代化天文台的规划，[⑤]推动了中国天文事业的现代化发展。

1918 年，高鲁受北洋政府委派前往巴黎参加国际时辰统一大会，并被任命为中国留欧学生督监。当时正值一战结束，德国战败，中国作为战胜国参与巴黎和会，但遭受了极为不平等的对待。高鲁对帝国主义的强盗行为义愤填膺，与留欧学生领袖一起带领从欧洲各地云集巴黎的数百名中国留学生，包围中国公使馆，阻止北洋政府在《凡尔赛和约》上签字。[⑥]

1921 年，高鲁受蔡元培之托，前往德国，向德国政府索回在八国联军侵华期间被德国掠夺的古天文观测仪。文物流失海外的背景为 1900 年八国联军攻占北京时，德国与法国以野蛮的行径掠夺了十件我国古制天文仪器，其中德国分赃掠走五件，分别为纪限仪、地平经仪、天体仪、玑衡抚辰仪、浑天仪，运送到德国后陈列于波茨坦宫之中。一战结束后，中国政府在巴黎和会上向德国提出了归还这批古天文仪器的要求，并写入《凡尔赛和约》中。[⑦]

---

① 中国人民政治协商会议福建省长乐县委员会文史资料工作组：《长乐文史资料·第 2 辑》，1986 年，第 102 页。
② 中国人民政治协商会议福建省委员会文史资料研究委员会：《福建文史资料·第 19 辑》，1988 年，第 240 页。
③ 吴永忠、黄世鼎、陈明哲：《长乐市博物馆文史研究丛书：文典中的长乐人》，福建省长乐市博物馆，2010 年，第 140-141 页。
④ 钦天监为明清时期的国家天文机构，掌管天文历法等工作，在民国时期被撤销。
⑤ 福建炎黄文化研究会、福建省作家协会：《走进长乐：滨江滨海希望之城》，海峡书局，2011 年，第 175 页。
⑥ 中国人民政治协商会议福建省委员会文史资料研究委员会：《福建文史资料·第 29 辑》，福建科学技术出版社，1992 年，第 5 页。
⑦ 《纪事（二）：本国：德国退还天文仪器之经过》，载《时事月刊》，1921 年第 1 卷第 6 期，第 185-186 页。

高鲁精通英语、法语,在欧洲学界人际关系良好,经多方斡旋和努力,高鲁不负使命,终于向德国政府追回包括浑天仪在内的五件天文仪器,并亲自从波茨坦港口护送回国,[①]于 1921 年 4 月 13 日经由天津正式抵京,送交中央天文台(图 7-4)。[②] 时隔二十余年,这批国宝终于重归故土,回到了祖国人民的怀抱。1921 年的 10 月 10 日,高鲁在北京组织了一次古代天文仪器的大规模公开展览,展品就包括了从德国索回的这批天文仪器。[③]

◎德國退還天文儀器到京

德國依照巴黎和約應行退還庚子所搾天文儀器一節、已送交中央觀象臺、並未因我拒簽德約卽歸中止、數月前外間曾傳說我政府爲避免嫌疑、對於德國送還儀器、不便接收云云、各報曾經紀載其不確、嗣聞內敎兩部關於接收問題、各有爭執、旋經瓦商解決、昨據敎育部消息、此項退還之天文儀器、目下已由承運者、自天津運抵京中、卽於前日歸所有儀器、點交中央觀象臺上、故目下該臺已籌備將儀器復陳原來位置、以資觀摩云、

图 7-4　《益世报(天津版)》报道德国退还的天文仪器抵京一事

图片来源:《益世报(天津版)》(1921 年 4 月 15 日,第 0007 版)。

1921 年夏,高鲁与蒋丙然参加在济南举行的全国职业教育会议之后,一起到青岛调查德国建立的青岛观象台。当时,《九国公约》将规定德国归还青岛的好消息已经传至国内,高鲁此次前往青岛,正是为了做好接收德国殖民政

---

① 《纪事(二):本国:德国退还天文仪器之经过》,载《时事月刊》,1921 年第 1 卷第 6 期,第 185-187 页。

② 《德国退还天文仪器到京》,载《益世报(天津版)》,1921 年 4 月 15 日,第 0007 版。

③ 中国人民政治协商会议福建省委员会文史资料研究委员会:《福建文史资料·第 29 辑》,福建科学技术出版社,1992 年,第 5 页。

府所建观象台的准备。青岛观象台建立于德占胶澳时期。为了扩充驻军装备，并将青岛港建成德军的军港，德国殖民当局凭借《胶澳租界条约》，以"为谋港务及航政之发展"为借口，经过多年的筹备与扩张，最终在青岛建立了具有强烈殖民色彩的"皇家青岛观象台"①。

1922 年春，《九国公约》在美国华盛顿正式签订，中国人民终于收回了被德国殖民二十年的胶澳地区。② 高鲁马上派出自己的得力助手、中央观象台气象科科长蒋丙然任青岛观象台台长。但因日方反复阻挠，交接工作直至 1924 年 2 月 27 日才彻底完成。③ 青岛观象台由德国殖民政府耗时十余年打造，安置了诸多先进的天文仪器与设备。北洋政府接手之后，该气象台得到了持续的建设和发展，为我国天文、气象、地质事业的发展作出了巨大的贡献，在这个过程中，高鲁功不可没。蒋丙然曾对来青岛视察的高鲁说："先生惨淡经营多年，今天终于得以又建一分台，总算是为吾国现代天文事业又树一旗帜。"④此言实在不虚。

1942 年，高鲁任闽浙监察使，回到家乡福建。在日本侵略福州时期，他率部属撤退至闽清，转沙县，历尽艰辛。同年 10 月，他因弹劾国民党第三战区司令长官顾祝同不抗日、玩忽职守失败，被免去闽浙监察使职务。1947 年 6 月，高鲁病逝于家乡福州。⑤ 高鲁在与德国的交往中始终以不卑不亢的姿态出现，不仅索回了被德国侵占的天文国宝，还参与了收回青岛气象台的全过程，展现了一名爱国科学家的铮铮傲骨。

---

① 杜升云：《科技史文库中国天文学史大系：中国古代天文学的转轨与近代天文学》，中国科学技术出版社，2013 年，第 277-278 页。

② 中国人民政治协商会议福建省委员会文史资料研究委员会：《福建文史资料·第 19 辑》，1988 年，第 243 页。

③ 中国科学技术协会：《中国科学技术专家传略（理学编·天文卷 1）》，中国科学技术出版社，2005 年，第 2 页。

④ 中国人民政治协商会议福建省委员会文史资料研究委员会：《福建文史资料·第 29 辑》，福建科学技术出版社，1992 年，第 6 页。

⑤ 福州市志人物志编辑组：《福州市志·人物志（第 2 辑）》，1990 年，第 57 页。

第八章　近现代旅华德国人与福建的交集[①]

第一节　近代及以前的中德思想文化交集

一、中国对德意志的接受

明代中期之前国内提到德意志地区的记载只有《元史》中的寥寥几笔，直到 16 世纪耶稣会士进入中国之后，这种情况才有所改变。利玛窦（Matteo Ricci，1552—1610）绘制的《坤舆万国全图》（图 8-1）、艾儒略（Giulio Aleni，1582—1649）的《职方外纪》，以及其他耶稣会士带到中国的地理知识，更新了中国人对世界的认知。利玛窦在《坤舆万国全图》上还标注了一些日耳曼小邦的国名和地理名词的中文译名，例如："沙琐泥亚"（今萨克森州）、"噢失突利亚"（今奥地利）、"波亦米亚"（今波希米亚）、"物斯法略"（今北莱茵-威斯特法伦州全部及下萨克森与黑森两州部分地区）等。他将德国地区标明为"入尔马泥亚"（日耳曼尼亚）[②]，并

---

① 本章作者：孙润琪（厦门大学）

② 有学者认为《坤舆万国全图》是历史上首先进一步介绍德国及其所辖的小封建国家的资料，而这份地图也是首次以与"日耳曼"相近的中文译名"入尔马泥亚"来称呼及描述德国。参见余文堂：《元、明两朝汉文典籍与图籍对"德国"的叙述》，载《大兴历史学报》，2007 年第 39 期，第 276 页。

在其附注中介绍如下：[①]

> 入尔马泥亚诸国共一总王，非世及者，七国之王于中常共推一贤者为
> 之。入尔马泥海出琥珀，生石上如石乳，然多在海滨，金色者为上，蓝次
> 之，赤最下。

17、18 世纪，中国人对欧洲的认识还十分模糊，德意志地区更是一个相当陌生的地域。意大利人被人称为"耶稣会士"，佛朗机（葡萄牙人）与法兰西人常被混为一谈；荷兰人和英格兰人令人难以区分，统称为"红毛番"，至于德意志人则少有谈及。[②] 清代朝野上下长期弥漫着一种自大观念。鸦片战争后，清政府才逐渐意识到外面的世界并非只是蛮夷，遂派出官员到国外考察。1862 年，清政府批准创立中国第一所外语学校"同文馆"，以培养外语人才，1866 年，首批三名同文馆学生由曾任中国海关总税务司赫德秘书的斌椿带领，赴欧洲考察，这也是清朝首个官派赴欧洲的代表团。斌椿随赫德出访了法、英、荷、德、丹麦、瑞典等 11 个国家，他眼中的普鲁士国"产铜、铁、丝、布，铁器最精，工细若金银造。瓷器尤良，坚致不亚华产。西部产钢铁，造炮甲于泰西"[③]。斌椿在德国重点关注军火生产技术，"各炉均用火轮法大锤，重万斤，一击，其声震地。炮子重百斤，形长首尖，内实火药。敌船包铁厚七八寸，子能洞之"[④]。

二、德意志对中国的接受

15 世纪，意大利商人马可·波罗记述他行经地中海、欧亚大陆和游历中国的长篇游记《马可·波罗游记》第一次被译成德语并在德意志地区出版，"中国"也随之逐渐走进了德意志人的视野。16 世纪末，西班牙人胡安·冈萨雷斯·德门多萨（Juan González de Mendoza，1545—1618）撰写的一本关于中国的著作《大中华帝国史》（*The History of the Great and Mighty Kingdom of China*）在欧洲广为流传，并于 1589 年被翻译成德语出版，其内容广泛涉及中

---

① Matteo Ricci, *Kun Yu Wan Guo Quan Tu* , Library of Congress. National Digital Library Program，and Library of Congress. Geography and Map Division.［Beijing，China：Matteo Ricci，1602］Map，https://www.loc.gov/item/2010585650/，［2022-05-30］.

② 丁建弘：《德国通史》，上海社会科学院出版社，2012 年，第 489 页。

③ 斌椿：《乘槎笔记》，湖南人民出版社，1981 年，第 42-43 页。

④ 斌椿：《乘槎笔记》，湖南人民出版社，1981 年，第 42-43 页。

国社会、习俗和文化，使公众对中国有了进一步的了解。同一时期，继意大利裔传教士利玛窦（Matteo Ricci，1552—1610）、罗明坚（Michele Ruggieri，1543—1607）之后，邓玉函（Johannes Schreck，1576—1630）、汤若望（Johann Adam Schall von Bell，1592—1666）等著名德裔耶稣会士陆续来华，通过向欧洲寄雁传书和著书立作等方式正式将中国文化传入西方，也将欧洲的科学和技术传播到了中国。

17、18 世纪之交，德意志著名哲学家莱布尼茨（Gottfried Wilhelm Leibnitz，1646—1716）率先在德意志地区掀起了一股中国热。[①] 他与多名来华传教士，如闵明我（Philippus Maria Grimaldi，1639—1712）、白晋（Joachim Bouvet，1656—1730）等人以及多位在欧洲的汉学家互通书信，深入探讨了有关中国文化的各个方面的问题，并于 1697 年主编出版了《中国近事》（Novissima Sinica）一书。[②] 莱布尼茨认为，中国和欧洲两大文化源泉相互交往对双方大有裨益；西方的自然科学和思辨哲学、逻辑学等对东方有所启发，而中国的实用哲学和国家道德对西方同样具有吸引力。[③] 尽管莱布尼茨从未来过中国，仅仅依靠耶稣会的二手文献材料了解中国，但他对中国文化推崇备至，为当时的德意志地区知识界塑造了一个较为清晰的中国形象。事实上，若只依靠耶稣会关于中国的报道及其他著作的德语译本，中国在德意志获得的关注注定十分有限。莱布尼茨的创造性在于他将中国置于与欧洲平等的文明地位，思考可能在文化领域出现的中欧交流关系，正如一位德国学者所言，"德意志与中国文化的第一次触碰，与那个莱布尼茨所引领的德意志知识分子活跃的时代密不可分"[④]。在德意志地区，包括莱布尼茨和克里斯蒂安·沃尔夫（Christian Wolff，1679—1754）在内的古典哲学家从孔子和儒家思想中吸收朴素辩证法思想，沃尔夫更于 1721 年发表题为《中国的实践哲学》的演讲，为欧洲学者了解儒家哲学发挥了重要作用。[⑤]

18 世纪，纽伦堡学者穆尔（Christoph Gottlieb von Murr，1733—1805）将清代长篇小说《好逑传》从英文翻译成德语，他由此成为第一个在德意志介绍

[①] 周岩厦：《中德文化交流溯源》，载《浙江科技学院学报》，2004 年第 2 期，第 120-124、128 页。

[②] 许明龙：《中西文化交流先驱》，东方出版社，1973 年，第 107、192-194 页。

[③] 丁建弘：《德国通史》，上海社会科学院出版社，2012 年，第 478 页。

[④] Rudolf Franz Merkel, *Deutscher Chinaforscher*, in *Archiv für Kulturgeschichte*, 1951, 81. 译文来自本章作者。

[⑤] 周岩厦：《中德文化交流溯源》，载《浙江科技学院学报》，2004 年第 2 期，第 120-124、128 页。

中国长篇小说的人。① 诗人歌德则通过杜赫德（Jean Baptiste du Halde，1674—1743）的德译本，了解到《赵氏孤儿》和《今古奇观》中的 4 篇短篇小说以及《诗经》中的一些诗作，并尝试将《赵氏孤儿》改编为悲剧《爱尔佩诺尔》（*El penor*）。② 歌德甚至还研究过中国的诗歌，其于 1827 年创作的《中德四季晨昏杂咏》十四阕中便包含了对中国的美好描述。③

1861 年，《中德通商条约》签订，开启了中德之间的官方来往，德意志学者、科学家、汉学家、传教士等各界人士相继来华。地理学家和地质学家李希霍芬（Ferdinand von Richthofen，1833—1905）于 19 世纪下半叶在中国内地先后进行了 7 次考察旅行，著有《李希霍芬中国旅行日记》（*Ferdinand von Richthofen's Tagebücher aus China*），对中国和亚洲地区的地质地貌特征进行了科学分析。④ 19 世纪末 20 世纪初，德国再次掀起了研究中国的热潮，这一时期的德国学者对中国的研究较莱布尼茨时期更为理性和深入，开始形成系统的"汉学"，涌现了如卫礼贤（Richard Wilhelm，1873—1930）、福兰阁（Otto Franke，1863—1946）、佛尔克（Alfred Forke，1867—1944）等一批知名汉学家。卫礼贤翻译了《易经》《庄子》《列子》《吕氏春秋》等华夏名著，并撰写了《中国心灵》（*Die Seele Chinas*）、《中国文明简史》（*Geschichte der Chinesischen Kultur*）等多部书籍；福兰阁对史学有深入研究，著有五卷本巨著《中国通史》（*Geschichte des Chinesischen Reiches*）；佛尔克专于哲学，著有《中国哲学史》（*Geschichte der chinesischen Philosophie*）三卷本。以上三人及其著作在德国学界皆有广泛的影响力。

第二节　近现代旅华德国人与福建

近现代西方来华亲历者众多，其中来自德意志地区并与福建有交集的不在少数。特别是在 1897 年德国武装夺取胶州湾，迫使中国签订《胶澳租界条

---

① 周建明：《20 世纪前德国人和中国人的相互认识》，载《史学理论研究》，2017 年第 1 期，第 24-29 页。

② 丁建弘：《德国通史》，上海社会科学院出版社，2012 年，第 484-485 页。

③ 周建明：《20 世纪前德国人和中国人的相互认识》，载《史学理论研究》，2017 年第 1 期，第 24-29 页。

④ 费迪南德·冯·李希霍芬：《李希霍芬中国旅行日记》，李岩等译，商务印书馆，2016 年。

约》之后,德国商人、传教士、研究者和各类团体在华活动有了"安全保障",德国对华贸易也随之扩大规模。一批批德国外交官、旅行家、传教士、地质学家、知识分子相继来到福建,如后来成为汉学家的夏德(Friedrich Hirth,1845—1927)在1870年考入中国海关,历任厦门、上海、九龙副税务司和税务司等职,后来主要研究中国历史、中国美术史等,著述颇丰;汉学家葛禄博(Wilhelm Grube,1855—1908)于1897年携妻子来华,曾在北京和厦门等地游历研究,其所著的《中国文学史》(*Geschichte der Chinesischen Literatur*)为德国第一部涉及中国文学史的著作;[①]汉学家佛尔克曾于1890至1902年间先后在德国驻北京公使馆、驻天津和厦门领事馆工作;汉学家福兰阁于1900至1902年任厦门领事馆翻译和代理领事;生物学家约瑟夫·劳特勒[②]曾于1895年、1905至1907年两次携妻子来华旅行,途经香港、澳门、广州、海南岛、厦门、福州等地;建筑师恩斯特·柏石曼于1906至1909年周游中国,途经北京、福建、河南、广西、广东等地区,记录建筑古迹,拍摄了大量照片,回国后整理出版多卷著作。

近现代来华的许多德意志知识分子一方面带来了当时欧洲的科学技术和思想文化,另一方面也在与古老的中华传统文化的交流碰撞中备受影响。追溯他们旅华期间的所见所闻和所思所想,对于研究自近代以后中西文化的交锋和互动有着重要的意义。下文主要介绍佛尔克、劳特勒、福兰阁、柏石曼等四位德意志学者及其与福建的交集。

一、阿尔弗雷德·佛尔克与鼓浪屿德国领事公馆

阿尔弗雷德·佛尔克(Alfred Forke,1867—1944)是一位外交官出身的德国汉学家。近代中国国门被列强轰开之后,西方各国出现了一个新的职业——汉语译员。其中部分口译人员被派遣到中国的领事馆,成为外交官。出于个人兴趣及领事馆工作的需要,他们进而研究中国的语言、文学、历史、哲学,探寻科学方法,构建知识体系,回国后将中国学问搬进了本国的大学,形成

---

① 孙立新:《近代来华德国人已刊纪实报道选介》,载《国际汉学》,2015年第3期,第157-170、205页。

② 约瑟夫·劳特勒于1885年加入澳大利亚国籍,由于他在此之前都是德意志人,且用德语撰写游记,对于研究近现代德意志人与福建的交集具有重要意义,因此将其作为旅华德意志人收录在本章中。

了延续至今的现代汉学。从翻译到教授是不少第一代学院派汉学家成长的路径。① 阿尔弗雷德·佛尔克就是其中的一位。

佛尔克于 1867 年 1 月出生于德国的工业重镇不伦瑞克（Braunschweig）。中学毕业后，他曾在瑞士日内瓦大学和德国柏林大学学习法律，通过了国家法律考试，并于 1890 年获得法学博士学位。此时他已经同时完成柏林大学东方语言系（Seminar für Orientalische Sprachen）②的中文培训课程，具备担任外交译员的资格。③ 同年，他作为翻译实习生被德国政府派遣到北京使领馆供职。1890 年至 1902 年间，佛尔克陆续在德国各驻华领事馆担任翻译。④ 在华期间，他对中国古典文化产生了浓厚的兴趣，翻译、创作了大量有关中国古代哲学、文学和诗歌的作品。1903 年，佛尔克回国，接替已故的老师卡尔·阿本特（Karl Abendt，1838—1902）成为柏林大学东方语言系的汉学教授。在柏林工作的 20 年中，他为德国的汉语口译行业培养了大量骨干力量。1923 年，佛尔克接替福兰阁，成为汉堡大学汉学系的第二任汉学教授，直至 1935 年退休。⑤

德国汉学家埃尼希·海尼士（Erich Hänisch，1880—1966）在纪念佛尔克的文章中将佛尔克一生的三大主要成就总结为："在法学、教育学、语言学、写作和民族学交叉领域的研究"、"汉代和唐宋诗歌的翻译"和"关于中国古代哲学著作和哲学史的研究"⑥。在佛尔克的著名翻译作品中，《论衡：王充哲学散文选》（Lun-hêng：Philosophical Essays of Wang Ch'ung）从 1906 年开始连载，随后又出版英文单行本，《墨子》（Mê Ti：des Sozialethikers und seiner Schüler philosophische Werke）全译本 1922 年出版，这两本书均是首次被译成欧洲语言，其中国哲学概念术语在西方的翻译和界定上具有示范性意义。

---

① 王维江：《从翻译到教授——德国第一代学院派汉学家的养成》，载《四川师范大学学报（社会科学版）》，2012 年第 4 期，第 136 页。

② 柏林大学即今天的柏林洪堡大学，其东方语言系于第二次世界大战后在波恩大学内重建。

③ 张国刚：《德国的汉学研究(6)——外交官出身的汉学家——福兰阁和佛尔克》，载《文史知识》，1993 年第 4 期，第 70 页。

④ Fritz Jäger, Zum 75. Geburtstag von Prof. Dr. A. Forke, in *Briefe aus China*，*1890—1894*，in *Briefe aus China*，Hartmut Walravens（ed.），Hamburg：C. Bell Verlag，1985，Ⅰ.译文来自本章作者。

⑤ Erich Hänisch, Alfred Forke, in *Briefe aus China*，*1890—1894*，in *Briefe aus China*，Hartmut Walravens（ed.），Hamburg：C. Bell Verlag，1985，Ⅲ.

⑥ Erich Hänisch，Alfred Forke in，*Briefe aus China*，*1890—1894*，in *Briefe aus China*，Hartmut Walravens（ed.），Hamburg：C. Bell Verlag，1985，第Ⅳ页。译文来自本章作者。

《论衡：王充哲学散文选》的翻译使佛尔克获得了以法国汉学家命名的"儒莲奖"(Stanislas-Julien-Preis)。此外，他还是第一位研究晏子和《晏子春秋》的西方学者，著有《政治家和哲学家晏子与〈晏子春秋〉》(*Yang Chu's Garden of Pleasure*)。佛尔克关于中国哲学的专题论述分别于 1925 年和 1927 年以《中国人的世界观》(*The World-Conception of the Chinese*)和《中国文化的思想世界》(*Gedankenwelt des Chinesischen Kulturkreises*)为题出版。[1] 前者在中文资料的基础上系统介绍了中国人的天文理论和宇宙观，极大地促进了西方学者对基于类比和象征的中国古代思维方式的理解，后者则用西方哲学概念系统阐述了中国哲学思想。佛尔克最具影响力的著作是三卷本《中国哲学史》(*Geschichte der Chinesischen Philosophie*)。第一卷《中国上古哲学史》(*Geschichte der Alten Chinesischen Philosophie*)出版于 1927 年，叙述先秦哲学；第二卷《中国中古哲学史》(*Geschichte der Mittelalterlichen Chinesischen Philosophie*)出版于 1934 年，讲述汉代到宋代的哲学；1938 年出版的第三卷《中国近世哲学史》(*Geschichte der Neueren Chinesischen Philosophie*)则叙述了明清至 20 世纪的哲学。全书介绍了中国历史上一百五十多位哲学家，主要取材于中文原始材料，其中包含大量的译文和注释。在很长一段时间内，这三部著作都是西方有关中国哲学史著述中最便利、最完备的参考书。海尼士评价道："佛尔克的《中国哲学史》比肩嘎伯冷兹[2]的《中国文言语法》、顾路柏[3]的《中国文学史》和福兰阁的《中华帝国史》，代表德国汉学研究在中国哲学领域的最高水平。他本人也因此长期享誉东方研究界。"[4]

在华期间，佛尔克与女友保持着密切的通信联系，并在大量书信中生动地描述了他本人的工作和生活情况，记录了他对晚清政治、经济和社会的看法，特别是一些在中国政府供职的德国专家的事迹，为研究近代中外关系史留下了珍贵的史料。佛尔克的书信早年曾在《东亚周报》(*Ostasiatische Rundschau*)上发表，1985 年由德国汉学家魏汉茂(Hartmut Walravens，1944—　)以《1890—1894 年中国来信》(*Briefe aus China，1890—1894*)为书名重新编辑出版，并附有德国汉学家颜复礼(Fritz Jäger，1886—1957)和海

---

① 张国刚：《德国的汉学研究(6)——外交官出身的汉学家——福兰阁和佛尔克》，载《文史知识》，1993 年第 4 期，第 67-71 页。

② Georg von der Gabelents(1807—1874)。

③ Wilhelm Grube (1855—1908)。

④ Erich Hänisch, Alfred Forke, in *Briefe aus China，1890—1894*，in *Briefe aus China*，Hartmut Walravens (ed.)，Hamburg：C. Bell Verlag，1985，V. 译文来自本章作者。

尼士的纪念文章。① 该书反映了 19 世纪末德国外交人员在中国领事馆的工作和生活情况，也对当时在华外国人的活动进行了形象的描述。

1893 年 2 月 19 日，身在北京领事馆的佛尔克收到福兰阁自上海发来的一封电报，福兰阁告知他，自己将和格林瓦尔德博士（Dr. Grünenwald）前往厦门接管厦门领事馆。据福兰阁后来的自传中所述，国内总部特地挑选对领事馆工作毫无兴趣的翻译见习员格林瓦尔德博士接管厦门领事馆。格林瓦尔德特别不喜欢学习中国语言，凭借其自身能力无法胜任在厦门的工作，外交部因此派遣佛尔克作为翻译协助他的工作。② 同事们纷纷向佛尔克道喜，但是佛尔克本人却因为突如其来的调岗，以及同事格林瓦尔德即将成为他的上司而觉得有些荒唐。带着这种微妙的情绪，佛尔克于 1893 年 3 月 10 日离京，走水路前往厦门，并于 3 月 24 日到达鼓浪屿。在他的脑海里，厦门与台湾隔海相望，有着无比美丽的自然风光和宜人的气候。他对于此次在厦门的任务充满期待。③

以下几个书信片段摘自佛尔克的《1890—1894 年中国来信》，这些片段为我们了解当时德国驻厦门领事馆的状况，以及德国人眼中的厦门提供了重要的历史视角：④

> 厦门，1893 年 4 月 3 日
> 我们现在已经正式接管领事馆了，但我们还是没搬进去，因为家具还没备齐。领事的私人房间很大，装修得也还算温馨。从岛上最高的山上可以俯瞰到繁华的景象，旁边还有一个无人打理的大花园。从住处去办公厅，需要十五分钟。夏天的时候为了防晒，人们经常乘轿子过去。岛上的道路维护得很好，从来不会脏乱。我们的办公时间是上午十点到十二点，下午两点到四点，但为了尽快熟悉当前的事务，我们实际的办公时间会比规定的更长。尽管我们还要代为处理荷兰的事务，但事实上我在这里的工作量要比在北京时候的少。荷兰领事馆的总领事已经离开了。

---

① 孙立新：《近代来华德国人已刊纪实报道选介》，载《国际汉学》，2015 年第 3 期，第 157-170、205 页。

② 福兰阁：《两个世界的回忆：个人生命的旁白》，欧阳甦译，社会科学文献出版社，2014 年，第 87 页。

③ Alfred Forke, Briefe aus China, 1890—1894, in *Briefe aus China*, Hartmut Walravens (ed.), Hamburg: C. Bell Verlag, 1985, 24.译文来自本章作者。

④ Alfred Forke, Briefe aus China, 1890—1894, in *Briefe aus China*, Hartmut Walravens (ed.), Hamburg: C. Bell Verlag, 1985, 24-33。译文来自本章作者。

这里只有四个德国人,他们是宝记洋行和皮特森洋行①的主管和员工。此外还有十五个其他国家的人,其中的十个是灯塔的管理者,三个是从事厦门方言研究的荷兰人。有一个荷兰人已经结婚了,人们很难和他的夫人交流,因为她不太会说英语。

厦门,1893 年 4 月 9 日

我们的领事馆已经基本布置好了,办公室是隔开的,已经装修完毕。岛上最高的山崖直入云天,我们可以从一侧看到厦门的港口,另一侧的风景则是被厚厚的树叶遮盖的小房子和帆船。

房子周围有很多小花园,里面的玫瑰丛一年四季皆在盛放。昨天人们在网球场举办了一场花展,几乎所有的花都被带过来展示了。为了激发园主们的参与热情,我们还设置了一个奖项。令我印象深刻的是一棵橘子树,它是欧洲橘子树的两倍高。

我们的房子一共有七个房间,两个前厅一个当作客厅,另一个当作餐厅。我把最明亮但最小的房间作为书房,那个有四面窗户的、大到足够跳舞的房间被我用作卧室。我们已经购置了一些家具,明天的拍卖会之后,我们会把房间布置得更满一点。

我们已经完成了必需的拜访,剩下的就只能靠邂逅了。这里的社交和在北京时候的差不多,但少了一些国际化。

昨天我们会见了中国官方人士,为表示对我们的欢迎和尊敬,他们齐放了三门礼炮,因此我们也需要在他们日后的回访中有所表示。[……]

厦门,1893 年 4 月 23 日

我该怎么描述这里的生活啊!我的工作实在是太少了,有时候一整天都无事可做。我只需要上午去办公室,格林瓦尔德博士下午两点到五点之间在办公室。因此,我就和我们的文书研究厦门的方言。当我用方言和当地人交流的时候,他们基本能理解我的话,但我听不懂他们的回答。为我们发电报的中国男孩每天都穿着丝绸衣服,看起来比我们还高贵,他讲话操着南京口音,但我能听懂他说的话。

---

① 原文为 Firmen Pasedag und Peterson。

厦门,1893 年 6 月 27 日

我已经结束了上一封信中提到的公务旅行,并且事情没有我预想中的那么麻烦。因为那位将军是个满族人,我说的话他都能听懂。那位总督也是,他完全没有湖南口音。我们新的部长申克·冯·施韦因斯贝格(Schenk von Schweinsberg)在 6 月 14 日清晨就抵达了厦门,比预期的时间提前了很多。当早上 7 点钟,欢迎德国大使的礼炮响起时,格林瓦尔德博士和我还在沉睡。我们迅速坐船赶往港口,把我们的部长接到办事处。申克先生是一位强壮、和蔼的男子。尽管身材有些臃肿,但他却是个体操好手,喜欢爬山,酷爱打网球,甚至把自己的网球鞋也带过来了。虽然没有布兰德先生那样讨人喜欢的特质,但他的直率和善意还是很快赢得了大家的喜爱。

我在福州停留的九天很是愉快。我住在旧识米奇(Mickie)先生家里。领事馆的翻译科林内尔(Clennel)也是我的老朋友。我们的大使住在暂代德国在福州事务的美国领事馆内。申克先生在那里只能喝到清水,因为美国大使是一个滴酒不沾的人。在福州的两家德国茶叶公司,我们受到了西姆森(Siemssen)先生①的热情款待,尽管现在正处于旺季,他还有许许多多的茶叶要品鉴。我们安排了一个下午,兴致勃勃地参观了他们的工作。在一次当地官员款待我们大使的(欧式)盛大午宴过后,我们游览了美丽的龙峰河②。它和莱茵河有些相似。我们还参观了中国人建造军舰的武器库,但里面的工程师只有少数几人来自德国。

稍微靠近内陆的福州市是一个群山环绕,却没有鼓浪屿那么多丘陵的美丽城市。它比鼓浪屿面积更大,房屋之间的间隔更宽。但总体上我还是更喜欢厦门。

[……]

厦门,1893 年 7 月 23 日

你也许已经从德国的报纸上得知了汉口两位瑞典传教士不幸遇害的消息,并大为震惊。在 1893 年的协约签订后,没有人会想到中国人对传教士的厌恶会以如此残酷的方式爆发。在某种程度上这两位传教士的不幸是由自己导致的,他们并不在意中国政府的劝告,经常前往汉口。而当时已有传言民众将在某个盛大的节日数以千计地聚集起来,杀害传教士。

---

① 禅臣洋行的负责人,禅臣洋行的历史在本书第四章已有阐述。

② 原文为 Jung-fu-Fluss,笔者根据发音和福州卫星地图推测是福州龙峰河。

中国的政府官员对此也要承担责任，他们将会大批被革职。因为他们没有体察民意，并保护好外国传教士的人身安全。也许撤回所有传教士会更好，他们消耗大量的经费却一无所获。他们找到的少数信众都属于未受教育的阶级，这些人为了转变自己的宗教信仰给传教士捐钱或提供其他帮助。几乎没有受过良好教育的中国人会出于高尚的原因皈依基督教。

除了个别的极端分子，中国人大体上是爱好和平的。[……]

二、约瑟夫·劳特勒旅闽见闻

约瑟夫·劳特勒（Joseph Lauterer，1848—1911），德裔澳大利亚生物学家、民族学家、游记作家，1848 年出生于德国弗赖堡（Freiburg），曾在弗赖堡的阿尔伯特-路德维希大学学习医学。他在学生时代参加过普法战争的医疗队，并在 1872 年于弗赖堡通过国家考试，获得医学博士学位。1874 年，他出版了第一部关于弗赖堡周围植物群的植物学著作。1885 年，劳特勒移民澳大利亚，最初在悉尼和蓝山停留了半年，随后来到昆士兰的布里斯班。在那里，他加入了昆士兰皇家学会，并于 1896 年成为该学会的主席。在其生命的最后十年，劳特勒转而从事旅游写作，将在亚洲、大洋洲和南美洲旅行的个人经验和专业见解都记录在自己的游记中，其中成功出版的有：《中国：中央帝国的过去与现在》（China：Das Reich der Mitte einst und jetzt）、《日本：旭日之国的过去与现在》（Japan：Das Land der aufgehenden Sonne einst und jetzt）、《墨西哥——龙舌兰之国的过去与现在》（Mexiko：Das Land der Blühenden A-gave einst und jetzt）等。《中国：中央帝国的过去与现在》（图 8-1）全书共 29 章，附有 154 张一手照片和图画，于 1910 年由莱比锡的奥托·斯帕默出版社（Otto Spamer Verlag）出版。

劳特勒第一次来华之际仅在沿海口岸短时间停留，第二次则深入中国内地，对近代中国社会和文化状况进行了比较深刻的观察。在《中国：中央帝国的过去与现在》一书中，他先是对中国的地理、历史和中国人的性格作了简要概述，随后讨论了中国人的精神和社会生活，谈到了儒家学说，佛教和基督教的传入，中国人的语言、家庭生活、科举考试、饮食起居和婚丧嫁娶等等。他尤其惊叹于 19 世纪晚期"中国的进步"，详细描述了中国在铁路建设和对外贸易方面的情况。最后，劳特勒按照游历路线一一叙写了自己从香港到澳门、广

图 8-1 《中国：中央帝国的过去与现在》封面

图片来源：Joseph Lauterer，*China：Das Reich der Mitte einst und jetzt*. Leipzig：Verlag von Otto Spamer，1910.

州、海南岛、厦门、福州等地的观感。作者对华态度友好，褒扬和溢美之词处处可见。[1] 他在 1906 年就预言，"中国必将成为世界上最强大、最富有、最具声望的国家之一。尽管中国人处处受到轻视，但他们绝对不容小觑"[2]。

据该书所述，劳特勒在福建省内游历过漳州[3]、厦门和福州三地。书中生动记载了他在福建的所见所闻，包括当地的市井生活、集市、学校、地方戏，还有当地人的宗教信仰和丰富的娱乐生活。作为一位来自西方国家的学者，他在很大程度上翔实客观地记录了 20 世纪初闽南地区的风土人情，并盛赞当地美丽的自然风光和勤劳智慧的人民。该书的以下片段分别讲述了劳特勒在漳

---

[1] 孙立新：《近代来华德国人已刊纪实报道选介》，载《国际汉学》，2015 年第 3 期，第 157-170、205 页。

[2] Joseph Lauterer，*China：Das Reich der Mitte einst und jetzt*. Leipzig：Verlag von Otto Spamer，1910，Ⅲ. 译文来自本章作者。

[3] 原文写作"Tschang Tschou"，劳特勒将其标注为"Langstadt"，字面意为"长州"。但根据书中出现的其他信息，笔者推测所涉地名应为位于闽南的漳州。

州、厦门、福州三地的见闻：[①]

在三座灯塔的指引下，我们乘坐的轮船抵达漳州。城市的街道由花岗岩铺就，在高大的城墙上耸立着一座座岗楼，城墙根有许多理发店、木匠和粉刷匠的小作坊、绸缎庄、书店、卖烟具的杂货店和饭馆。儿童随处可见，玩具店却只有寥寥几家。孩子们玩的是小石子、泥巴和昆虫，而不是常见的儿童玩具。这里的女性无论年龄大小都要裹脚。

一个五岁的小女孩从大老远就笑眯眯地望着我们一行人。她柔软的头发梳得整整齐齐，腿部可能因为裹脚显得有些畸形。她请我们去家里看看。他们一家17口人住在一个小房子里，大大小小的孩子在屋里奔跑打闹，让人很难数得清到底有多少人。一张桌子和两把椅子就是这个家里全部的家具。在这里，未嫁的女孩子被叫做"Keh"，在闽南语中意为"客人"。她们不久后会嫁人，并且一直住在丈夫家里，只被看成这个家临时的客人。家里有个小孩子吃坏了肚子，母亲日日夜夜守在孩子的身边，为他/她驱除病魔。他们在十字路口泼洒一勺粉末和满满一桶水，焚烧纸片和线香，希望能够用这种方法赶走瘟神，治愈孩子。但孩子的病情却没有好转。我将自己携带的治腹泻的药送给了这家人。

［……］

厦门又称"下门"。这里街道整洁却十分狭窄，巨大的石板交错横跨道路两边。下雨的时候，雨水会带出道路两旁房屋的秽物，一并流入石板下的水渠。我和朋友们很快适应了这里独特的小巷生活。在这里，肥皂是富人的专属用品，普通人享受不到。和日本人比起来，这里的人更少洗澡，平时穿的不多，但几乎见不到裸体或者半裸的人。路边的乞丐向过路人袒露着腿上溃烂的伤口，企图唤起人们的同情。但这些伤都是他们故意弄的。房屋前的空地上，有些可移动的木头棚子，那里是人们买烟和各种甜食的地方，其中一些味道相当不错，比如一种包裹着棕色果酱的糖。这里能买到的还有钱包、手镯、烟斗、灯笼、文具、国产或者进口的雨伞、煤油灯、美女画和尖尖的鞋子。许多卖货郎挑着沉重的担子，在路边吆喝买卖。有些人喜欢挑着担子一路小跑，因为这样会感觉担子轻一些。

我拜访了厦门的新教布道处。这里有两位德国女教师，一位是来自

---

① Joseph Lauterer, *China：Das Reich der Mitte einst und jetzt*. Leipzig：Verlag von Otto Spamer，1910，256-268. 译文来自本章作者。

法兰克福的阿道芬·凯勒（Adolphine Keller）小姐，另一位玛丽·沙伊布（Marie Schäuble）小姐，来自巴塞尔（Basel）。她们穿着中式的长褂，举止自如，却没有搭配惯常的裤子。她们天然的脚和女仆裹过的小脚相比格外突出。在学校里，学生背对着桌子和老师背诵课文，这在中国是一种常见的做法，以防止任何作弊行为。

这里有许多饭店。人们花一角五分钱就可以吃到一顿体面的正餐，包括米饭、红薯和鱼，足够让一个饥肠辘辘的人填饱肚子。人们会在街上烧秋天的枯枝。到了冬天，烟和热气首先流经人们睡觉的床，然后再通过炉灶排到外面。这里人们不用壁炉。

街上时不时会有富人自掏腰包请剧团公开表演，赶来看戏的人堵得道路水泄不通，却没人抱怨。人们乐得有免费的演出看。鼓点、管乐器和二胡交织的戏曲听得人如醉如痴。牙医随处走动，熟练地帮人拔牙。理发师拿着自己的小剪子等待顾客召唤，如果客人实在没钱，一些大米和土豆作为替代品也是可以接受的。送丧队伍和迎亲队伍经过时，人群会堵住整条街道，人们不得不把木头搭的戏台子移开，给他们让路。

离开厦门和漳州之后，劳特勒一行人继续前往福州。

福州位于闽江入口左岸，岛礁甚多，风景独好。当地的欧洲人并不住在福州市区，而是退而求其次，住在福州南台岛。福州城内有两座佛塔、城墙上数量众多的岗楼、成对出现的寺庙，以及官邸里高高耸立，点缀在结构小巧的房屋建筑群中的旗帜。城市内河道纵横交错，船运繁忙，使人觉得自己仿佛置身于鹿特丹港。

［……］

闽江上有许多渔民和鱼鹰①。这些羽毛乌黑的鸟幼年时就被人们用捕鸟的胶杆捕获并驯服。人们十分爱惜和保护鱼鹰，因为它们既聪明又听话，而且通常能活 20 年之久。每一只鱼鹰都准确地记得自己的编号和捕猎的次序。在每天 3 小时的工作时间里，一只鱼鹰能为渔民捕获 150 条鱼。在这条大河的上游也有这种捕鱼法，渔夫在小木筏上保持平衡，把网递给鱼鹰，鱼鹰把捕获到的猎物丢入网中。一小块豆花或者鱼就是给这些辛勤劳动的鱼鹰的奖励。如果鱼太重了，一只鱼鹰力气不够，其同伴

---

① 鱼鹰即鸬鹚。

便会去帮助它。这种鸟的学名来自于葡萄牙语"cuevo mario",意为"海鸦",中国人叫他们"鸬鹚"①。

［……］

一个十四岁的年轻人在街头表演请神上身和吞剑。我们再一次看到这个男孩时,他却跪在地上。因为孩子的不顺从,他那同样表演戏法的父亲扬言要杀了他。父亲拿着一把吹毛立断的旧劈柴斧,现场用一些木块展示了斧头的锋利程度。他在斧刃两侧贴上黄纸,告诉围观的群众这就是将要砍进脖子的位置,之后就把斧子放在一块布上。他把不停求饶的男孩拖上断头台,残暴地挥下斧子,血流了一地。男孩的头几乎与身体分离。他在布料的覆盖下不停抽搐着,似乎已经濒临死亡。一把把钱币从四面八方撒向他们。中年人摇着铃铛向观众致意,然后拿走覆盖在他儿子身上的布——没有任何伤口!年轻人毫发无损地跳了起来,笑着向观众鞠躬。我猜,布匹下应该有一个人头大小的洞,一个假头,还放着血包。这样当斧子砍下的时候,假头掉落,假血喷涌而出,配合表演的人则在大家的眼皮子底下毫发无伤。

劳特勒旅华的年份,正值欧洲资本主义生产方式确立,西方主要国家的经济和军事力量迅速增长,科学技术日新月异,对外扩张思想强盛的时期。文化进步的乐观主义、社会达尔文主义和西方文化优越论等思潮在西方社会普遍流行,因此西方社会对非西方国家和民族的评价往往带有一种宣扬自身种族和文化"优越"的心理,非西方社会的落后则普遍被认为是种族和文化"低劣"的结果。② 劳特勒此时所著《中国:中央帝国的过去与现在》一书凭借自己用双脚丈量中国土地的亲身经历,通过生动活泼的叙述,在近代西方宣称中国传统文化"停滞"③的偏见声中,宛如一股清新的旋风,为西方读者勾画出一个依旧充满活力的文明古国和一种勤劳智慧、热爱生活的民族形象。时至今日,我们仍能在西方学者研究中国历史文化的著作中看到该书的影响。可以说,劳特勒为近代以来研究 20 世纪初中国各地社会风貌的中西学者提供了大量宝贵的原始资料,也为海外汉学研究领域留下了一幅由德国人执笔的福建画像。

---

① 原文为"Lu Ssu"。
② 孙立新:《近代中德关系史论》,商务印书馆,2014 年,第 96 页。
③ 孙立新:《近代中德关系史论》,商务印书馆,2014 年,第 98 页。

三、福兰阁的福建记忆

奥托·福兰阁（Alwin Wilhelm Otto Franke，1863—1946），为现代最著名的德国汉学家之一。他出生于德国中北部小镇盖恩罗德（Gernrode），父亲曾任该镇镇长。福兰阁在小镇长大，中学毕业后最初在弗赖堡大学哲学院学习历史和德国文学。同年秋天，福兰阁转学至柏林大学（今柏林洪堡大学）学习历史，受到印度日耳曼学家史密特（Johannes Schmide）关于梵文对比较语言学研究的影响，他随后决定到哥廷根大学攻读梵文，并于1886年取得博士学位。之后他又在柏林大学学习了两年法律课程，从而满足了当时申请做德国外交官的必要条件。为了能够进入德国外交部驻中国使领馆工作，福兰阁1887年10月在柏林大学新成立的东方语言系注册，师从曾任德国驻北京公使馆首席翻译的卡尔·阿恩德（Karl Arendt，1838—1902）学习中国北方汉语。1888年，他作为外交译员来到中国，到1902年为止，先后在北京、天津、上海、厦门等地的德国公使馆服务。1896年年底，福兰阁被调至厦门领事馆。1896年年底至1897年回柏林度假期间，福兰阁与露易丝·尼布尔（Luise Niebuhr，1877—1962）结为夫妻。1897年回到中国后，福兰阁并未赴厦门入职，而是依旧留在北京公使馆工作，作为正在度假的首席翻译冯·德·戈尔茨（Baron von der Goltz）的代班，参与了胶州湾谈判等重要公务活动。1898年，福兰阁被派往上海领事馆任代理翻译。1900年春天，他正式前往厦门，在鼓浪屿上的德国领事馆度过了两年的时光。由于不满德意志外交部内部的官僚风气，且在翻译工作中看不到任何晋升的希望，福兰阁于1902年2月正式向德国外交部提交了辞呈。

回国之后，他曾于1903年至1907年受聘为清政府驻柏林公使馆秘书，直至1907年在柏林大学取得汉学教授资格，[①]次年临时被派往青岛负责筹办中德合办的青岛特别高等专门学堂（也称"德华大学"，Deutsch-Chinesische Hochschule），清政府派蒋楷为学堂总稽察，与之接洽。1909年福兰阁出任新成立的汉堡殖民学院（Kolonialinstitut Hamburg）汉学系教授，十年后出任在此学院基础上成立的汉堡大学的教授委员会主席。1923年，福兰阁被任命为柏林大学汉学教授，并当选为普鲁士科学院院士。

---

① 1907年10月12日福兰阁在柏林大学做题为《汉学研究的任务和方法》（*Aufgaben und Methoden der Sinologie*）的报告，获得大学任教资格。

福兰阁在德国汉学界享有"元老"之誉，一生著述甚丰，文章和著作有 200余种，书评 100 余篇。[①] 1911 年福兰阁撰写的《东亚新貌》(*Ostasiatische Neubildungen*)在汉堡出版，这是作者在华期间为《科隆报》(*Kölnische Zeitung*)所写的时事报道和评论的结集，可以说是一部清末社会政治变迁目击史。随后他发表了研究宋代《耕织图》的论文和《春秋和董仲舒的"春秋繁露"》(*Studien zur Geschichte des konfuzianischen Dogmas und der chinesischen Staatsreligion：das Problem des Tsch'unts'iu und Tung Tschung-schu's Tsch'un-ts'iu fan lu*)。福兰阁最负盛名的著作当属五卷本《中华帝国史》(*Geschichte des Chinesischen Reiches*)：第一卷讲述上古三代到汉末的历史；第二卷讲述魏晋隋唐时期的历史；第三卷为第一、二卷的注解、补充和订正；第四、五卷在福兰阁去世后由他的学生、妻子、儿子整理成册。这部皇皇巨著将德国汉学在西方学术界的地位提高到一个新的高度。德国汉学家颜复礼(Fritz Jäger，1886—1957)这样评价福兰阁的《中华帝国史》：

> 　　直到不久前我们对中国历史知识的了解还几乎依赖于冯秉正(De Mailla)编纂的《中国通史》，这本巨著其实只是朱熹《通鉴纲目》的改编，其中充满了儒家的道德说教。福兰阁在《资治通鉴与通鉴纲目》一文中对宋代的这两部历史书作了研究，并且证明，西方用作主要史料的《通鉴纲目》其实算不得一部历史著作，而是按照一定的伦理政治观点剪裁的事件汇编，其中还包含着错误。[……]如果像兰克[②]这样的历史学家也认为中国历史对人类的思想进步无所贡献，应排除在观察之外，那么每位对历史感兴趣的人通读过福兰阁的这部著作，一定会毫不犹豫地相信：中国历史其实是整个人类发展中最重要、最富有教育意义、最吸引人的一部分。[③]

从 1888 年至 1902 年，福兰阁在中国度过了长达十四年的时间，这段经历对他的影响无疑是巨大的，其中在鼓浪屿德国领事馆任职的两年是他作为德国外交人员在华的最后一段时光。以下片段摘自福兰阁晚年的回忆录《两个世界的回忆：个人生命的旁白》，其中描写了他从 1900 年至 1902 年在厦门德

---

① 张国刚：《德国的汉学研究(6)——外交官出身的汉学家——福兰阁和佛尔克》，载《文史知识》，1993 第 4 期，第 67-71 页。

② Leopold von Ranke(1795—1886)，德国著名历史学家。

③ Fritz Jäger. Otto Franke (1863—1946)，in *Zeitschrift der Deutschen Morgenländischen Gesellschaft*，1950，30-36.译文来自本章作者。

图 8-2　福兰阁收藏的福州方广岩照片

图片来源:福兰阁遗稿,现存于柏林国家图书馆东亚部。

国领事馆从事翻译工作的经历。福兰阁的自述再现了清末外国驻厦门领事馆人员的生活和工作状况,并呈现了近代在华德国外交人员眼中的福建。福兰阁最终对于翻译工作失去信心、提交辞呈的原因也可从中一窥究竟。[①]

> 我的新领导梅尔茨[②]是一个平和安静的人,他的严肃超乎实际年龄,思想完整无缺。梅尔茨博士本人也曾是翻译,专业知识完善,熟悉这里的国情。起初令我们两人都很尴尬的情况,在我们初次交谈后就消失了。我们知道,我们将会相处得很好。经历了总领事馆令人窒息的气氛后,我可以在此轻松自由地呼吸。梅尔茨夫人是一位特别亲切友好的女性,受过良好教育、知识渊博,她立刻就理解了我与家人分离的烦恼苦闷,充满温暖地关心我,帮助我摆脱糟糕的心情。他们的三个孩子,尤其是那个

---

① 奥托·福兰阁:《两个世界的回忆:个人生命的旁白》,欧阳甦译,社会科学文献出版社,2013 年,第 114-121 页。

② 即本书第三章领事目录中的"梅泽"。

12 岁的迷人的女儿,很乐意帮助我。在梅尔茨家里,我觉得几乎像在自己家里一样,我们建立了我所能想得到的令人最为愉快的工作关系,甚至没有发生过一丁点暂时的不愉快。[……]我在厦门的工作几乎就是闲差。

[……]

我们安静的厦门也陷入骚乱,但只发生在外国移民区内,这里大部分人是英国人和美国人,还有人数极少但名声很好的德国人;而岛上和陆地城市中的所有中国人,看上去对此事毫不关心。日本社区规模很大,他们也置身事外。人们担心运动会蔓延到整个国家,所以领事们碰面,商讨形势以及可能的预防措施。美国人得知我是普鲁士预备役军官,因而让我担任防卫委员会委员,任务是组织保护鼓浪屿。起初,我除了建议放弃使用任何一种武力措施以外,什么也干不了,因为武力措施会引起老百姓的怀疑和不安,而且一旦任何一种会导致敌对思想情绪的征兆显露出来的时候,总有足够的时间去处理。不过,既然从未看出什么征兆,我就不需要拿自己的军事光环去冒险。有趣的是,作为战时救护船的辅助巡洋舰"吉拉(Gera)号"在我们这里靠岸,军官们配备重武器上岸,徒劳地搜寻敌人,这令我们非常吃惊。我们只能笑着保证,我们绝对愉快健康,根本就不知道有任何敌人。在一个愉快的晚上,结束了这次进攻。后来,"奥古斯塔女王号"大型巡洋舰也访问了我们。除了在舰艇上的海军餐厅里亲自动手争夺藏酒以外,不知道还有什么更好的事情可做,但争夺之战最终还是以我们的退却而结束。唯一让我们注意到仅限于北方地区的义和团骚乱的是,某天早上醒来时看到了大街上的日本岗哨。日本海军认为占领鼓浪屿是可取的。我从来不清楚这个严厉措施的原因和目的,除非日本想借此表达他们想要得到福建省的意愿。日本岗哨和欧洲居民之间发生了一些摩擦,此后,所有岗哨突然消失,正如它们突然出现一样。

[……]

梅尔茨先生很友好,让我在他离开的这段时间内使用他的住所,因此,我独自和佣人以及两条中国狗住在高于海平面的漂亮房子里。对我来说,公事几乎没有本质变化,在进行研究工作的同时,我顺着岩石岸边独自散步,低沉咆哮的海浪拍击到身旁,在这份闲情逸致中,我想象着,要是家人能在身边该多好。思乡之情悄然而生。在俱乐部或网球场里,不可避免地要喝威士忌苏打,以此来强壮精神,这时会谈论当日时事或者北方形势的发展。鼓浪屿的生活是典型的中国南部小港的"移民区"生活。

我孤单的岛上生活中断于一次愉快的旅行,我到了属于自己工作领域的福州,它很漂亮,位于河流和山峦之间,是茶叶贸易中心。我和一位年轻的德国商人一块,从闽江逆流而上航行了几天,这条美丽的河流和莱茵河一样宽广,并且与其类似,两边都是林木环绕的山脉。巨大的竹子枝干有25多米长、50厘米粗,无法穿越的覆盖着灌木丛林的森林对我来说则是崭新的。这里也是热带原始森林,却完全不同于马六甲上更加多彩和潮湿的森林,就像人们在柔佛和槟城看到的那样。在福建内陆森林密布的荒山野地里,有些部分还极少被人考察过。很可惜,几天后我就得返回,尽管有位经验丰富的领事秘书来顶替我,但我还是不能很长时间地离开工作之地。

[⋯⋯]

我暂时没有兴趣去柏林,但还是打算一定要结束摇摆不定的工作状态。11月底,我终于去外交部报到。人事部门负责人是冯·施瓦茨科本先生,我从他身上见识到了什么是愁眉苦脸的内阁顾问,他似乎总是害怕说得太多,以至于通常情况下什么都不说。假如某一次他终于感到有话要讲,语气却是那么压抑悲伤。我尽力让自己的耐心保持得长一点,诱导他说说对我本人和工作的意见,却是白费力气。最终,我向他提出假期结束后我的使用安排问题,他答复说,我恐怕必须回到厦门的翻译岗位上。这条消息足以让我明白,继续谈话是徒劳无获的,我辞行而出。经过一段时间的考虑,1902年2月6日,我递交了辞职报告。他们对此也许有些惊讶。不管怎样,我通过3月8日的公告才得知,我的辞职申请得到了批准,并会确保我的法定离职金。

我并不否认,放弃这份前不久还令我感到愉快的职业,中断在我多年来已熟悉的国家和民众中的工作,对我来说并不容易。这项事业并非完全失败,这使我希望在东亚开始的具有重要意义的时代里,自己还能有所作为。但我并不认为,继续与不喜欢自己并隐藏他们讨厌情绪的原因的上司进行对话从而消耗自己还有意义。对在暗箱中进行的斗争,我缺乏天分。39岁,我认为自己还足够年轻,可以在新的基础上重建生活,我宁可用一份比较低微的职业赚取生活费,而不愿遭遇不公正并且令人受伤的待遇。但我毕竟不能回避,我和夫人以及三个孩子(二儿子于6月出生于德累斯顿)首先面临的是一无所有的状况,因为微薄的离职金几乎不足以支付我赖以生存的大城市的房租。虽然我太太完全同意我的决定,但我得独自承担责任。

在福兰阁的叙述里,鼓浪屿上德国领事馆的生活大体上是悠闲自在的,公事几乎是闲差,不会出现什么本质变化。在这里,中国政府和外国势力的矛盾冲突并不像在华北许多地方那样尖锐。在他眼中,外国移民区的居民担心北方的暴乱会蔓延到南方,而鼓浪屿上的中国人对此却毫不关心。由于岛上居住着各国公民,日本人无法在岛上肆意妄为。福兰阁在福建的生活和工作愉快却孤单,德国外交部的人事斗争和暗箱操作导致他对翻译工作完全丧失信心,经过多次徒劳的谈话之后,他决定辞职开始新的生活。离开厦门的同时,福兰阁也告别了翻译工作。鼓浪屿上德国领事馆的这段经历对于福兰阁来说既是一段人生的结束,也是一个崭新的开始。

四、恩斯特·柏石曼与福建宝塔

恩斯特·柏石曼(Ernst Börschmann,1873—1949),德国建筑师、汉学家和艺术史学者,早在1906年起开始研究中国古建筑,是近代最早的全面和系统研究中国传统建筑的西方学者。[①] 他以建筑师的身份,深入研究和实地全面考察了华北和华南各种不同类型的古建筑群,关注它们与周围景观的依存关系,以及蕴含在这些建筑中的哲学和宗教理念。在柏石曼看来,中国建筑的艺术价值以及在建造过程中工匠表现出来的创造力大大超过了西方人的理解。中国人创造了一幅巨大的建筑图景,其中包含了中国人的精神,这种精神从古代一直延续至今。[②] 即使在21世纪的今天,柏石曼这些西方早期视角下有关中国古建筑的研究成果,其丰富性和专业性也是无法忽视的。

恩斯特·柏石曼1873年2月18日出生于德国梅梅尔(Memel)。他在故乡读了中学,1891年进入皇家柏林高等工业学校(今柏林工业大学)攻读房屋建筑专业。1896至1901年,柏石曼曾作为管理房屋的建筑官员,在东普鲁士房屋建筑和军队管理处工作。[③] 1902年,柏石曼以德国政府东方殖民地建筑事务官员的身份第一次到中国,访问了青岛、北京、天津、上海等城市。在北京,他遇到了正在为德国政府规划东亚科学考察计划的约瑟夫·达尔曼

① 赵娟:《文化迁徙语境下的中国传统建筑研究——析〈盛大的记录:鲍希曼与中国宗教建筑(1906—1931年)〉》,载《艺术设计研究》,2017第2期,第117-123页。

② 恩斯特·柏石曼:《中国人文地理译丛·中国建筑艺术与景观:1906—1909,穿越十二行省之旅》,沈弘译,北京时代华文书局,2019年。

③ 何国涛:《记德国汉学家鲍希曼教授对中国古建筑的考察与研究》,载《古建园林技术》,2005年第3期,第18-19页。

(Joseph Dahlman，1861—1930)，两人就中国建筑艺术与周边景观的关系，以及建筑物所表现的哲学和宗教概念的研究项目达成初步共识，此后他们又在上海和柏林进行了相关技术细节的磋商，后于 1904 年回国。1905 年 3 月，卡尔·巴赫姆(Karl Bachem，1858—1945)议员将柏石曼起草的关于考察中国建筑的备忘录提交给帝国议会，该计划获得了德国地质学家费迪南·冯·李希霍芬①等人的强烈赞同。

1906 年秋，柏石曼在德国政府的全额资助下再次来到中国。同年底，他以北京为出发点，开始实施为期三年的考察。1906—1909 年，他周游中国，包括北京、福建、河南、广西、广东等地区，记录建筑古迹，搜集了大量的照片档案。回国后，柏石曼精心整理考察所得的材料，加以深入研究。1911 年，他的第一本专著《普陀山：神圣的观音岛和慈悲的女神》(*Band I P'u t'o shan — Die heilige Insel der Kuan yin，der Göttin der Barmherzigkeit*)在柏林出版，为《中国的建筑艺术与宗教文化》(*Die Baukunst und religiöse Kultur der Chinesen*)系列丛书的第一卷。第二卷《祠堂》(*Gedächtnistempel*)于 1914 年在柏林出版。由于一战爆发、德国的通货膨胀和经济危机，第三卷《中国佛塔》(*Chinesische Pagoden*)的第一部分直到 1931 年才正式出版，第二部分完成后由于缺少经费支持未能出版。1923 年，《中国的建筑艺术与景观》(*Baukunst und Landschaft in China*)出版。1925 年，两卷本《中国建筑》(*Chinesische Architektur*)出版。1927 年，《中国建筑陶器》(*Chinesische Baukeramik*)出版。这些厚重的著作奠定了他在中西方中国古建筑研究领域的突出地位。除此之外，柏石曼还针对不同专题发表了一些论文，如《圣地天龙山》(*Die Kultstätte des T'ien lung shan*，1926 年发表)、《喜仁龙〈北京皇城写真全图〉评述》(〈*Les Palais Impériaux de Pékin*〉by Osvald Sirén，1927 年发表)等。1933 年至 1934 年，柏石曼再一次来到中国，除了继续为其作品搜集材料，他还对古迹保护展现了特别的兴趣。20 世纪 40 年代开始，柏石曼在柏林洪堡大学讲授中国建筑相关课程。② 1943 年 8 月，德国在第二次世界大战中遭受轰炸，他将住所迁往巴特皮尔蒙特(Bad Pyrmont)，其研究资料因此得以免于战火损毁。1945 年秋至 1949 年，柏石曼担任汉堡大学汉学专业的负责人。

---

① 德国著名地理学家，在本书第二章和第十一章均有叙述。

② Vgl. Fritz Jäger, Ernst Boerschmann (1873—1949), in *Zeitschrift der Deutschen Morgenländischen Gesellschaft*，vol. 99，No. 2，Wiesbaden：Harrassowitz Verlag，1950，150-156.

1949 年 4 月 30 日,柏石曼在巴特皮尔蒙特逝世。柏石曼在中国考察时间之久、范围之广,出版著作之多,在当时整个西方学术界几乎无人能及。他拍摄了大量的照片,绘制了众多图纸,研究对象涵盖综述、个案、专题三个方面。有研究认为,柏石曼是当之无愧的近现代西方全面研究中国建筑的第一人。①

　　柏石曼第一阶段(1906 年 12 月至 1908 年 3 月)和第二阶段(1908 年 4 月至 1909 年 5 月)的中国之旅北至北京,南至广州,西至雅州府,东至普陀山。在福建省内,柏石曼主要实地考察了福州和泉州两地的寺庙、佛塔、墓地,他进行测绘,并拍摄了许多照片,可以说他是在"对一个正在消逝中的文化进行记录"②。在清朝覆灭之后的 1914 年,柏石曼在其著作《祠堂》中表达了他对处于社会动荡中的中国古建筑的关注,并试图通过自己的考察来记录这些建筑:

　　　　中国的古物很快就会消失,这是我在第一卷的导言中所表达的担忧,可悲的是,这一担忧已经得到了证实。出于这种考虑,当务之急是尽快全面地记录中国古建筑文物。我们至少要以今天的研究者可能的方式来记录它们,这样才能经得起子孙后代的历史检验。保护中国建筑价值这一概念的基本出发点是:中国建筑是中国文化的代表,通过中国建筑可以感知中国文化的精神。尽管中国在政治和经济上都很落后,但这种延续了几千年的古老而又仍然具有生命力的文明形式,对于今天的德国乃至整个欧洲,依然具有重要意义。③

　　在《中国佛塔》的创作过程中,柏石曼因资金短缺以及德国国内的混乱局势,无法再赴中国考察,时任厦门大学外文系教授的艾锷风(Dr. Gustav Ecke, 1896—1971)给了柏石曼很大的帮助。艾锷风熟悉福建当地的宝塔,并能为柏石曼的写作提供大量可靠的信息和照片。经过德国汉学家魏汉茂的整理,两人的通信集已于 2010 年在威斯巴登出版,为我们今天了解当时中国的情况以及两人的工作方式提供了宝贵的资料。在此选译二人通信中涉及福建

---

① 程枭翔:《解读近代西方学者"非历史"视角下的中国建筑观》,天津大学,博士学位论文,2015 年。

② 赵娟:《文化迁徙语境下的中国传统建筑研究——析〈盛大的记录:鲍希曼与中国宗教建筑(1906—1931 年)〉》,载《艺术设计研究》,2017 第 2 期,第 121 页。

③ Ernst Börschmann, *Die Baukunst und religiöse Kultur der Chinesen. Einzeldarstellungen auf Grund eigener Aufnahmen wähend dreijähriger Reise in China. Band* Ⅱ, *Gedächtnistempel:Tze-tang*. Berlin:Verlag Georg Reimer, 1914,Ⅸ.译文来自本章作者。

的最有代表性的部分:①

> 厦门大学,1926 年 4 月 2 日
> 尊敬的行政专员②:
> [……]
> 我希望您能多获取一些泉州府和福州北部海岸的照片。其他的照片可视情况而定。具体的数据和尺寸我随后发给您。
> [……]
> 您忠诚的艾锷风

> 柏林,1926 年 6 月 23 日
> 尊敬的艾锷风教授:
> [……]
> 我对泉州府的宝塔群格外感兴趣。高延③在他的著作《中国的宗教体系》(*Religious System of China*)和《图帕,中国佛教圣地》(*Der Thūpa, das heiligste Heiligtum des Buddhismus in China*)中不止一次地提到它们,甚至附上了一张插图。[……]他的著作在宝塔研究领域不可或缺[……]但其中对于泉州宝塔的描述不够真实,存在一部分错误。
> [……]
> 您忠诚的 B④

> 厦门,1928 年 11 月 23 日
> 尊敬的行政专员:
> [……]
> 随信送上 10 张照片:
> 1.泉州西塔维修时的照片(中国照片?⑤)

---

① Vgl. *Und Der Sumeru Meines Dankes Würde Wachsen Beitrage Zur Ostasiatischen Kunstgeschichte in Deutschland* (1896-1932). Herausgegeben von Hartmut Walravens,Wiesbaden:Harrassowitz Verlag,2010,99-160.译文来自本章作者。
② 此处的行政专员指恩斯特·柏石曼。
③ Jan Jakob Maria de Groot(1854—1921),德国汉学家和宗教史学家。
④ 此处的 B 为恩斯特·柏石曼的落款。
⑤ 原文注:"chines. Photo?"

这张照片可能只是有些意思,对您来说并不重要。我使用搭建大型脚手架的材料,在两座塔的 16 个侧面搭起了 16 个脚手架;只有这样,我才能达到必要的距离和正确的视角高度——顺便说一下,在大风不断的天气中,这些脚手架很不稳定。

2.福州黑塔的照片(由中国摄影师拍摄)。

3.福州南面的福清塔的照片(由美国传教士拍摄)。

位于福州和福清的两座佛塔与安海的佛塔(我早期寄送的照片)同属于福建中南部的佛塔群,其类型与泉州的西塔一致。它们都建于宋朝末期。[柏石曼注:错误! 福清塔建于明万历年间!]①

还有安海的塔,我之前已经给你提供了其他信息;它是宋朝嘉兴时造的。

4.西塔的浮雕,描绘的是火龙太子悟静。

5.东塔的浮雕,描绘的是沙竭罗将。

6.一个明朝时期的小塔的照片,仿照中国大型塔的样式。

[……]

永远感激您的艾锷风

柏林,1930 年 8 月 27 日

最最②尊敬的艾锷风教授:

很高兴在这么长的时间之后再次收到您的来信。我感谢您在信中的善意,同时也感谢莱辛先生愿意成为我们的新纽带。

我会尽快把当时从您那里收到的六张照片寄给您。特别是那张带有人物的照片,可能就是您特别提到的那张泉州东塔的照片。此外,我还附上了一张西塔的照片,还有福清塔的正面照、大塔的细节照、小塔的正面照以及泉州小塔的照片。印象中至少其中的一部分我有双份。其他摄于泉州的照片我将在近期发给我的出版社,用于成本计算和下一步的印刷出版。是的,我的书终于进入了出版流程。现阶段收集到的材料已经非常广泛,关于宝塔的研究将填满两卷厚厚的书。对于您的中国建筑作品集而言,这本书也许会是一个不错的补充。

[……]

---

① 原文注:"Bermerkung B's: Nein! Futs'ing Ming Wan-Li! "

② 原文如此。

您忠诚的 EB^①

柏林,1931 年 6 月 9 日

最最尊敬的艾锷风教授:

我还没有回复您 1930 年 12 月 2 号的来信。衷心地感谢您当时提供的丰富而又准确的信息,我在书中全部用到了。同时也感谢您寄送的对这本图集而言颇为实用的、意义深远的研究成果,其中提到了一些非常重要的方面。图集中泉州府的斗拱使我感到惊奇。同样的结构至少作为底座的主要承重结构在我的《中国建筑艺术与景观》一书中出现过。人们不难在现代建筑中发现这类结构的身影,但您在泉州府发现的这一例是最有意义的。

[……]

您忠诚的 EB

北京 1931 年 11 月 25 日

最最尊敬的柏石曼教授!

关于您在著作中使用的由我提供的图片,我有几点想要补充:

(1)遗憾的是,时隔一年零一天之后,我才终于能告知您福清《小塔》^②的准确名称和数据。它名为瑞峰塔,建于宋朝末年,也就是 1266年,明朝万历初重修。在我为此撰写的文章中,我添加了一个说明,大意是在我为您的工作提供资料时,我还不知道这些名字和日期。该文章本应早就出版了,但由于延迟,我得以添加说明。它最终应该在 12 月底前出版。我会尽快将它寄给您。

[……]

永远感激您的艾锷风

柏石曼是目前已知最早、最系统地关注中国佛塔的近现代西方研究者,他通过艾锷风和在德国的中国朋友获取了大量准确可靠的一手资料,并进行了严谨的考证。他的著作中收录了包括福建泉州的镇国塔、仁寿塔、洛阳桥塔、崇福寺塔、安海塔,福州的黑塔、于山白塔,福清的大小塔和厦门的南太武山

---

① 此处的 EB 为恩斯特·柏石曼的落款。

② 原文使用书名号,应该是指某张照片。

塔、文昌塔在内的全国绝大多数省份的佛塔,并对每一座佛塔进行了编号。其照片、图纸和文字描述都与佛塔的编号一一对应,直观地反映了佛塔的真实面貌。他考察的南方石塔分布在湖南、四川、浙江、福建、广东等省份,数量明显多于北方,且风格各异。福建所存石塔实例数量最多,在全中国占有重要份量。[①]　在他的视角下,福建宝塔建筑群在中国佛塔建筑中独树一帜。

在记录中国建筑艺术和中国传统文化,并将其传播到西方世界的同时,柏石曼也以其西方学者的眼光和知识体系影响了中国乃至东亚的建筑学界。民国学者乐嘉藻(1867—1944)曾撰写了中国第一部以《中国建筑史》为题的建筑史专著,其中就多处参引了柏石曼的建筑测绘图和照片。[②] 1928 年日本东京洪洋社编辑出版了《中国建筑细部集》,由东京高等工艺学校讲师藏田周忠题序,内含图版 100 页,与柏石曼 1927 年《中国建筑陶器》一书的图版存在大量重合,甚至该书中援引的一幅地图"中国全上土略图",也与 1923 年《中国建筑艺术与景观》法文版中的地图一模一样。[③] 由此可见,柏石曼的中国建筑考察和研究,为当时东西方学者了解中国传统建筑提供了珍贵的一手资料,也向世界传达了蕴藏在中国建筑景观中的中华民族特性、世界观及宗教思维、美学观念。柏石曼的建筑记录对于今天中国的文化遗产保护和历史形象保存仍有着重要的价值和意义。

第三节　总　结

在中西方文明发生激烈碰撞的近现代,一批德意志人跟随帝国殖民主义海外扩张的步伐踏上中国的土地,在经济、政治、文化、技术、宗教等领域深入发展对华关系。虽然地理距离遥远,语言文化传统相异,且德意志早期来华群体的动机复杂,但近代德意志人与中国人的距离,还是借由文化交流的早期载体逐渐拉近,还彼此以真实。近现代来华的德意志人是在中德文明交往历史

[①]　程枭翀:《解读近代西方学者"非历史"视角下的中国建筑观》,天津大学博士论文,2015年。

[②]　赖德霖:《鲍希曼对中国近代建筑之影响试论》,载《建筑学报》,2011 年第 5 期,第 94-99 页。

[③]　赵娟:《文化迁徙语境下的中国传统建筑研究——析〈盛大的记录:鲍希曼与中国宗教建筑(1906—1931 年)〉》,载《艺术设计研究》,2017 第 2 期,第 117-123 页。

中起到关键性作用的一批人,他们的经历以及旅华记叙与时代背景息息相关。一方面,他们代表了 19 世纪欧洲国家新兴社会阶层的心态,将中国视为欧洲实现扩张的希望之地;另一方面,他们经过亲身体验,被神秘古老的中华文化震撼,清醒地认识到欧洲与中华文明的差异。他们在华的经历和思考,折射了欧洲文明与中华文明在近现代的初探、互动、碰撞和交集。

第九章　近现代德意志形象的在闽书写与传播①

第一节　早期福建人眼中的德意志形象
（18—19 世纪）

　　中华民族与德意志民族之间的有规模接触最早可以追溯到元代。蒙古铁骑远征欧洲之时，曾与德意志人交战。② 之后，德意志人便在中国历史叙事中销声匿迹数百年，直到传教士赴华，双方的交流才有了进一步发展。

　　福建自古以来便与海外接触频繁。许多闽籍或久居闽地的人士，凭傍海之便利，早早具备了环球眼光，其中更有乘船出海者，远渡重洋，并将见闻记录成册，留下了对于德意志风土人情的早期叙述，参与构建了闽人乃至国人眼中的早期德国形象。

　　如要追溯已知的中国人域外游记，则可早至唐代的《杜环经行记》。天宝十年，即公元 751 年，唐军被阿拉伯大军击败，随军的杜环成为俘虏，被带到阿拔斯王朝的都城（今伊拉克境内），直至 762 年才得以回国。在此期间，他的见闻以《杜环经行记》的形式在历史上留下记载，可惜的是，该书并未流传下

---

① 本章作者：武杰（厦门大学）
② 杜继东：《中德关系史话》，社会科学文献出版社，2000 年，第 1 页。

来。① 13 世纪,维吾尔族的景教徒巴琐玛就到达了君士坦丁堡、罗马、法国和法国西南部的加斯科涅(Gascony,当时为英国领土)。但巴琐玛的记述原本为古叙利亚文,迄今无中译本,因此对中国社会并未产生大的影响。②

中国最早的欧洲和美洲游记应为山西人樊守义的《身见录》。樊守义 1707 年出发,经过文莱、苏门答腊等地,1709 年到达罗马后,又经过日耳曼地区、意大利中部和西北部地区,最后于 1719 年从葡萄牙返回广州。从未刻印的《身见录》手稿是樊守义的回忆录,记录了他的海外见闻。③

中国人眼中较为具体的德意志形象记载最早可以追溯到福建同安人陈伦炯于 1730 年著成的《海国闻见录》。陈伦炯的父亲陈昂随靖海侯远征澎湖、台湾,谙熟附近的海道形势。陈伦炯在父亲的影响下也十分关注沿海形势。一方面,他“亲游其地”④,另一方面,“日见西洋诸部估客,询其国俗,考其图籍”⑤,从所见、所闻两个角度,编著了《海国闻见录》一书。《海国闻见录》中提到:“普鲁社⑥,系俄罗斯种类也。西北接谙因,东邻细密里也,南接惹鹿惹也,沿海而至细密里也,皆属北海。”⑦除文字记载外,收录在《海国闻见录》中的“四海总图”呈现了作者对当时世界地理形势的粗略描绘。“普鲁社”的地理位置,以及与四周邻国的地理关系,均在这张图中一览无遗。由于此书后两部分记述较为简略,且并非亲历,⑧因此影响力不及几十年后的《海录》。

《海录》是中国最早向国人介绍世界的,也是最具影响力的游记之一。⑨《海录》由谢清高口述、杨炳南记录,全书共约二万五千字,1820 年刊印出版。谢清高(1765—1821)为广东梅州人,早年作为水手跟随外国商船遍游世界各国,足迹远至各大洲,双目失明后留居澳门,口述海外见闻以传世。《海录》中

---

① 钟叔河:《叙论:国人最早亲历西方的记述》,载谢清高:《海录》,钟叔河主编:《走向世界丛书》,岳麓书社,2016 年,第 37-39 页。

② 钟叔河:《叙论:国人最早亲历西方的记述》,载谢清高:《海录》,钟叔河主编:《走向世界丛书》,岳麓书社,2016 年,第 33-36 页。

③ 李长林:《叙论:最早介绍世界的两本书》,载谢清高:《海录》,钟叔河主编:《走向世界丛书》,岳麓书社,2016 年,第 49-56 页。

④ 陈伦炯:《海国闻见录》,李长傅校注,陈代光整理,中州古籍出版社,1985 年,第 19 页。

⑤ 陈伦炯:《海国闻见录》,李长傅校注,陈代光整理,中州古籍出版社,1985 年,第 19 页。

⑥ 普鲁社,即 Preußen(普鲁士)。

⑦ 陈伦炯:《海国闻见录》,李长傅校注,陈代光整理,中州古籍出版社,1985 年,第 68 页。

⑧ 谢清高:《海录》,钟叔河主编:《走向世界丛书》,岳麓书社,2016 年,第 47-48 页。

⑨ 谢清高:《海录》,钟叔河主编:《走向世界丛书》,岳麓书社,2016 年,第 43 页。

有对于德意志地区和普鲁士的记载，如"双鹰国又称一打辇""单鹰国又名带辇"①，"埔鲁写国，又名马西葛比。在单鹰之北，疆域稍大，风俗与回回同。自亚里披华至此，天气益寒，男女俱穿皮服，仿佛同中国所披雪衣，夜则以当被。自此以北，则不知其所及矣"②。《海录》关于德意志的记载虽然仍较粗糙和含混，但它的出现，是记载中国人走向世界的一大步，以此为契机，不少有识之士开始关注海外的情况。福建侯官县（今属福州）人林则徐便曾细读过《海录》一书，以了解外国情况。③ 1841年，林则徐主持编译了《四洲志》。学界一般认为该书编译了19世纪英国人慕瑞的 *The Encyclopedia of Geography*，但具体译自哪一版本至今仍有争议。④ 在《四洲志》中，"普鲁社国"即称单鹰国。⑤ 然而不可不说，从《海国闻见录》到《海录》再到《四洲志》，对"普鲁社"国情况的描写不断进步，变得详细可读：

> 普鲁社国即来粤贸易之单鹰也，在欧罗巴中央之北。疆域旧小，部落星散。耶稣纪年千有八百年（嘉庆五年），宫律达利王夺得欧赛特厘国之西里西阿部，并波兰之波新部，遂列于大国。甫六年，与佛兰西战，败绩于支那，国几不守。后乘佛兰西为俄罗斯所败，兴兵复仇，并纠沿边番部助攻佛兰西，约以夺回疆土，即令各有其地。番众踊跃，争先破敌。事后王悔前言，推委数年后始如约，至今未践。⑥

此处所谈及的似乎是德意志近代历史上的"七年战争"（1756—1763）、俄奥普瓜分波兰、耶拿会战以及普鲁士联俄反法。⑦ "七年战争"又称"第三次西里西亚战争"，战争的结果为：普鲁士与奥地利、萨克森签订了《胡贝尔图斯堡和约》，西里西亚归普鲁士所有。这场战争过后，普鲁士的大国地位更加牢固。

---

① 谢清高口述，杨炳南笔受，冯承钧注释：《海录注》，商务印书馆，1938年，第72页。

② 依据《谢清高海录译名简释》（载谢清高：《海录》，钟叔河主编：《走向世界丛书》，岳麓书社，2016年，第56-58页），"单鹰国"为勃兰登堡，后被并入普鲁士，"双鹰国"为意大利，"埔鲁写国"为普鲁士王国。

③ 谢清高：《海录》，钟叔河主编：《走向世界丛书》，岳麓书社，2016年，第48页。

④ 陈华：《有关〈四洲志〉的若干问题》，载《暨南学报（哲学社会科学）》，1993年第3期，第73-82页。

⑤ 徐继畲：《瀛寰志略》，上海书店出版社，2001年，第142页。

⑥ 林则徐：《四洲志》，张曼评注，华夏出版社，2002年，第105-108页。

⑦ 相关战争历史名称参见丁建弘：《德国通史》，上海社会科学院出版社，2007年。

笔者认为,《四洲志》中所说的"宫律达利王"应当是普鲁士国王弗里德里希二世,或腓特烈大帝(Friedrich der Große,1712—1786)的音译。欧赛特厘国所指应为奥地利,而西里西阿部则是西里西亚。1772年,弗里德里希二世又联合俄国、奥地利对波兰进行瓜分,并将夺取的地区命名为西普鲁士省。1806年10月14日的耶拿会战中,普鲁士溃不成军,柏林也被法军攻占,此后普鲁士国土四分五裂。《四洲志》中所提到的"支那"应指德意志东部城市耶拿[①](Jena)。

除了地理位置和历史事件之外,《四洲志》还对普鲁士的政体、屯兵、人口、宗教等各方面进行了介绍,林林总总一千五百字有余,可谓是较为详细的针对德意志的介绍。

福建临海,地处近便,关于海外见闻的作品层出不穷。1848年面世的《瀛寰志略》就诞生于福建福州。该书编者徐继畬生于山西代州五台县,却在福建为官多年,曾任福建延津道、福建巡抚、闽浙总督等。《瀛环志略》出版时,徐继畬正担任福建布政使。可以说,福建是徐继畬编纂《瀛寰志略》的重要写作舞台。在该书的自序中,作者详细地说明了见闻的来源以及编纂成书的过程:

> 道光癸卯因公驻厦门,晤米利坚人雅裨理,西国多闻之士也,能作闽语,携有地图册子,绘刻极细,苦不识其字,因钩摹十余幅,就雅裨理询译之,粗知各国之名,然匆卒不能详也。明年再至厦门,郡司马霍君蓉生购得地图二册,一大二尺余,一尺许,较雅裨理册子尤为详密,并觅得泰西人汉字杂书数种,余复搜求得若干种,其书俚不文,淹雅者不能入目。余则荟萃采择,得片纸亦存录勿弃,每晤泰西人,辄披册子考证之,于域外诸国地形时势,稍稍得其涯略,乃依图立说,采诸书之可信者,衍之为篇,久之积成卷帙。每得一书,或有新闻,辄窜改增补,稿凡数十易。[②]

《瀛寰志略》进一步将"普鲁士国"与"日耳曼列国"内容分为两章,描述了当时德意志土地处于混乱割据的状况。此书对日耳曼国家的记述较《四洲志》更为详细,涉及了历史、政治、地理、人口、经济、军事等领域。值得一提的是,《瀛寰志略》对"普鲁士"和"日耳曼列国"的介绍详细到了城市,可以在其中找到许多今天也耳熟能详的地名,比如在"普鲁士国"(图9-2)一章中,便对19世

---

① 德国城市,位于今德国图林根州。

② 徐继畬:《瀛寰志略》,上海书店出版社,2001年,第9页。

纪的柏林进行了描述：

> 都城曰百尔灵①，一作伯灵，又作本尔林。周三十六里，有十五门、二十二市，居民二十二万，皆奉西教。城内有孤子院，收养茕独。有医院，居旅客、贫民之染疾者。有武艺院，教击刺。有文学院，肄业者一千六百余人。有军器局，贮之大炮。王殿长四十六丈，阔二十七丈，高十丈，规模极宏壮。百官之居亦整洁。百工诸术，各有学院。铁器最精，工细若金、银，所造瓷器尤良，坚致不亚华产，而价甚廉。大呢、羽缎、布帛山积，远客咸来贸易，故称西土大都会。所属谷丁，坚城也，苏邑禀土老皆属邑之丰美者。②

而此时的巴伐利亚则属于"日耳曼列国"：

> 巴威也拉③一作巴华里，又作拜焉，在日耳曼东南方，南北一千一百余里，东西八百余里，在列国中幅员最大，爵称王。户口四百七万余，公会应出兵三万五千六百。昔时尝与佛郎西结盟，以攻日主。都城曰慕尼克④一作门古，街市华洁，其民善造细皮、清玻璃、时辰表，工力巧捷，名播四方，各国皆与通市。其制于七千人中选明通有识者人，赴京办事，谓之事主，有大事，则国王会众事主商决之。初，造时辰表之城曰尼林山，又有两城曰雨山、曰澳堡，今虽萧索，造器之工尚夥。⑤

通过这些文字可见，当时国人对于德意志地区的见闻覆盖面已相对较广。正如徐继畬在自序中所言，地图、杂书、与西人的言谈等材料并不是一家之言，而是当时社会上流传下来，又能经过多方考证的内容，除了地理、历史、政治等方面，更囊括了当地的风土人情、文化习俗。及至清末外交使节及文人的知名旅德记述的面世流传，如张德彝（1847—1918）的《航海述奇·欧美环游记》和《述奇》系列（1866—1906）、李凤苞的（1834—1887）《使德日记》（1878）、钱德培

---

① 指德国城市 Berlin，今译作柏林。
② 徐继畬：《瀛寰志略》，上海书店出版社，2001 年，第 142-143 页。
③ 指巴伐利亚（Bayern），即今天的巴伐利亚州，位于德国南部。
④ 即慕尼黑（München），今为德国巴伐利亚州的首府。
⑤ 徐继畬：《瀛寰志略》，上海书店出版社，2001 年，第 152 页。

的(1843—1904)《欧游随笔》(1891)、康有为的《德意志等国游记》(1904)[①],德意志形象逐渐饱满、鲜明起来。

第二节　近现代闽籍文人眼中的德意志形象

近现代中德交往碰撞日益增多之后,德意志民族形象在闽籍文人的笔下也越发清晰。由于年代久远,许多交往交流的印记,难免消散于历史长河之中,然而亦有许多记述,在泛黄的纸页上熠熠生辉,成为追溯历史的重要线索。福建是中国近现代最早开埠通商的地区之一,而闽人也早早地瞥见了这个世界广袤多元的一面。其中,闽籍人士林纾、严复、林语堂等人,不仅在文学领域颇有造诣,对于德国形象在中国的建构与传播,也同样起到了桥梁作用。在他们的书信、文章、序跋中,也常见对外国民族、国家、地理、风土人情乃至文化的描述与评判。下文选择这几位知识分子作为研究德国形象在闽传播的切入点,不仅仅是因为他们是福建地区乃至中国最早从事中外文化交流的人士之一,更是因为他们穿透时间和历史的影响力。他们笔下的记述详略不一,所呈现的态度也有异同,但对追溯近现代中德乃至中西文化交流史都具有重要的参考价值。

一、爱国野心家——林纾眼中的德意志

林纾(1852—1924),中国近现代著名文学家、翻译家,福建闽县(今福州)人。林纾在五城中学堂担任教习的同时,兼任京师大学堂的译务。这一时期,林纾的译作都是与曾宗巩、魏易合作完成的。[②] 光绪二十三年(1897年)始,林纾与王寿昌合译法国作家小仲马的《茶花女》,1899年初在福州以藏版本印行,[③]名为《巴黎茶花女遗事》,一时间轰动全国,受到热捧。在这之后,林纾发现自己有与翻译相关的才能,又因为国家正处于内忧外患之中,他深感自己有责任、有义务向国内介绍西方先进的思想。[④] 在作品的选择上,林纾认为,比起

---

①　参见钟叔河主编:《走向世界丛书》,岳麓书社,2016年版。

②　孔庆茂:《林纾传》,团结出版社,1998年,第76页。

③　刘宏照:《林纾小说翻译研究》,华东师范大学博士论文,2010年。

④　孔庆茂:《林纾传》,团结出版社,1998年,第77页。

较为晦涩难懂的经典作品,通俗小说更加接近读者,容易获得读者的关注。① 从此,不擅外语的林纾与海外小说翻译事业结下了不解之缘,一生译作达 246 种,达一千余万字②,涉及英、美、德、法、俄等各个国家的作品。除却对德国作品的翻译引介,他本人的诗文中也有对日耳曼民族的思考评判,堪称中德交流的先驱之一。

　　林纾生活的时代,正是清政府内外交困,人民处于水深火热之时,当时的普鲁士与清政府之间的关系也是摩擦不断。早在 1859 年,普鲁士就成立了远征队,试图在华谋求利益。虽然此后双方签订条约,建立了短暂的外交关系,但随着清政府日益羸弱,德国不断扩张在华势力,侵占中国领土。③ 1901 年,因德国公使克林德在北京义和团运动中被杀一事,醇亲王载沣前往德国赔礼道歉,被要求跪拜德皇。林纾听闻此事,"心肝欲裂"④,痛心之情溢于言表:

　　　　德人将强醇王拜跪,闻之心肝欲裂。雍正时罗马教皇遣使到京,世宗曾允其径行西礼;马戛尔尼来自英国,时高宗亦特旨准行西礼,以故公使比年入觐,不过三鞠躬而已。即德亲王亨利之来觐见时,几乎平行。以此数节,均其成案。德人乃欺我丧败之馀,自弃公理公法,想吾王聪明强立,当能以于什门、洪忠宣自待,断断不至辱国耳。⑤

　　当时,世界风云变幻,四海不稳,国与国之间时而和平交好,时而冲突不断。在林纾眼中,日耳曼民族的形象也并非刻板单一。一方面,中德国力的差距已不可忽视,中国不再是谈判桌上被列强平等对待的对手,而是待分的鱼肉、待宰的羔羊,德国对中国欺压侵占之事,所闻之人无不痛心疾首,德国作为侵略者的一面,在国人的记忆中已不可磨灭。然而另一方面,林纾并非一味指责,而是仍能看到德意志民族的闪光点,尤其称道德国人的爱国精神:"故虽微细之事,亦存爱国精神。日本人出外,必自用其国货。德国人出外,亦必著德国之履。其必若此者,爱国也。"⑥他观欧洲战役之局势,虽然感到残酷,但也对德意志民族"丈夫死国"的精神大加赞叹:

---

① 贺志刚:《林纾和林纾的翻译》,载《国外文学》,2004 年第 2 期,第 42-47 页。
② 刘宏照:《林纾小说翻译研究》,华东师范大学博士论文,2010 年,第 3 页。
③ 杜继东:《中德关系史话》,社会科学文献出版社,2000 年,第 9 页。
④ 林纾:《林纾诗文选》,李家骥等整理,商务印书馆,1993 年,第 279 页。
⑤ 林纾:《林纾诗文选》,李家骥等整理,商务印书馆,1993 年,第 279 页。
⑥ 林纾:《林纾诗文选》,李家骥等整理,商务印书馆,1993 年,第 101 页。

今欧西之役,德国壮士死于疆场者无数,亦谓我德国也,汝亦德国,我死而汝存,即德国存也。推之英国、法国之壮士,设想亦无不如此。此虽为地球不幸之事,然丈夫死国,一瞑不顾,必如是乃成为男子之作用,英雄之收场。①

在林纾与魏易合译的作品中,有一部是德国人哈伯兰(Michael Haberlandt)所著的《民种学》(*Völkerkunde*)。在接触这部作品的过程中,林纾透过德国作者的视角,看到了欧洲人对世界的野心。这不仅引发了他深刻的思考,也使他萌发了译介这部作品的心思。在序言中,林纾写道,西方人比黄种人更高明的地方,在于不满足于已有的一方天地,而将兴趣投向未曾涉及的领域,于是今天才能有强于世界其他国家的实力。因着西人殖民之心不死,为警示国人,他才译此书:

嗟夫!嗟夫!使欧西不有腓尼基人方身于地中海之外,黑鲁度忒斯弗起而踵迹其所为,则亦不萌其拓地之思,而亚历山大又何至以兵力创割斐亚?哥仑布又安能奋其孤往之概,开辟全美,令四州民种洞然欧人之胸中,因而席文明旧基,鞭笞他种,指数其蚩鄙之俗,用为拊笑耶?综之,西人之脑力思虑有高绝于黄人者,在不封乎其所已飨而力趣乎其所未涉,因是威力遂方洋于全球之上,莫与扞格。勇哉西人也!然因其所见,著而成书,吾今得译而读之,犹坐召眩人陈幻戏于庑下,吾据堂皇观之,不其逸乎?顾吾尤愿读是书者,知西人殖民之心不能一日置乎震旦,吾须严鉴其鞭笞他种、恣为拊笑之故,用自惕厉,则蒙译是书之意,为不负矣。②

林纾留下的文字向读者展现了其心中的德意志印象——一个充斥爱国主义精神的、野心勃勃的民族。今天,日耳曼民族的这种形象在人们心中虽然已经有所变化,但抛开那些林纾知悉的过往,放眼其身后十数年间德国在欧洲战局中搅起的数次风云突变,林纾的眼光不可谓不毒辣。

二、乱世中的一盏灯——严复眼中的德意志

严复(1854—1921),中国近代著名思想家、翻译家、教育家,福建侯官县

---

① 林纾:《林纾诗文选》,李家骥等整理,商务印书馆,1993 年,第 101 页。
② 江中柱编:《林纾集(6)》,福建人民出版社,2020 年,第 207-208 页。

（今福州）人。严复少年时代留学英伦，学成回国后总办北洋水师学堂，后又呼吁变法，参加维新运动，改革失败后投身翻译和教育事业，一生贡献不可胜数。[1]　他翻译《天演论》，提炼出"物竞天择，适者生存"的观点，可谓振聋发聩，引起了一代人的深刻反思，影响深远。在《天演论》之后，严复还翻译了亚当·斯密的《国富论》、斯宾塞的《社会学研究》等一系列西方经典，结束了西译中述的翻译方式，成为西学东渐的转折点。[2]　在翻译的过程中，严复还提出了著名的"信、达、雅"翻译论，这一论点简洁凝练，在翻译界沿用至今。

作为与林纾同时代的人，严复在其文章书信中也对德意志形象进行了诸多描绘。在严复眼中，德意志民族强大、先进，并且富于凝聚力。在1914年给友人熊纯如的信件中，严复的言辞里充满了对德意志不加掩饰的赞赏："德意志联邦，自千八百七十年来，可谓放一异彩，不独兵事船械事事见长，起夺英、法之席；而国民学术，如医、如商、如农、如哲学、如物理、如教育，皆极精进。"[3]

值得一提的是，严复对于德意志的欣赏并未仅仅停留在表面，而是尝试学习其精髓，并将其引入到中国来。在1905年与曹典球的通信中，严复提到德国人的学术严谨优秀，并由此愿意多译介一些德国典籍进入中国："足下慨近世学者轻佻浮伪，无缜密诚实之根，思欲补其缺愚，使引入条顿之风俗，此诚挚论。顾欲仆多择德人名著译之，以饷国民。"[4]他看重教育，认为德国的教育制度值得模仿，在1919年与友人熊纯如的通信中，严复关切地询问是否已有照德国教育制度施行之例："来教谓中学课程宜仿德制，分文实二科，鄙意亦深以为是。不识贵校中，已照此施行否耶？"[5]

虽然溢美之词颇多，但严复的态度在于取人长而补己短，并没有向西方文明缴械投降，对于列强有违公理道德的做法，他也不吝表达自己的批判：

> 西方一德，东方一倭，皆犹吾古秦，知有权力，而不信有礼义公理者也。德有三四兵家，且借天演之言，谓"战为人类进化不可少之作用"，故其焚杀，尤为畅胆。顾以正法眼藏观之，纯为谬说，战真所谓反淘汰之事，罗马、法国则皆受其敝者也。故使果有宰上帝，则如是国种，必所不福，又

---

① 吴蔚蓝：《严复传》，北京时代华文书局，2016年，第1页。
② 吴蔚蓝：《严复传》，北京时代华文书局，2016年，第108页。
③ 王栻主编：《严复集·第3册》，中华书局，1986年，第616页。
④ 王栻主编：《严复集·第3册》，中华书局，1986年，第567页。
⑤ 王栻主编：《严复集·第3册》，中华书局，1986年，第697页。

使人性果善,则如是学说,必不久行,可断言也。[①]

虽然当时的德国国力强盛,叱咤世界风云,且严复本人也认为值得向其取经的地方颇多,但他心底里还是偏向自己的祖国和人民。哪怕德国已经陷入战争的沼泽中难以自拔时,积贫积弱的旧中国还是难以与其相当,即便如此,严复还是会为自己民族的文明和高尚辩护,言辞中偶有人不若我之论。严复笔下的德国形象像一面镜子,照出他眼中日耳曼民族的优秀,更勾勒着他心中中华民族应有的理想形象,也映射出他一颗爱国爱民、救亡图强的赤子之心。

三、另一种民族性——林语堂眼中的德意志

在八闽大地上,除了林纾和严复,还诞生过一位"幽默大师",即中国近现代著名作家、翻译家、语言学家林语堂(1895—1976)。关于作为闽籍留学生的林语堂的生平,已在本书第七章进行过梳理。下文主要对林语堂对于德意志的看法再进行探究。

林语堂生于福建龙溪的坂仔村,在这个小乡村中,他度过了自己快乐的童年。由于父亲是基督教徒,林语堂很小的时候便与西方文化有过交集。他很早就通过父亲的好友范礼文博士(Dr. Warnshius)接触到西方世界。根据林语堂回忆,他与德国的缘分在小时便已初露端倪:范礼文博士将《通闻报》寄给林父,"父亲由《通闻报》得知圣约翰大学的名字,而且梦想着牛津大学和柏林大学"[②]。林父决心要让儿子接受西洋教育,并曾告诫儿子,世界上最好的学校是德国柏林大学(今柏林洪堡大学)和英国牛津大学,希望他用功读书,将来能上那种学校。[③]

十岁时,林语堂随兄长前往厦门鼓浪屿读书。在鼓浪屿这座小岛上,林语堂时时刻刻沐浴在西方文化之中:

> [……]我在石码和厦门间的轮船上首度看到蒸汽引擎的运作。我看得入迷,目瞪口呆[……]我对西洋音乐十分着迷。我深受美籍校长夫人

---

① 王栻主编:《严复集·第3册》,中华书局,1986年,第622页。
② 林语堂:《八十自叙》,宝文堂书店,1990年,第20-21页。
③ 林太乙:《林语堂传》,中国戏剧出版社,1994年,第4-6页。

毕牧师太太(Mr. Pitcher)的影响。[1]

有时,他在街头偶遇法国和美国水手,有时,隔着围墙偷看英国足球队踢球:

> 我们在鼓浪屿街上看到法国和美国水手,通常烂醉如泥,走路东倒西歪。偶尔有英国足球队在封闭的操场上踢球,喝茶饮酒,有时候军队表演,由中国小厮侍候饮料。很多男生隔着围墙偷看,暗自欣赏,我也是其中之一。[2]

由于是教会学校的学生,林语堂甚至有机会参观美国的舰队舰船:

> 1907 年,日俄战争之后不久,罗斯福总统派美军舰队到厦门。我们是教会学校的学生,应邀去参观。那是最佳的实力展览。这一切促使我追求西方的学问。[3]

在青年时期,林语堂多次在国外的大学留学进修。1919 年,林语堂任职清华大学英语教师时,曾前往哈佛大学的比较文学研究所就读,师从白璧德(Irving Babbitt)等人。这次求学是半公费的形式,然而不久后,津贴却不明不白地被取消了。由于经济能力不足,他先是去了法国工作,攒下了一些积蓄,又因为在德国读书开销便宜,他申请进入了德国的耶拿大学,在那里继续修完了哈佛大学的学分。获得哈佛大学的硕士学位后,林语堂前往莱比锡大学攻读博士学位。他写信告诉父亲,他真的在德国一家最高学府读书了。[4]

林语堂曾写道:"自我反观,我相信我的头脑是西洋的产品,而我的心却是中国的。"[5]可以说,林语堂的"西洋头脑"正是在其整个童年、青年时期广受西洋文化影响而产生的。同时这也反映了林语堂的文化立场——虽然脚踏东西两种文化,广泛吸收西方思想,但从未改变自己的爱国之心。

---

① 林语堂:《八十自叙》,宝文堂书店,1990 年,第 22-24 页。
② 林语堂:《八十自叙》,宝文堂书店,1990 年,第 24 页。
③ 林语堂:《八十自叙》,宝文堂书店,1990 年,第 24 页。
④ 林太乙:《林语堂传》,中国戏剧出版社,1994 年,第 38-43 页。
⑤ 林语堂:《林语堂名著全集·第 10 卷·林语堂自传:从异教徒到基督徒——八十自叙》,工爻等译,东北师范大学出版社,1994 年,第 21 页。

得益于青年时期在欧美游学的经历，林语堂观察西方国家的视角更为贴近。西方国家不是只见于地图或书本上的遥远国度，不是外交场合远道而来的陌生客人，而是与其学业生活息息相关的、可以仔细端详的存在。这使得林语堂与西方国家之间少了一些距离感，这在文字中的体现，便是他不吝对西方世界加以调侃。比如在对欧洲战事的评论中，林语堂就曾讽刺德法两国没有"道家精神"：

> 假令法国人在战胜之日，染渍一些道家精神，也就不会硬订凡尔赛合约，到今天，她的脑袋儿也可以稍稍安枕了。可是法兰西还是少壮，德国当然也要同样地干，没有一方面觉悟，双方都是愚拙的，而大家想永远把对方镇压在铁蹄之下。只因克雷孟梭（Clemenceau）没有读过《道德经》，希特勒亦然，致令两方斗争不息，而老庄之徒，袖手作壁上观，莞尔而笑。[①]

在《谈中西文化》一文中，林语堂谈及了自己眼中两种民族之间的差异——西方进取冒险，东方清静无为。他把这种差异归于身体气质的不同：

> 你想日耳曼族信奉耶教一千余年，这耶教是由小亚细亚传过去的，所以也有和平、谦虚、恶魔、罪孽等等观念，日耳曼族名为信奉，骨子里何曾变了丝毫，还是进取冒险，探北极，制大炮，互相火并，就是因为西人身体气质不同。你看他们鼻子那么高，眼孔那么深，下巴那么挺，就晓得了。十年前也有西欧和尚来到中国，佛号叫做"照空"，我也跟他谈过话，哪里有一点出家人相貌，谈起话来，就像一颗炸弹，时有爆发之势，恨不得欧人天诛地灭，当时我称他为火药菩萨。老实说，清净无为还是我们东方的玩意儿。你想一个天天探北极，赛摩托车，打破飞机纪录的民族还能做真正的佛门弟子吗？西洋人要扮出清净无为的相貌，只觉得滑稽好笑罢了。[②]

在西方求学的经历使得林语堂不仅零距离了解了包括德国人在内的西方人的生活，也对中西文化的差异形成了基于平等互鉴的见解。林语堂认为，西

---

① 林语堂：《林语堂文集·第8卷·吾国吾民——八十自叙》，张振玉等译，作家出版社，1995年，第63页。

② 林语堂：《林语堂散文》，彬彬选编，内蒙古文化出版社，2009年，第157页。

方文化和中国文化实质上是两种民族性："中国人的美德是静的美德,主宽主柔,主知足常乐,主和平敦厚;西洋之美德是动的美德,主争主夺,主希望乐观,主进取不懈。"①他认为,"说我们民族不是第一流的气质就冤枉"②,中西文化本无优劣之分,只存在民族性的不同。

第三节　福建地区民国刊物中的德意志

随着中外交流的日益频繁,"德意志"也为千家万户所熟悉,成为人们茶余饭后的谈资,在许多名不见经传的作家笔下,在许多报纸期刊中,关于德意志的文章评论也逐渐多了起来。民国时期福建地区出版、发行、传播的诸多刊物中,便不乏关于德国的闲谈漫话。这些官媒史料之外的只言片语如同颗颗米珠,不见得有多么光彩夺目,却也客观反映了德意志形象在民国时期的构建、传播和深入,值得一读。

在这些民国时期的出版物中,最值得一提的是历史类的书刊,比如1945年由曹伯韩所著的《世界史纲要》。这本书的部分章节较为客观详细地收录了德国历史:

> 到一八六一年普鲁士王威廉第一登位以后,俾士麦做首相,便用外交与军事的方法,达成了统一的目的。首先普国借一件事引起普奥战争,联络意大利夹攻,在七星期内打败了奥国,于是将奥国逐出德意志联邦。进一步又借一件事情和法国开战,捉拿了法国国王,夺取了煤铁矿区的亚尔萨斯和罗伦两省。一八七一年,普王正式做了德意志皇帝,德国全国统一从此完成了。③

据1981年出版的福建官方编纂的文史资料《福建文史资料选辑·第5辑》记载,一战后到抗日战争前,厦门的洋货市场中,德国进口商品主要有颜

---

① 林语堂:《林语堂随笔精选》,长江文艺出版社,2016年,第261页。
② 林语堂:《林语堂随笔精选》,长江文艺出版社,2016年,第263页。
③ 曹伯韩:《世界史纲要》,东南出版社,1945年,第37页。

料、布匹、药品、水泥、烧碱、钟表、油漆、肥田粉、机器及零件。[1] 同时该文献亦记载,抗日战争爆发前十年间,洋货充斥厦门市场。由于洋货倾销,厦门手工业作坊被摧残殆尽,如西药一直被英、美、德、日的产品所垄断,甚至连滋补品,如人参、高丽参、燕窝等物也全是进口货。[2] 简单的几行记载中,德国的两种形象跃然纸上。一方面,当时的德国工业的商品已享有良好声誉,厦门从德国进口的商品种类繁多;另一方面,厦门本土手工业受到列强的产品垄断摧残,其中德国也有脱不开的干系。

越是宏观记述的历史,越容易千篇一律。而在民国时期,许多跟德国接触较为频繁的作者则乐于写作一些日记、散文类的小文章。从这个角度来看,这些从其个人角度出发的,夹杂着主观的评判的文字,却让德国形象更加丰富起来。

1943 年在福建建阳由战地图书出版社出版的《大地人文》中,就记录有不少文人对德国的所见所思所感。在该书作者孔大充的笔下,德国有许多博物馆,[3]是一个医药、哲学等科学先进发达的国家。[4] 除了这些之外,他笔下的德国形象还带有些许生活的气息,比如他观察到德国人"吃早餐马虎,大概一杯咖啡和几块黑面包就算了"[5],这里的人民悠闲度日,"厉行休息日"[6]。然而这种慢悠悠的步调又不妨碍日耳曼民族的务实严谨,别人说些原理,德国人即会切实地去做事。[7] 对于德国,他也不吝以幽默的笔触加以调侃,比如他调侃德国人做事惯常以牙还牙,谓之"气量狭小":

> 日本与德国可算是气量狭小的典型国家,如果你得罪了他们的新闻记者,你们的新闻记者,也立时遭受同样待遇。你开枪打死他们的人民,他随即请你吃炸弹,然后再来和你交涉。直接报复,是他们的一贯政策。一九三七年德国兵舰轰炸西班牙,就是一个例子。他们是毫不迟疑地实

---

[1] 中国人民政治协商会议福建省委员会文史资料委员会:《福建文史资料选辑·第5辑》,福建人民出版社,1981年,第150页。

[2] 中国人民政治协商会议福建省委员会文史资料委员会:《福建文史资料选辑·第5辑》,福建人民出版社,1981年,第150-151页。

[3] 孔大充:《大地人文·中辑》,战地图书出版社,1943年,第174页。

[4] 孔大充:《大地人文·中辑》,战地图书出版社,1943年,第178页。

[5] 孔大充:《大地人文·中辑》,战地图书出版社,1943年,第350页。

[6] 孔大充:《大地人文·中辑》,战地图书出版社,1943年,第329页。

[7] 孔大充:《大地人文·中辑》,战地图书出版社,1943年,第273页。

施直接报复政策的。^①

这些漫谈简短琐碎,然而又不失趣味,宛如与友人闲坐,随性谈论德国一二。

《世界各国侧影》于 1943 年出版于福建南平,作者汪远涵(1912—2006)生于浙江温州永嘉,为近现代资深报人。^② 在该书中,作者谈到了当时日耳曼民族的一股热潮:"今日的德国人民可以不看圣经,但他们不能不读元首希特勒所作的《我的奋斗》^③。"

1944 年,天行社总社出版了文集《山村续梦》。作者俞子夷(1886—1970),江苏苏州人,教育家,少时就读于中西学堂,后辗转于芜湖、上海等地任教,1909 年赴日本考察复式教学法。^④ 在《山村续梦》中,作者记述的"德国刻板印象",直到今天还能使人读之会心一笑:"皮酒^⑤比绍兴淡。德国人当茶喝。柏林军人俱乐部的皮酒,特别便宜。抽烟,饮酒,谈天,极像我们的茶馆。"^⑥

较之官方编纂的出版物,作家个人在生活中对日耳曼民族的认识和对德国历史的感悟少了一些生硬,多了一些生动的言辞,一定程度上拉近了读者与德国的距离。如果说 18、19 世纪中国对德意志印象的书写都还比较内敛,那么随着交流的深入、交通方式的变革,到 20 世纪上半叶,已经有越来越多的人能够亲历德国。在他们的记录中,对德国形象的书写不乏幽默和调侃。

除了出版物作者之外,民国时期还有不少有心的编辑,编译了国外作者评论德国的文章,引入了中国之外的声音,为国人观察德国提供了全新的角度。1944 年,福建南平的总动员出版社出版了《海外缤纷录》,编译者刘华精心选取了各国作者对国际局势的评论等。如《德国内幕》一章就以平实的口吻,叙述了二战期间德国的遭遇以及德国人心态的变化。一开始,战场捷报频传,德国人甚是欢欣鼓舞,期盼着胜利女神的青睐:

---

① 孔大充:《大地人文·中辑》,战地图书出版社,1943 年,第 73 页。

② 沈智毅,张宏敏编:《温州籍传媒人物谱》,中国和平出版社,2012 年,第 180 页。

③ 汪远涵编:《世界各国侧影》,国民出版社,1943 年,第 21 页。

④ 《苏州通史》编纂委员会编:《苏州通史·人物卷(下):中华民国至中华人民共和国时期》,苏州大学出版社,2019 年,第 115 页。

⑤ 指啤酒。

⑥ 俞子夷:《山村续梦·客窗梦话》,天行社总社,1944 年,第 56 页。

在一九四〇年的八月,德国的各酒店里都挤满了狂欢和阔论的人群。社会各阶层多沉醉在"胜利"中。在波兰、挪威、比、荷、法等地速战速决的成功,使德国人民的精神兴奋到了极点。怀疑者和悲观者都变得相信和乐观了。差不多每个人都相信希特勒和德军是所向无敌的。一个新的时代——大日耳曼时代——行将到来。[①]

然而好景不长,时隔三年,德国的"民气"便低沉下去。作者通过对同一场景的描写,直观而深刻地呈现了这种变化:

这种民气的变化是异常的。如拿一九四〇年和一九四三年酒店里的情形来比较,很可以使人看出两张不同的□[②]影——狂欢和沉郁,高谈和低语,红酒和白水。相信能够战胜已经成为过去,以后惟有凄凉的景象和战事的延长。成千累万的寡妇和孤母都因无依无靠而牺牲了。[③]

此类对德国国情进行叙述并加以评论的文章,当时还有不少,如改进出版社 1942 年出版的《国际现势抉微》中,就收录和翻译了多国作者的文章,其中包括德国 H.劳许甯[④]所作的《希特勒的战略》、波兰 M.M.诺文斯基的《惊人的德国间谍》、英国 G.S.俾斯霍帕的《谁武装了德国》,以及德国 H.白伦特[⑤]的《驱使德国作战的人》等。

这些文章虽然是由译者编选,挑选的标准有一定主观因素,但无可否认,它们的出版和传播,客观上有助于当时中国读者更加全面地认识和了解德意志国家和日耳曼民族。

20 世纪上半叶,除了上述以评论德国居多的出版物,德国典籍的传播在闽南地区也有相应的体现。林语堂曾在散文中提到,自己翻阅 1934 年的《中国图书年鉴》发现,几十年间已有许多国外作品被翻译引进国内,仅德国作家

---

① 刘华编译:《海外缤纷录》,总动员出版社,1944 年,第 28 页。

② 原书如此,应是此处有缺损。

③ 刘华编译:《海外缤纷录》,总动员出版社,1944 年,第 29 页。

④ Herman Rauschning。译者附言:"H.劳许甯博士,原是一个'国社党'要人,曾任但泽参议院议长;后因看到希特勒倒行逆施,危害文化,才脱离了该党,逃亡在外。"(《国际现势抉微》,第 7 页)

⑤ 译者附言:"这篇原是德国反法西斯主义者 Hans Behrend 所著的《大亨们的德国》之一章。"(《国际现势抉微》,第 28 页)

图 9-1　《海外缤纷录》封面(左),《国际现势抉微》封面(右)

数量便达 30 人之多,在 26 国中位列第 4,①可见德国的作品在中国还是颇受
欢迎的。除了全国范围内对德国书籍的编译和出版,《福建省志·出版志》②
记录的 1841—1949 年间在福建地区出版的德国著作还有辛迈尔的《德国社会
学史》(1928)③、周学普所译的海涅作品《冬天的故事》(1943)④和郭沫若所译
的《浮士德》(1944)⑤。《冬天的故事》德文名为 *Ein Wintermärchen*,就是今天
人们所熟知的《德国,一个冬天的童话》。

①　林语堂:《林语堂文集·第 8 卷:吾国吾民——八十自叙》,张振玉等译,作家出版社,
　　1995 年,第 261 页。
②　福建省地方志编纂委员会编:《福建省志·出版志》,福建人民出版社,2008 年,第 2 页。
③　(德)辛迈尔:《德国社会学史》,黄新民译,福建国际学术书社,1928 年。
④　(德)海涅:《冬天的故事》,周学普译,十日谈社,1943 年。
⑤　(德)歌德:《浮士德》,郭沫若译,东南出版社,1944 年。

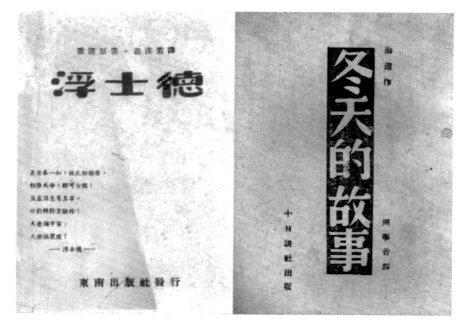

图 9-2　郭沫若译《浮士德》封面(左),周学普译《冬天的故事》封面(右)

第四节　《申报》中的德意志形象

李向群主编的《近代厦门历史资料汇刊:申报纪闻》汇编了诸多散见于知名报纸《申报》[①]上的关于近现代厦门历史的报道资料。时间跨度从 1872 年直到 1945 年。这一系列汇编资料包含了大量厦门的资料史实。19 世纪后半叶到 20 世纪前半叶福建地区与德意志交往的图景,亦可从这些报道中窥得几分。

《申报》中所展现的德国形象十分复杂。在 1893 年 7 月的一篇报道中,我们能够看到当时德国官方的对华倾向,可以概括为"达商情、联睦谊":

德国驻华钦差巴大臣辞职,荣旋德廷。新简绅大臣坷乘轮东渡接任

---

① 　《申报》创于 1872 年,为中国近代报纸开端的标志,是 19 世纪晚期至 20 世纪中期在中国具有重大影响力的跨地区中文报纸。

史篆。[……]兹者禀即来华,前月已抵香港,当赴羊城拜会李制军,覆游历厦门。凡闽粤通商口岸设有德国领事者,均巡阅一周,一以达商情,一以联睦谊,旋在申江作寓公者。①

《申报》报道亦展现了一些在华德人乐于助人,对华人施以援手的形象。仅是关于德国商船在海上救援落水者的事件,《申报》就刊载了两起,分别发生于 1884 年和 1896 年:

> 八月初三日,厦门复发大风,港内夹板商船急下椗抛锚,以防触碰。海面渔船急切不能入口,多有尽付波臣者。有合吉鱼行张姓渔船一艘,由大担山外入港,驶至青屿附近,蓦被风浪击翻,全家男女大小十四人均堕水中,有二女孩因荏弱无力,顿被猛浪冲入波心,幸有德国夹板船入口,引水西人好卜施丹急放小艇拯救,计拯起七男三女及童男童女各一人。若该西人者,真可谓好行其德矣。②

> 厦门采访友人云,德国亚民也商轮船即新汀州,正月三十日由香港开行,将近汕头,遥见有一渔船飘荡波中,悬旗求救。船主尉依德急改道飞驰,而前时适风狂浪险,爱督同水手,特小艇放下,极力救援,始将在船各人援之出水,附载至厦门,禀请德国领事官照送地方官安置。周子迪观察以尉依德氏好义可嘉,除照例给洋银四十圆外,复于二月十三日制备红缎幛,大书急公好义四字,饬厦防同知送交德领事署,转给尉依德氏。③

这种"睦谊"折射出中德民间交往中人情的流动和人性的闪光,这种情感在国家与民族主义之外,超越了不同国家、民族、肤色、语言的偏见,来源于人类共有的悲悯和善良。然而,由于利益关系不同,语言文字不通,两个民族之间的矛盾摩擦在所难免。1890 年的一篇报道中便记载了一起华工与德国人的冲突事件:

① 李向群主编,中共厦门市委党史和地方志研究室编:《近代厦门历史资料汇刊·申报纪闻(第一册)》,厦门大学出版社,2020 年,第 333 页。
② 李向群主编,中共厦门市委党史和地方志研究室编:《近代厦门历史资料汇刊·申报纪闻(第一册)》,厦门大学出版社,2020 年,第 421 页。
③ 李向群主编,中共厦门市委党史和地方志研究室编:《近代厦门历史资料汇刊·申报纪闻(第一册)》,厦门大学出版社,2020 年,第 390 页。

> 日前,德国敎固斯丹夹板船入坞修理,不知何故,华人忽与西人为难,工头某甲蓦掣利斧,欲砍西人。西人遂禀请英领事官函请地方官将甲拘押,华工激于公愤,一律停工。[1]

此外,德国的坚船利炮毕竟威力巨大,在厦稍作停留便会引起议论和不安,停泊时,更宛如庞大的野兽蛰伏在厦门的港湾,令人惶恐不安。1895 年的一篇报道便是一个例子。虽然德国的商船军队给当地民众带来了不少利益,但他们对于德国人的队伍还是不免心怀畏惧:

> 厦门访事人云,自九月下旬起,德国铁甲兵轮船陆续驶到寄泊港内者,共有三艘,在港口者两艘。其中第一艘名开撒,三支桅,桅上三层有炮台,为德水师提督坐船,船上兵丁、水手都七百余人,武弁二十余员,可谓巨矣。又二等铁甲兵轮船两艘,皆两枝桅,桅上有一层炮台,一名依雷雳,一名威利慕,船中兵丁四五百人。又二枝半用帆之兵轮船二艘,由水师统领沪君统代,一名阿格纳,一不知名,兵官水手各三四百人。每日兵丁登岸者共五六百人,酒店、牛肉面包店、杂货店、番菜馆以及出售西国水菜、浆洗西国衣服、驾驶双桨小船之人,广东流娼、本地土娼,无不利市三倍。然厦民则心甚惶惶,疑必有事。迨至本月初一日,德水师提督坐兵轮船出口,往闽浙一带游行。初二、初三两日,依雷雳、威利慕两船亦先后赴香港、上海。在厦者仅阿格纳、开撒两船,人心始定。[2]

民众的忧虑并非毫无来由,种种不祥的预感最终也得到了历史的证实。19 世纪末,中德之间的关系紧张起来。1897 年,德国登陆胶州湾,侵占山东青岛,德国形象逐渐崩塌,人们意识到,原来德国在华多年经营,皆是别有用心。笔者择选 1898 年一篇报道的部分内容以供参考,当时国人对德国的愤怒,在这篇报道中可见一斑。

> 香港西字报云:数月前人言籍籍,谓德国水师员弁在中国南方沿海各

---

① 李向群主编,中共厦门市委党史和地方志研究室编:《近代厦门历史资料汇刊·申报纪闻(第一册)》,厦门大学出版社,2020 年,第 269 页。

② 李向群主编,中共厦门市委党史和地方志研究室编:《近代厦门历史资料汇刊·申报纪闻(第一册)》,厦门大学出版社,2020 年,第 381 页。

处探查地势,但官场中屡次力白其无。然德国常年来以战船两号泊近胶州,密探水道,并派一弁督理其事,又垂涎于中国南方附近,厦门等处曾有战舰多号密为勘察,是德人经营福建沿海地方,亦已不遗余力。华人曾窥其动静录于报章,其事之确凿与否虽不能逆料而知,然亦非凭空结撰也。闻之华人云:前数月有一德国水师人员谒见闽浙总督,语次谓中国朝廷已许借用福建沿海某处屯驻德军,倘他日台湾有事,留此以保护德人之商于亚东者。[……]及今之思,殆德人欲蚕食中土,故假一词以愚弄之欤![1]

　　《申报纪闻》中的报刊记载记录了一个复杂的德国形象,为我们今天提供了多个观察角度的凭证。一方面,从国家层面来看,德国在中国苦心经营,期望"达商情、联睦谊",营造一种良好的德国形象,在华获取贸易利润。但当时的德国并不满足于仅仅获取商业利益,而是始终对华抱有野心,借勘察之名行进犯之事。从族群层面来看,处于特殊历史时期的中国人与西方人之间,冲突矛盾在所难免,时有大打出手之事也不足为奇。另一方面,又时有德国船只在茫茫大海、狂风巨浪中对中国渔民施以援手的报道。在德国与中国之间,高尚的情感并不因民族的不同而阻隔,它流动在两个民族之间,你来我往。德国有野心,我们记录,以为鉴戒;德国有善举,我们也不吝酬以笔墨,使之流传。以善待善,何尝不是中国人的气度与胸怀。

第五节　总　结

　　对于近现代大多数中国读者而言,德意志远隔重洋,遥遥千万里,偶有耳闻,却难得一见。大多数人是在道听途说、白纸黑字中认识德意志的。德意志形象在中国的日趋清晰,其中也有闽南地区的一份功劳。从陈伦炯的《海国闻见录》、林则徐的《四洲志》开始,闽籍人士就不乏开眼看世界的时代先驱,对日耳曼民族投以关注,将德意志地理、风土人情见闻等记录成册,通过文字传播、流传开来。同时媒体报道中亦开始展现民间视角中复杂的德意志形象。在中德的交往和摩擦中,林纾、严复等文人志士开始思考德意志民族及其文化的秉

---

① 李向群主编,中共厦门市委党史和地方志研究室编:《近代厦门历史资料汇刊·申报纪闻(第一册)》,厦门大学出版社,2020年,第84页。

性特点。到了民国时期,不少人亲身游历过德国,并写下自己的所见、所闻、所感。与此同时,不少德国科学及文学作品,如林纾翻译的《民种学》、周学普翻译的《冬天的故事》等,也逐渐通过译介进入中国,这些作品承载着德意志的历史文化,逐渐完善了国人对德意志的了解。许多或由闽籍人士撰写、编写、译介,或在福建地区出版、发行的出版物,在文化交流传播过程中起到了桥梁的作用,推动了福建乃至整个中国认识德国、认识世界的进程。

第十章 厦门大学与近现代中德交流[①]

　　1921 年建立的厦门大学作为闽地高等教育的重镇，在福建的中德现代文化交往中扮演了重要的角色。一方面，厦门大学自成立之日起便以"救国势于累卵，集东西之学术"为己任，积极投入东西文化交流活动，另一方面，依托其相对自由的学术环境，一时众多知名学者云集于此，厦门大学亦为中西交流搭建了理想的平台，留下了不可磨灭的烙印。本章意在从微观的角度追溯这所"南方之强"大学在近现代中德文化交流中的影响，以图拂去历史的尘埃，探寻近代中德交流之路上的先行者足迹。

第一节 厦门大学的建立与早期德文课程

　　在近代中国的各种救亡图存运动中，教育兴国为国家有识之士心之所寄。创办厦门大学的校主陈嘉庚(1874—1961)出生于福建省同安县集美社，17 岁随父从商，开始时在父亲的米店参与经营管理。1905 年后，陈嘉庚自主创业，开设罐头厂、米店，后重点经营橡胶种植并取得巨大成功，在 1910 年已成为东南亚最富有的华侨之一。在海外经商成功的经历使陈嘉庚认识到教育乃强国之本。在创立厦门大学之前，他已于 1912 至 1919 年间陆续回乡创办了集美小学、师范学校和水产航海学校。第一次世界大战结束后，陈嘉庚已拥有巨额资产，于是他又萌生了兴办大学的想法。其时国立大学仅有北京大学一所，私

[①]　本章作者：李由(厦门大学)。

立大学也多为外国人创办的教会学校,高等学府的数量和规模远远无法满足教育的需求,高校在分布上也存在明显的地域差异。心系家乡教育的陈嘉庚将在闽设立大学视为己任。为创办厦门大学,陈嘉庚慷慨出资,并邀请包括蔡元培在内的众多有识之士参与筹办。筹办过程虽然阻力重重,但功夫不负有心人,厦门大学终于1921年4月6日正式开学。

厦门大学创立伊始,设有"师范"与"商学"两部,师范部又分为文理二科。1921年11月,经学校评议会改组各部,改师范部为教育学部,将文科从中分离,改为与教育学部平级的文学部。1923年春,评议会决议改部为科,文学部变为文科,分为五系:国学、外国语言文学、哲学、历史社会学、政治经济学。

秉承陈嘉庚"国文之外,尤注重英文,使有志深造之士,得研究世界各国学术之途径"的办学理念,厦门大学在建校之初就有英、德、法学门。[①] 最早有关厦大德文的记录可追溯到1922年12月31日出版的第11期《厦大周刊》,其中一篇标题为"圣诞日德法文班之旅行"的校闻报道了德文班师生活动的情况:"耶稣诞日本校德法文教授周辨明先生,请德法文班全体同学,在鼓浪屿茶会。"[②]可见至晚于1922年秋季学期,厦门大学就已经开设了德语教学。在1926年公布的《文科外国语言文学系学成纲要》[③]中,"德文学门"作为外国语言文学系重要组成部分,已有完整的教学计划(图10-1)。除周辨明外,早期的德文教师还有1923年来厦的德籍教师艾锷风(Gustav Ecke)以及1925年受聘于厦大外文学院的留德学人李茂祥。

第二节　德国高校评议会制度对厦门大学组织结构的影响

除了德文教学,厦门大学的组织结构中也可见德国高校文化的影响。在建校初期,评议会是厦门大学重要的组织机构,有着评议全校教学及管理工作的职能。这种大学组织机构制度的思想根源正是德国的现代大学观,即1810年前后柏林大学(今柏林洪堡大学)建立时遵循的指导观念和原则,以修养、科学、自

---

① 陈志伟、陈菁:《厦门大学外文学院院史》,厦门大学出版社,2021年,第5页。
② 《厦大周刊》第11期,1922年12月31日。
③ 《厦大周刊》第161期,1926年10月30日。

图 10-1　1926 年厦门大学"德文学门"授课情况

图片来源:《厦大周刊》(第 161 期,1926 年 10 月 30 日)。

由、寂寞为其核心要素。[1] 柏林大学的创始人威廉·冯·洪堡(Friedrich Wilhelm Christian Carl Ferdinand von Humboldt,1767—1835)强调大学的自由属性,将大学与职业专科学校进行区分,认为"国家不应出于自身目的对大学提出要求,而要怀着一种内在信念,即当大学实现了其最终的目的之时,国家利益也将在更高层面得以实现"[2]。在大学的管理方面,普鲁士时期的德国大学实行教授自治,认为"大学不仅仅是一个国家机构,更是独立的、由学者组成的团体"[3],而评议会作为重要的决策机构,因其成员由各系全职教授选举产生,[4]故成为实现教授治校重要的组织手段之一。

德国现代大学观之所以能对中国近代高等教育产生影响,很大程度上要归功于一位在中国近现代教育史上彪炳史册的人物——蔡元培(1868—

① 陈洪捷:《德国古典大学观及其对中国的影响》,北京大学出版社,2015 年,第 84-96 页。

② Wilhelm von Humboldt, *Über die innere und äußere Organisation der höheren wissenschaftlichen Anstalten in Berlin*,1809,234,https://edoc. hu-berlin. de/bitstream/handle/18452/5305/229. pdf? sequence＝1,[2022-03-04].译文来自本章作者。

③ Friedrich Paulsen, *Die deutschen Universitäten und das Universitätsstudium*,Berlin:A. Asher & co.,1902,93.译文来自本章作者。

④ Friedrich Paulsen, *Die deutschen Universitäten und das Universitätsstudium*,Berlin:A. Asher & co.,1902,94.

1940)。蔡元培是著名的留德学人,他曾于 1907 年起先后三次留学德国,深受德国教育思想,尤其是德国现代大学观的影响。蔡元培曾评价德国的大学:"德国革命以前,是很专制的,但是它的大学,是极端平民主义,它的校长及各科学长,都是每年更迭一次,由教授会公举的。"[①]辛亥革命爆发之后,蔡元培毅然回国,积极投身中国近代教育事业。1912 年 1 月,孙中山组建南京临时政府,蔡元培被任命为教育部部长,直接领导教育工作。得益于蔡元培在近代中国高等教育乃至近代政治格局中的重要地位,德国的教育理念在华夏大地得到推广。1912 年 10 月,时任教育总长的蔡元培主持起草的《教育部公布大学令》(以下简称《大学令》)中便包含了关于大学评议会的明确规定:"第十六条,大学设评议会,以各科学长及各科教授互选若干人为会员;大学校长可随时齐集评议会,自为议长。"[②]《大学令》也同时规定了评议会的主要功能,包括学科设置及废止,确定讲座种类,商定大学内部规则以及审核学生成绩及学位授予等;《大学令》同时规定各科需配设教授会,负责审议学科设置,安排学生试验,审核各科成绩等事宜,[③]随后于 1917 年 9 月颁布的《教育部修正大学令》(以下简称《修正大学令》)基本沿袭了这一设置,但却取消了教授会,改为"由该科评议员自行议决"[④]。

值得注意的是,蔡元培对于德式教育理念的借鉴,并非直接照搬照抄,而是在很大程度上进行了本土化处理。这样做一方面是蔡元培主动选择的结果,其本人对于言必称西方的鼓吹行为很是反感,认为"能保我性,则所得于外国之思想、言论、学术,吸收而消化之,尽为'我'之一部,而不为其所同化[……]尽吸收其优点,且发达我特性也"[⑤]。另一方面,这种本土化也与中德两国不同的教育思想传统有关。普鲁士大学的自治权来源于大学的最初起源,即社团组织。社团享有高度的自治权,而大学组织机构的设置则延续了这一传统。校长由全体教授从其成员中推选产生,代表大学处理外部事务,践行领导工作。同样,评议会成员也由各系全职教授选举产生,与校长、大学的检

---

① 蔡元培:《回任北大校长在全体学生欢迎会上的演说词》,高平叔编:《蔡元培全集》,中华书局,1984 年,第 341 页。

② 舒新城:《中国近代教育史资料(第二卷)》,人民教育出版社,1961 年,第 649-651 页。

③ 舒新城:《中国近代教育史资料(第二卷)》,人民教育出版社,1961 年,第 649-651 页。

④ 《教育部修正大学令》,载《教育杂志》,1917 年第 9 卷第 12 期,第 18 页。

⑤ 蔡元培:《在清华学校高等科演说词》,高平叔编:《蔡元培全集》,中华书局,1984 年,第 28 页。

查官以及各系的负责人一起,共同管理学校事务。① 可以说,针对校长和评议
会成员的选举是保障以教授治校为核心的评议会实现的不可或缺的机制。不
过,《大学令》和《修正大学令》中均未提及校长的产生方式。② 另外,针对教授
代表在评议会这个代议制机构中占据的席位,二令也并未作出规定,这就使得
教授参与学校决策的主导性无法得到保证。③

　　《大学令》和《修正大学令》尽管是民国教育部的指导性纲领,但其强制性
较弱,所以各个大学在制定组织机构时具有很强的自主性。同时国立大学与
私立大学因其资金来源不同又存在很大差异,因此这种实施上的自主性在私
立厦门大学的组织架构上体现得尤为明显。厦门大学在建校伊始就采用了评
议会这一机构设置。针对评议会,建校之初制定的《厦门大学大纲》(下文简称
《大纲》)就在第八章中规定如下(图 10-2):

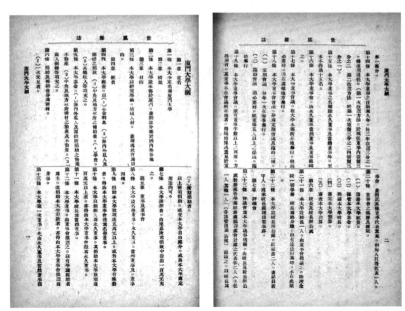

图 10-2　1921 年《厦门大学大纲》中关于董事会及评议会的规定

图片来源:《厦门大学大纲》(《世风》,1921 年第 1 卷第 2 期,第 1-6 页)。

---

① 参见 Friedrich Paulsen, *Die deutschen Universitäten und das Universitätsstudium*,
Berlin: A. Asher & co., 1902, 94.

② 舒新城:《中国近代教育史资料(第二卷)》,人民教育出版社,1961 年,第 648、672 页。

③ 郭强、胡金平:《取其形,舍其神:近代大学评议会制度的外部起源、内在理路及其评
价》,载《高教探索》,2020 年第 6 期,第 98-104 页。

> 评议会的性质为本大学议事机构;评议会人员构成:校长、秘书长、各处主任、各学部主任或学部代表、毕业生会代表;评议会之权限:提出修改本大学大纲之意见于董事会;制定或修改该会规则;决议各学科之设立与废止;审查本大学之预算与决算;规定训练管理之方针;讨论校长咨询事件;讨论该会会员提议事件;决定本大学其他重要规则;委派试验委员会,掌管关于试验及授予学位事宜;制定本大学文凭制服及各种文件表册格式。①

1921 年的《大纲》规定,评议会的性质是议事机构而非决议机构,评议会在《大纲》的框架内,对于校内的教学等工作行使有限的决议权。从机构组成上看,评议会之上的董事会为学校最高的决策机构,权限涵盖筹划经费、保管基金、聘请校长、审定预算、审查决议五项。对于董事会成员的资格认定也有明确规定。

总体来看,私立厦门大学在建校之初的组织机构(图 10-3)就是董事会领导下的校长负责制,校长由董事会聘任,一方面作为当然董事参与学校方针政策的最高决策,另一方面也是大学的总负责人,并作为议事机构——评议会的主席,组织针对大学教学和管理的决议工作。总体来看,这样的机构设置体现了中国近代以来教育改革中对西方管理制度的借鉴,改变了清末"所有学堂一切布置及银钱各事,均归总办管理"②的运行模式,同时吸取了企业管理的成功经验,借助校长董事会董事与评议会主席的双重身份,将决议机构与议事机构彼此衔接。在学校内部事务的决策中,评议会又在 1921 年《大纲》的范围内保持了相对的独立性。随着时间的推移,评议会制度也经历了一系列变迁。1926 年,评议会与校长办公室、行政会议共同构成了学校的议事与管理系统。③ 1930 年 2 月,遵照国民政府教育部令,厦门大学重新修订《组织大纲》:"学校的议事机构,则由评议会改为校务会议,由校长、大学秘书、各学院院长、各学系主任、各学院教授代表各一人、事务处主任及附设高级中学主任组织之。"④

---

① 《厦大周刊》第 2 期,1922 年 4 月 12 日。
② 陈学恂:《中国近代教育史教学参考资料(上册)》,人民教育出版社,1986,第 291 页。
③ 《厦大周刊》第 158 期,1926 年 10 月 9 日。
④ 厦门大学校史编委会:《厦门大学校史(第一卷)》,厦门大学出版社,1990 年,第 96 页。

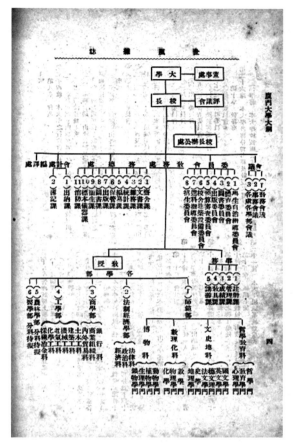

图 10-3　1921 年私立厦门大学组织结构

图片来源:《厦门大学校史(第一卷)》(厦门大学校史编委会编,厦门大学出版社,
1990 年,第 10 页)。

　　修订后的校务会议,就其功能而言与评议会并无太大区别,可以视作是评
议会的延续:"校务会议负责审议下列事项:一、本大学预算;二、本大学学院学
系之设立及废止;三、本大学课程;四、本大学各种规程;五、关于学生试验事
项;六、关于学生训育事项;七、关于建筑设备事项;八、校长交议事项。"[1]

　　1929 至 1933 年,陈嘉庚的企业受到世界经济危机的重创,陈嘉庚在变卖
家产后仍然无力维持大学开销,遂将厦门大学无条件献给政府。1937 年 7 月
1 日,厦门大学正式转为国立。随着抗日战争的爆发,厦门大学内迁长汀,学

---

①　厦门大学校史编委会:《厦门大学校史(第一卷)》,厦门大学出版社,1990 年,第 96 页。

校的管理工作由校长办公室下设的行政会议与校务会议负责,作为厦门大学评议会制度的核心,"教授代表评议校务"的精神得以保留。在校务会议中更是增加了有关教授代表产生方式以及人数的规定:"除教务长、总务长、院长、系主任等为当然委员外,每年度需行推举教授代表三人参加"[1],教授代表则由全体教授票选选出。[2]

总体而言,厦门大学建校之初的评议会制度,借鉴了德国现代大学的管理模式,结合当时中国的实际情况,在建校之初的校务及教学管理中发挥了重要作用。随着时间的推移,评议会虽然在形式上被取代,但在其后的组织机构设置中,"教授代表评议校务"的精神内核却得到了延续。

第三节　厦门大学与中德人员交流

中德学者的跨境流动构成了厦门大学在近现代中德文化交流中的显著特点之一。除了留德学人归国和德籍教师执教厦门大学之外,厦门大学还曾派出学者赴德深造,形成了中德间人员流动的双向循环。根据《厦大周刊》(1922—1936)、《厦大通讯》(1939—1949)、《厦大校刊》(1936—1937;1946—1949)的记录,在 1921 至 1949 年间,厦门大学聘任的教职员工中共有 26 人具有留德背景,其中中国留德学人 21 人,德籍教员 4 人,英籍留德学人 1 人。他们在德国大学的研究领域涉及语言学、哲学、法学、国家学、化学、卫生学、测量学、经济学等多个学科,来厦之后,他们大部分进入教学岗位,不少人还在学校的行政机构任职,参与学校管理。如张颐于 1927 年 11 月担任厦门大学副校长,周辨明 1931 年任注册部主任,[3]许雨阶在 1926 年担任厦门大学卫生处主任,负责在校师生的医疗卫生、保健体检等工作。[4] 除中国留德学人之外,几位德籍教师还在近现代中德文化交流中有着较高的知名度。

---

① 《厦大通讯》第 1 卷第 11、12 期合刊,1939 年 12 月 31 日。
② 《厦大通讯》第 1 卷第 11、12 期合刊,1939 年 12 月 31 日。
③ 《厦大周刊》第 173 期,1927 年 11 月 19 日。
④ 《厦大周刊》第 206 期,1929 年 5 月 25 日。

一、厦门大学有留德背景的中外籍教员概况(1949 年以前)

本节收录的教职员名单来自厦门大学校史资料,其中 1922 至 1937 年的《厦大周刊》与《厦大校刊》较完整地记录了教职员的授课和活动情况。随着 1937 年全面抗战爆发,厦门大学内迁长汀。1938 年广州失陷后,厦门大学作为当时东南沿海仅存的国立大学,吸纳了大量人才。但受人力物力所限,1939 至 1946 年的校级刊物《厦大通讯》无论在规模上还是在内容上均有所缩减,教职员介绍较为简略,往往只记录受聘信息,而无授课及活动情况的详细记载。[①] 下文介绍以相关教职员进入厦门大学时间先后为序。

周辨明(1891—1984),1921 年后执教于厦门大学,1921 至 1928 年先后担任文科语言学系主任、总务处主任。1931 年获德国汉堡大学博士学位,回国后重回厦门大学任教。

艾锷风(Gustav Emil Wilhelm Ecke)(1896—1971),德国人,1923 年至 1928 年[②]、1948 年 12 月至 1950 年任教于厦门大学,[③]曾先后开设"德文(三)""希腊文(一)"等课程。[④]

郭翰士(Hans Nordewin von Koerber)(1896—1979),1921 年毕业于德国马堡大学,获博士学位。[⑤] 1924 年至 1927 年任教于厦门大学,曾教授"商业地理"课程。[⑥]

林语堂(1895—1976),1923 年毕业于德国莱比锡大学哲学院,获博士学位。1926 年受聘为厦门大学文科主任,兼任语言学正教授和国学研究院总秘书,[⑦]曾开设"作文""现代文""文学商榷""英语发音学""英国语言学""普通语言学"等课程。[⑧]

---

① 本节中涉及有关人员留学具体情况的信息主要参考了袁同礼收集的 1907 至 1962 年间在欧中国博士论文的名录以及刘悦、杜卫华的《近现代柏林中国学人考》。

② 《厦大周刊》第 256 期,1931 年 4 月 18 日。

③ 《厦大校刊》第四卷第三期,1949 年 1 月 25 日。

④ 《厦大周刊》第 161 期,1926 年 10 月 30 日。

⑤ 出处来源有二,其一来自《厦大周刊》第 101 期,1924 年 9 月 21 日。其二来自网络:https://whowaswho-indology.info/3542/korber-hans-nordewin-von/,[2022-05-22]。

⑥ 《厦大周刊》第 256 期,1931 年 4 月 18 日。

⑦ 《厦大周刊》第 156 期,1926 年 9 月 25 日。

⑧ 《厦大周刊》第 159 期,1926 年 10 月 16 日。

李茂祥[①]，1914 到 1920 年在德国柏林大学留学，就读法学专业。[②] 1925 年受聘于厦门大学，任外国语言学副教授。[③] 曾开设"德文（一）""德文（二）"[④]课程，同时任经济学副教授[⑤]，开设"方法论""人口论"[⑥]"经济系说史""实用经济学""恐慌论"[⑦]等课程。

张星烺（1888—1951），1909 年 10 月至 1912 年 7 月留学于德国柏林大学，师从瑞士著名生物化学家、生理学家埃米尔·阿博赫登（Emil Abderhalden，1877—1950），[⑧]就读自然科学化学专业，[⑨]是我国第一位学习生理化学的留学生。[⑩] 他曾在《地学杂志》上发表《德国旅行记》，[⑪]1926 年受聘为厦门大学国学研究院教授。[⑫] 张星烺所著：《中西交通史料汇编》于 1930 年正式出版，首次汇集了中外关系史有关史料，在学术界享有盛誉。[⑬]

许雨阶，[⑭]早年留学于英国爱丁堡大学、剑桥大学，一战爆发后加入英国陆军军医团，战后由厦门大学聘为学侣，资送至德国柏林大学及汉堡大学热带医学研究所进行研究，获热带卫生学文凭。[⑮] 1926 年受聘为厦门大学卫生处主任，

---

① 生卒年不详。

② 刘悦、杜卫华：《近现代柏林中国学人考》，浙江大学出版社，2018 年，第 104 页。毕业情况不详。

③ 《厦大周刊》第 120 期，1925 年 9 月 26 日。

④ 《厦大周刊》第 161 期，1926 年 10 月 30 日。

⑤ 《厦大周刊》第 280 期，1932 年 4 月 6 日。

⑥ 《厦大周刊》第 168 期，1926 年 12 月 18 日。

⑦ 《厦大周刊》第 242 期，1930 年 11 月 1 日。

⑧ 张星烺：《德国旅行记》，载《地学杂志》，1912 年第 3 卷第 1 期，第 16-33 页。

⑨ 刘悦、杜卫华：《近现代柏林中国学人考》，浙江大学出版社，2018 年，第 102 页。毕业情况不详。

⑩ 修彩波：《近代学人与中西交通史研究》，光明日报出版社，2010 年，第 95 页。

⑪ 张星烺：《德国旅行记》，载《地学杂志》，1912 年第 3 卷第 1 期，第 16-33 页。

⑫ 《厦大周刊》第 157 期，1926 年 10 月 2 日。

⑬ 如据张星烺整理，明初有德国人细尔脱白格（Johann Schiltberger）曾在 15 世纪 20 年代著有《游记》一书，其中略记中国。［参见张星烺：《中西交通史料汇编（1）》，华文出版社，2018 年，第 332 页］

⑭ 朱真一在《台湾热带医学人物：开拓国际交流的医学先驱》一书中曾引用三个不同文献来源，按其记述，许雨阶的出生年份可能是 1883 年、1888 年或 1891 年。

⑮ 有关许雨阶受聘为厦门大学学侣以及资送德国研究的信息记载于《厦大周刊》第 159 期。1926 年 10 月 16 日。另在朱真一的《台湾热带医学人物：开拓国际交流的医学先驱》一书中，记载许雨阶在汉堡大学所获得的证书为"Diploma of Tropical Hygiene，DTH"，即热带卫生学硕士文凭。

负责在校师生的医疗、卫生、保健及新生入学体检工作。其德语论文《关于接种蛔虫干物质的皮肤反应研究》曾代表厦门大学在 1929 年西湖博览会上参展。[①]

　　张颐(1887—1969),1921 年在德国埃尔兰根大学留学,研究康德及黑格尔哲学。[②] 1927 年 11 月 19 日任厦门大学副校长。[③] 曾开设"伦理学(三)""泰西哲学(三)""伦理学史(三)"[④]"康德哲学"[⑤]课程。

　　何博礼(Jakob Christian Reinhard Hoeppli)(1893—1973),1893 年出生于德国威斯巴登,出生时拥有瑞士和德国的双重国籍,1936 年放弃德国国籍。早年在德国海德堡大学和基尔大学接受医学训练,后在汉堡取得自然科学博士学位。[⑥] 1928 年至 1929 年受聘为厦门大学生物系教授,[⑦]曾教授病理学。[⑧]其著作曾代表厦门大学在 1929 年西湖博览会上参展。[⑨]

　　曾天宇(1885—?),[⑩]1927 年获柏林大学国家学博士学位,[⑪]《柏林经济周报》特约记者,柏林康德学会会员。1929 年受聘于厦门大学,曾任经济系主任、经济系教授。[⑫] 1930 年春,厦门大学将法律、政治、经济三学系归为法学院,曾天宇任法学院院长。[⑬] 曾开设"经济学(一)""经济政策""经济问题"等课程。[⑭]

　　张恪惟,[⑮]德国柏林大学法学博士,1933 年受聘为厦门大学法学院经济学教授。[⑯]

---

① 《厦大周刊》第 206 期,1929 年 5 月 25 日。

② 张在军:《坚守与薪传:抗战时期的武大教授》,新锐文创出版社,2013 年,第 137 页。

③ 《厦大周刊》第 173 期,1927 年 11 月 19 日。

④ 《厦大周刊》第 168 期,1926 年 12 月 18 日。

⑤ 《厦大周刊》第 196 期,1929 年 3 月 9 日。

⑥ Th. Freyvogel, Reinhard Hoeppli 1893—1973, in *Bulletin Schweizerischen Akademie Medizinischen Wissenschaften*,1973,29,159-160.

⑦ 陈营、陈旭华编:《厦门大学校史资料·第五辑:组织机构沿革暨教职工名录》,厦门大学出版社,1990 年,第 131 页。

⑧ 《厦大周刊》第 256 期,1931 年 4 月 18 日。

⑨ 《厦大周刊》第 206 期,1929 年 5 月 25 日。

⑩ 叶隽:《作为中国现代大学德文系师资的汉学家》,载《中华读书报》,第 17 版,2015 年 12 月 16 日。

⑪ 刘悦、杜卫华:《近现代柏林中国学人考》,浙江大学出版社,2018 年,第 107 页。

⑫ 《厦大周刊》第 211 期,1929 年 10 月 5 日。

⑬ 《厦大周刊》第 337 期,1934 年 4 月 6 日。

⑭ 《厦大周刊》第 242 期,1930 年 11 月 1 日。

⑮ 生卒年不详。

⑯ 《厦大周刊》第 306 期,1933 年 2 月 20 日。

萧贞昌(1899—1983),1929 年获德国莱比锡大学经济学博士学位。[1]
1938 年受聘为厦门大学商业学系教授。[2] 1941 年任厦门大学商学院会计学系主任。[3]

萧伟信,瑞士柏邑大学经济学博士,于德国第宾根大学慕尼黑大学福兰克府大学及英国伦敦大学政治经济学院从事研究工作,1939 年 8 月到厦门大学任教。[4]

夏坚白(1903—1977),1935—1939 年在德国皇家柏林高等工业学校(今柏林工业大学)留学,获得测量学博士学位以及特许工程师称号,[5]1939 年受聘为厦门大学土木系教授。[6]

叶明升,[7]德国柏林大学工程师,1939 年受聘为厦门大学土木系教授。[8]

陈耀庭,[9]1940 年获德国耶拿大学法学博士,[10]1941 年受聘为厦门大学政治系副教授。[11]

张稼益(1906—?),[12]德国但泽工业大学(今波兰格但斯克工业大学)机械工程师,1942 年 3 月受聘为厦门大学机电工程学系教授。

王亚南(1901—1969),1931 年 11 月赴德国深造,[13]1945 年后受聘为厦门

---

[1] Yuan, Tungli, *A Guide to Doctoral Dissertations by Chinese Students in Continental Europe*, *1907—1962*, Taipei: Chinese Cultural Research Institute, 1964, 78.

[2] 洪永洪:《厦门大学校史(第一卷)》,厦门大学出版社,1990 年,第 165-166 页。(此处写为"肖贞昌")

[3] 陈营、陈旭华编:《厦门大学校史资料·第五辑:组织机构沿革暨教职工名录》,厦门大学出版社,1990 年,第 18 页。

[4] 参见《厦门大学教职员一览》(1939 年),中国第二历史档案馆馆藏,国立中央大学档案,档案号 648-1430,第 14 页。

[5] 刘悦、杜卫华:《近现代柏林中国学人考》,浙江大学出版社,2018 年,第 14 页。

[6] 《厦大通讯》第 1 卷第 8 期,1939 年 8 月 21 日。

[7] 生卒年不详。

[8] 《厦大通讯》第 1 卷第 8 期,1939 年 8 月 21 日。

[9] 生卒年不详。

[10] Yuan, Tungli, *A Guide to Doctoral Dissertations by Chinese Students in Continental Europe*, *1907—1962*, Taipei: Chinese Cultural Research Institute, 1964, 71.

[11] 《厦大通讯》第 3 卷第 10 期,1941 年 10 月 25 日。

[12] 陈营、陈旭华编:《厦门大学校史资料·第五辑:组织机构沿革暨教职工名录》,厦门大学出版社,1990 年,第 244 页。

[13] 王亚南:《中国官僚政治研究》,中国社会科学出版社,1981 年,附录:孙越生:《王亚南生平》。

大学经济系教授,曾担任法学院院长兼经济系主任。[①] 1950 年被任命为中华人民共和国第一任厦门大学校长。

包乐道(1893—?),[②]德国人,德文名不详,1946 年任教于厦门大学外国语文学系,兼任英文及德文讲师。[③]

黄阑孙(1910—?),[④]德国明斯特大学化学博士,1945 年 9 月年受聘为厦门大学化学系教授。[⑤]

安永瑞(1900—1963),1931 年获德国莱比锡大学经济学博士学位,[⑥]1948年受聘于厦门大学商学院银行、会计系。[⑦]

周子亚(1911—1995),1936 年至 1937 年留学柏林大学法律系,[⑧]1946 年9 月受聘为厦门大学政治学系教授。[⑨]

李士彤(1907—?),[⑩]1941 年获柏林大学法学博士学位,[⑪]1947 年 8 月受聘于厦门大学法律系。[⑫]

郭一岑(1894—1977),1928 年获德国图宾根大学哲学院博士学位,[⑬]1946年 8 月受聘为厦门大学教育系教授。[⑭] 1947 年 1 月受聘为厦门大学心理学教

① 《厦大通讯》第 7 卷第 1 期,1945 年 9 月 20 日。

② 陈营、陈旭华编:《厦门大学校史资料·第五辑:组织机构沿革暨教职工名录》,厦门大学出版社,1990 年,第 267 页。

③ 《厦大校刊》第 1 卷第 8 期,1946 年 12 月 31 日。

④ 陈营、陈旭华编:《厦门大学校史资料·第五辑:组织机构沿革暨教职工名录》,厦门大学出版社,1990 年,第 141 页。

⑤ 陈营、陈旭华编:《厦门大学校史资料·第五辑:组织机构沿革暨教职工名录》,厦门大学出版社,1990 年,第 141 页(此处写作"黄兰孙")。

⑥ Yuan, Tungli, *A Guide to Doctoral Dissertations by Chinese Students in Continental Europe*, *1907—1962*, Taipei: Chinese Cultural Research Institute, 1964, 73.

⑦ 《厦大校刊》第 4 卷第 1 期,1948 年 10 月 23 日。

⑧ 刘悦、杜卫华:《近现代柏林中国学人考》,浙江大学出版社,2018 年,第 138 页。

⑨ 《厦大校刊》第 1 卷第 7 期,1946 年 11 月 30 日。

⑩ 《国立北京大学在滇教职员同学录》,转引自夏新华:《寻访李宜琛》,载《华东政法大学学报》,2009 年第 3 期,第 139-144 页。

⑪ 刘悦、杜卫华:《近现代柏林中国学人考》,浙江大学出版社,2018 年,第 140 页。

⑫ 《厦大校刊》第 4 卷第 3 期,1949 年 1 月 25 日。

⑬ Yuan, Tungli, *A Guide to Doctoral Dissertations by Chinese Students in Continental Europe*, *1907—1962*, Taipei: Chinese Cultural Research Institute, 1964, 68.

⑭ 陈营、陈旭华编:《厦门大学校史资料·第五辑:组织机构沿革暨教职工名录》,厦门大学出版社,1990 年,第 130 页。

授,同时负责厦门大学心理实验室工作。^①

孙述先,生卒年不详,德国莱比锡大学毕业,^②1948 年受聘为厦门大学外国语文学系德文教授。^③

敦福堂,生卒年不详,1939 年获德国耶拿大学数学与科学学院博士学位,^④1949 年受聘为厦门大学教育学系心理学教授。^⑤

林苏弼(E. S. Drake),生卒年不详,英国人,曾在德国海德堡大学、慕尼黑大学研究两年,^⑥1949 年受聘为厦门大学外国语文学系教授。^⑦

二、汇通中西——语言学家周辨明的留德经历

厦门大学外国语言文学系第一任系主任、著名语言学家周辨明是近现代倡导汉语拼音的先驱之一。他的主要研究领域包括汉语、闽南语拼音化、方言音韵以及汉字索引法等。著有《中华国语音声字制》《半周笔笔墨法说明》《半周字汇索引》《厦语入门》《厦语音韵之构造与性质》,编译《万国通语论》、《语言学概要》(与黄典诚合作)等。1891 年 11 月 13 日,周辨明出生于福建厦门,^⑧1911 年毕业于上海圣约翰大学,1914 至 1917 年在清华学校任英文教师,后前往美国哈佛大学攻读数学。1921 年厦门大学创立后,周辨明担任总务主任兼教授数学。^⑨ 1923 年任外国语言文学系首任系主任。^⑩ 1928 年赴德国汉堡大学哲学院学习,师从著名汉学家佛尔克,^⑪博士毕业后,1931 年回厦门大学担

---

① 《厦大校刊》第 2 卷第 1 期,1947 年 2 月 28 日。

② 具体留学年份及毕业情况不详。

③ 《厦大校刊》第 4 卷第 1 期,1948 年 10 月 23 日。

④ Yuan,Tungli, *A Guide to Doctoral Dissertations by Chinese Students in Continental Europe*,1907—1962, Taipei: Chinese Cultural Research Institute,1964, 67.

⑤ 《厦大校刊》第 4 卷第 4 期,1949 年 3 月 31 日。

⑥ 具体年份不详。

⑦ 《厦大校刊》第 4 卷第 4 期,1949 年 3 月 31 日。

⑧ 郑锦怀:《泉州翻译家与中西交流:生平述介与著译考录》,中国海洋大学出版社,2016 年,第 20 页。

⑨ 徐友春主编:《民国人物大辞典(上)》,河北人民出版社,2007 年,第 940 页。

⑩ 颜如璇、颜园园:《鼓浪屿侨客》,厦门大学出版社,2000 年,第 5 页。

⑪ 艾默力(Reinhard Emmerich):《"我总觉得自己一再被那些孤独而自由的思想所吸引"——佛尔克评传》,收入(德)马汉茂、(德)汉雅娜、张西平、李雪涛主编:《德国汉学:历史、发展、人物与视角》,大象出版社,2005 年,第 413 页。

任注册部主任、文学院外国语言学教授，创办先驱国语社与国语罗马字刊，提倡汉字罗马化，[①]1934 年任文学院院长兼外国文学系主任。[②] 1941 年再任文学院院长。1945 年抗战胜利后，周辨明被任命为复员处处长，积极筹备学校迁返厦门的事宜。此后周辨明一直在厦门大学服务，直至 1948 年。1949 年他受聘于新加坡中华大学，任语言学教授。1954 年后在新加坡马来西亚大学任中文教师，1962 年至 1976 年曾任新加坡政府"职员训练中心"训练专员、英文翻译指导教师，1984 年 4 月 28 日于新加坡逝世，享年 93 岁。[③] 周辨明在厦大任职二十多年，并完整地经历了厦门大学长汀时期的办学，为厦门大学，尤其是外文系的发展，留下了无法磨灭的影响。[④]

　　1946 年 4 月 6 日，在 25 周年校庆之际，厦门大学特地为周辨明安排了一场"庆祝在校任教 25 周年"纪念活动，并在庆典上向这位在厦门大学历史上功不可没的先生赠送银鼎一座，上镌"师儒硕望"，学生代表也向他送上纪念手杖，上书"望重成均"。周辨明一生致力于汉语拼音化、方言及音韵研究，著述颇丰。汇通中西的学术背景使他得以打通语言间壁垒，借他山之石以攻玉，站在不同的视角审视语言的奥秘。

　　对于周辨明是从何时开始接触德文的，尚不得而知，但据推测，他在 1921 年加入厦门大学之前应已掌握德文。据 1922 年 12 月 31 日出版的《厦大周刊》第 11 期报道，周辨明作为德法文教授组织了学生圣诞日旅行。[⑤] 1928 年，时任厦门大学校长林文庆与校董陈嘉庚商议，决定给予资深教师以福利，符合资格的教师可享受一年假期，其间薪俸照发。[⑥] 正是在这样的条件下，在厦门大学服务年满七周年的周辨明有了赴德继续深造的机会。于是他于 1928 年离厦，先是在柏林大学，后转入汉堡大学哲学院求学（图 10-4）。[⑦] 周辨明在汉堡期间，在当时德国的著名汉学家佛尔克指导下从事汉学、语音学以及比较语言学研究。

　　1929 年，周辨明休假期满，按照规定，他应在期满之时回校任教，如果继

① 《厦大周刊》第 302 期，1932 年 12 月 5 日。

② 《厦大周刊》第 346 期，1934 年 9 月 24 日。

③ 徐友春主编：《民国人物大辞典（上）》，河北人民出版社，2007 年，第 940 页。

④ 王豪杰主编：《南强记忆·老厦大的故事》，厦门大学出版社，2009 年，第 131 页。

⑤ 《厦大周刊》第 11 期，1922 年 12 月 31 日。

⑥ 《厦大周刊》第 186 期，1928 年 4 月 28 日。

⑦ Universitätsarchiv Hamburg, Best. 201c Abteilung 3-Studium und Lehre, Immatrikulationskarten, Bien-ming Chiu 1912 (geb. 13.11.1891).

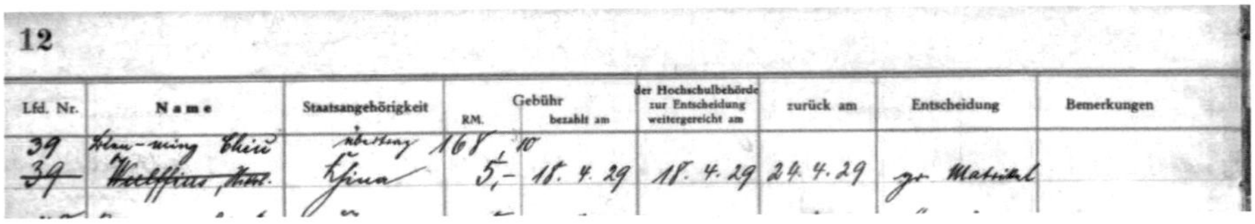

图 10-4　周辨明（Bien-ming Chiu）在德国汉堡大学的注册记录

图片来源：Eintrag von "Bien-ming Chiu" im Matrikelportal online，URL：https://www.matrikelportal.uni-hamburg.de/receive/matrikelhh_matrikel_00021707，[2022-05-29].

续在国外深造,则费用自理。但在周辨明留德学习的事情上,厦门大学显然没有"依规办事",于是便有了后来厦门大学贷款给周辨明支持其完成博士学业的故事。[①]　而周辨明也不负众望,在 1930 年完成了博士毕业论文《客家话语音结构与声调情况》(The Phonetic Structure and Tone Behaviour in Hagu)。[②]　1931 年秋季学期,周辨明学成归来,厦门大学旋即委以重任,负责大学招生事宜,[③]同时周辨明也作为语言学教授继续从事教学工作。在《厦大周刊》第 275、276 期合刊中,记载了 1931 年秋季学期文学院所开的课程。除教授"语音学"和"国语音学及国语罗马学"之外,周辨明同时还开设"德文(一)""德文(二)"等课程。[④]　随着抗战全面爆发,1938 年厦门大学内迁长汀,办学条件十分艰苦。危难时刻,周辨明挺身而出,身兼教务处总务长、中国文学院教授兼主任等数职,[⑤]根据其学生回忆,除行政工作外,他"每周授英、德、法诸国语文课多达十六小时"[⑥]。1941 年,周辨明再任文学院院长。[⑦]　厦门大学在长汀时期的教学工作得以顺利开展,这位厦大"元老"绝对功不可没。

　　在厦门大学任教近 30 载,周辨明见证了厦门大学的诞生与成长、曲折与艰辛、发展与荣耀,而他个人的命运也早已与这所大学息息相关。在其个人学术生涯中,求学德国的经历占有重要的一席之地,他博士毕业回国后陆续发表

---

① 《厦大周刊》第 203 期,1929 年 5 月 4 日。

② Yuan, Tungli, *A Guide to Doctoral Dissertations by Chinese Students in Continental Europe*，1907—1962，Taipei：Chinese Cultural Research Institute，1964，66.

③ 《厦大周刊》第 269 期,1931 年 11 月 7 日。

④ 《厦大周刊》第 275、276 期合刊,1931 年 12 月 26 日。

⑤ 《厦大通讯》第 1 卷第 1 期,1939 年 1 月 1 日。

⑥ 黄典诚:《春风化雨忆吾师》,载周辨明、黄典诚译:《语言学概论》,福建教育出版社,1985 年,第 3 页。

⑦ 《厦大通讯》第 3 卷第 5 期,1941 年 5 月 25 日。

的《万国通语论》(1932 年)、《厦语音韵声之结构与性质及其与中国音韵学上某些问题之关系》(1934 年)、《八年抗战中国语文国际化的进展》(1945 年)等著作,均体现了其"汇通中西"的国际视野,而他对汉语语言(包括方言)始终如一的研究热情,也因为有了中西文化交流的养分而结出了累累硕果。

三、中国古塔与明式家具——对中国文化情有独钟的艾锷风

　　曾长期与周辨明在外文系共事的德国教师艾锷风,德文名音译为古斯塔夫·艾克(Gustav Emil Wilhelm Ecke),后入美国籍,专于艺术史,研究领域涵盖欧洲文学史、中国艺术史和佛学。曾主编英德法三语刊物《华裔学志》(*Monumenta Serica*,*Journal of Oriental Studies*)①,著作有《泉州双塔》《中国花梨家具图考》等。艾锷风 1896 年出生,其父古斯塔夫·艾克(Gustav Ecke,1855—1920)是波恩大学神学系教授。② 艾锷风的童年和学生时代是在家乡波恩度过的。1922 年,他因战争背井离乡,次年在莱比锡完成了博士论文,主题涉及法国艺术家梅龙(Charles Meryon,1821—1868)和浪漫主义运动。③ 1923 年,艾锷风受聘于厦门大学,成为该校第一位外籍教师,④作为哲学系教授,教授希腊语、希腊哲学和德文课程。⑤ 他于 1928 年离开厦门大学,后辗转任教于清华大学,弟子中包括曾在清华大学西洋文学系主修德文的著名学者季羡林。1935—1948 年,艾锷风任辅仁大学教授。⑥ 1948 年 12 月,他在 52 岁时应邀重回厦门大学任客座教授。1950 年,他赴美国任夏威夷大学

---

① 《华裔学志》(*Monumenta Serica*):1934 年由辅仁大学汉学家鲍润生(Franz Xaver Biallas)任第一任主编,内容涉及宗教、艺术、文化史等汉学研究成果,是重要的国际性汉学刊物。

② Pierre Jaquillard,In Memoriam:Gustav Ecke 1896—1971,in *Artibus Asiae* 34,no. 2/3(1972),114-118.

③ Paul Demiéville,Gustav Ecke,1896—1971,in *Journal of the American Oriental Society*,Vol.92,3(1972),470.

④ Paul Demiéville,Gustav Ecke,1896—1971,in *Journal of the American Oriental Society*,Vol.92,3(1972),470. Paul Demiéville 在文中提到,当他 1924 年加入厦门大学的时候,艾锷风和他是全校仅有的两个外国人。

⑤ 《厦大周刊》第 168 期,1926 年 12 月 18 日。

⑥ Pierre Jaquillard,In Memoriam:Gustav Ecke 1896—1971,in *Artibus Asiae* 34,no. 2/3(1972),114-118.

东方美术学教授。退休后,艾锷风曾以访问学者的身份回到波恩大学。①
1969 年再回到夏威夷,1971 年在夏威夷去世。

艾锷风的名字第一次出现在厦门大学史料中,是在 1926 年出版的《厦大
周刊》第 134 期上,该刊记载了艾锷风出席校评议会一事,第二次则出现在同
期的保存山石委员会的名单上。② 在厦期间,艾锷风对中国的民俗文化产生
了浓厚的兴趣,究其原因,除了其自身的成长环境之外,20 世纪初德国思想界
兴起的东方学热潮也是重要的影响因素。汉堡(1909)、柏林(1912)、莱比锡
(1922),以及后来的法兰克福(1925)于 20 世纪初相继建立了汉学中心,标志
着德国汉学进入了繁荣时期。艺术领域的代表性动作则是在科隆建立了东亚
艺术博物馆,这意味着德国汉学对于东亚艺术研究的重视及其长久以来基于
人种学的探讨逐渐向挖掘东亚艺术价值、学术价值的转向。③

艾锷风与中国传统建筑艺术之间的渊源与德国建筑师、汉学家柏石曼密
切相关。有关柏石曼的在华经历及其与福建的交集在本书第八章已有详细介
绍。在与艾锷风的通信中,柏石曼指出,欧洲人对于中国建筑的评价非常高,
对其关注程度超过了其他艺术门类,以此鼓励艾锷风着手研究中国建筑。④
除了鼓励之外,艾锷风和柏石曼实际上还有实质性的合作关系,共同开展研究
工作,当时二人一个在德国,一个在中国,艾锷风承担了实地拍摄的工作,并因
此获得了柏石曼的资助。艾锷风的很多建筑摄影作品都收录在了柏石曼的文
章中。

1926 年 10 月 10 日,厦门大学在校长林文庆主导下成立了国学研究院,
一时群英荟萃,声名鹊起。该研究院的成立也与欧洲人对于中国传统文化的
发掘有关。在《厦门大学国学研究院发掘之计划书》⑤中直接写明了国学研究
院设立的背景:"二十年来欧美考古之学者,以我国有最古之文明与悠久之历

---

① Paul Demiéville, Gustav Ecke, 1896—1971, in *Journal of the American Oriental Society*, Vol.92, 3(1972), 470.

② 《厦大周刊》第 134 期,1926 年 1 月 2 日。

③ 详见许翰为(Hans-Wilm Schütte):《中国学学术的创立——科学文化史一瞥》,周克骏译,载(德)马汉茂、(德)汉雅娜、张西平、李雪涛主编:《德国汉学:历史、发展、人物与视角》,大象出版社,2005 年,第 3-12 页。

④ Hartmut Walravens, *Und Der Sumeru Meines Dankes Würde Wachsen Beitrage Zur Ostasiatischen Kunstgeschichte in Deutschland*(1896—1932), Wiesbaden: Harrassowitz Verlag, 2010, 105.

⑤ 《厦大周刊》第 158 期,1926 年 10 月 9 日。

史。群来东方实地考察。其研究结果之公表于世,有裨益于东方史学为世界所周知者。"①正是在此背景下,继北大国学门、清华大学国学院之后,厦门大学成立了全国第三个,也是南方唯一一个国学研究专门机构。观其组织结构与人员构成,更是显示出了当时厦门大学国学院的宏大雄心和人才实力。国学研究院开展的研究以考古学为重点,人员构成多元且分工明确。地质学、文字学、历史学、人类学、美术史领域的专家汇聚一堂,通力合作。鲁迅、林语堂、罗常培、沈兼士、顾颉刚、张星烺、孙伏园、张颐、俄国人史禄国(Serg Mikháilovich Shirokogórov,1887—1939)、法国汉学家戴密微(Paul Demiéville,1894—1979)等中外著名的大师级学者齐聚,阵容鼎盛一时。艾锷风虽不是国学研究院的成员,但却十分期待国学研究院的建立能够对自己的研究有所帮助。他购置的蔡司相机,很可能获得了来自学校的经济资助。② 更重要的是,他直接参与了国学院组织的泉州第一次访古考察,于 1926 年 10 月 31 日至 11 月 3 日与著名考古学家陈万里、历史学家张星烺一同前往泉州。张星烺精于中西交通史,认为"泉州为中古东西文明交换地点,中外货物输入输出之中心地,今得亲往调查,诚大快事也"③。陈万里此行之意在于探索泉州灵山南麓的伊斯兰教圣墓。而令艾锷风流连忘返的,则是开元寺的古塔,甚至在陈张二人返程之后,为了计划拍摄开元寺东塔,艾锷风还多留了一日④(图 10-5)。陈、张、艾三人在游学中多有互动,陈万里在泉州伊斯兰教先贤墓拓碑的照片,据说就是由艾锷风拍摄的。⑤ 另外,在参观泉州清净寺时,艾锷风又与西班牙神父阿奈资(Arnaiz)及张星烺一起,将阿拉伯语的石刻碑文经由法文、英文转译成汉文。⑥ 多年之后,艾锷风与戴密微⑦合作出版了《刺桐双塔:中国晚近佛教雕塑研究》一书,该书被列入哈佛燕京学社专著系列第二卷,于 1935 年由哈佛大学出版社出版。戴密微是艾锷风在厦门大学的同事,二人的兴趣相近,他的名字

---

① 《厦大周刊》第 158 期,1926 年 10 月 9 日。

② Hartmut Walravens, *Und Der Sumeru Meines Dankes Würde Wachsen Beitrage Zur Ostasiatischen Kunstgeschichte in Deutschland*(*1896—1932*), Wiesbaden: Harrassowitz Verlag, 2010, 106.

③ 张星烺:《泉州访古记》,载《史学与地学》,1928 年第 4 期,第 1-16 页。

④ 陈万里:《泉州第一次游记》,载《厦大国学研究院周刊》,第 1 期,1927 年 1 月 5 日。

⑤ 朱水涌:《厦大往事》,厦门大学出版社,2011 年,第 90 页。

⑥ 张星烺:《泉州访古记》,载《史学与地学》,1928 年第 4 期,第 1-16 页。

⑦ 戴密微原籍瑞士,1930 年入法国籍,1924 至 1926 年在厦门大学任教,教授法文、印度文明和佛教史等。

也同样出现在上文提及的保存山石委员会中。

图 10-5　泉州东塔(左)、西塔(右)(艾锷风摄于 1928 年)

图片来源:《泉州访古记》(张星烺,载《史学与地学》,1928 年第 4 期,第 1-16 页)。

　　至于艾锷风离开厦门,去清华大学任教的原因,从他与德国汉学家柏石曼的信件来往中可以找到一些蛛丝马迹。在 1928 年 11 月 23 日写给柏石曼的信中,艾锷风记录了当时福建地区的治安状况,并对自己的处境进行了评估:"进入一月以来,我一直在开化寺研究,这里三个月之内发生了十二起谋杀案以及不计其数的绑架案,外部环境很艰难。不过到目前为止,我本人还没有遇到危险。我希望夏天再次前往的时候不是我的大限之时。"[1]虽是这样说,但从艾锷风的性格来看,他不是畏惧危险之人。[2]　此外,在厦门大学国学研究院

①　Hartmut Walravens, *Und Der Sumeru Meines Dankes Würde Wachsen Beitrage Zur Ostasiatischen Kunstgeschichte in Deutschland*（1896—1932）, Wiesbaden：Harrass-owitz Verlag, 2010, 108. 译文来自本章作者。

②　陈万里曾在《泉州第一次游记》中记载,"在我们临走的前几天,有许多朋友都劝我们不要去"。游历也不是一项正经的事,冒着去跟土匪打交代吗?"艾先生很决绝地说:"没有这回事,我们还是去罢。"

建立之后,艾锷风曾抱有很大期待,尤其希望在研究经费方面得到支持,但最后结果似乎并不令他满意。当时学校内部的权力斗争似乎也颇为激烈,艾锷风拍摄的一些胶片甚至在混乱中丢失。[①] 但如果说他是因为畏惧困难或研究受挫而离开厦门大学,则未免失之偏颇。艾锷风前往清华大学的真正原因应与他对于中国文化研究的不断深入有密切关系。在初到中国的岁月里,艾锷风对中国文化艺术的研究还主要停留在建筑、雕塑等器物层面,所做的工作更多是拍摄照片和收集资料。随着研究的深入,他对以汉字为载体的中国文化精神产生了兴趣。在 1928 年 2 月 23 日和 6 月 7 日写给柏石曼的信中,艾锷风曾两次表达了自己学习中文的愿望。能够系统地学习中文甚至成为他接受清华大学邀请的重要原因。[②] 1957 年,新儒家学者唐君毅曾在夏威夷见到了艾锷风,并称后者能讲中国话,[③]可见艾锷风学习中文并非空谈。

　　艾锷风在清华任教后,成为季羡林的老师,并指导了季羡林的学士论文《荷尔德林的早期诗歌》。[④] 此外季羡林对于梵文的兴趣也与艾锷风有关。[⑤] 1935 年,艾锷风转到辅仁大学任教。辅仁大学于 1925 年由美国本笃会创办,提倡中西优秀学术文化并举的办学理念。[⑥] 辅仁大学创建时,中国的教会大学中国化运动正值高潮,反基督教运动与朝野结合收回教育主权的运动此起彼伏,为适应这一形势,教会大学无论是在教学计划、机构设置,还是在研究方向上都作出了相应调整,更加重视中国传统文化,特别是中国古代史和文字的

---

①　Hartmut Walravens, *Und Der Sumeru Meines Dankes Würde Wachsen Beitrage Zur Ostasiatischen Kunstgeschichte in Deutschland*（1896—1932）, Wiesbaden: Harrassowitz Verlag, 2010, 106.

②　Hartmut Walravens, *Und Der Sumeru Meines Dankes Würde Wachsen Beitrage Zur Ostasiatischen Kunstgeschichte in Deutschland*（1896—1932）, Wiesbaden: Harrassowitz Verlag, 2010, 110.

③　唐君毅:《唐君毅日记:一九四八——一九六三》,吉林出版集团有限责任公司,2014 年,第 159 页。

④　参见叶隽:《汉学家的中国碎影》,福建教育出版社,2017 年,第 40 页。季羡林后来在访谈中谈到,艾锷风只在开始指导了自己的学士论文,后来因为离开中国去英国,没有完成指导工作。

⑤　季羡林:《清华园日记》,青岛出版社,2015 年,第 225 页。1933 年 8 月 29 日的日记中,季羡林写道:"最近我忽然对 Sanskrit(梵文)发生了兴趣,大概听 Ecke 谈到林藜光的原因罢。"

⑥　何建明:《辅仁国学与陈垣》,章开沅主编:《文化传播与教会大学》,湖北教育出版社,1996 年,第 237 页。

研究。正是在这一背景之下，对于中国传统文化有着广阔兴趣的艾锷风来到了辅仁大学，主讲艺术史。在任教期间，作为著名汉学期刊《华裔学志》的创始人之一，艾锷风积极进行汉学研究。在《华裔学志》1935年发行的创刊号中，泉州的东西双塔（镇国塔、仁寿塔）作为塔式建筑研究的重要一环，继《刺桐双塔》见刊之后，再次与福州的无垢净光塔、福清水南塔一起出现在《石质建筑亭式宝塔的结构特征》一文中。①

艾锷风离开厦门大学前往清华大学任教20年之后，在1948年重返厦大。他初入厦大执教的时候是风华正茂的27岁，再回厦大之时已是52岁。此时的艾锷风已在学界颇负盛名，除《刺桐双塔》之外，他的著作《中国花梨家具图考》更是被誉为研究中国明式家具的近现代开山之作。他对传统中式家具的兴趣，同样源于他20年前在闽地一次游览经历："廿年前，当我在福建旅行时，第一次发现了中国细木工家具之美，这些家具在西方极少为人知晓。"②重返厦大时，他的个人履历较之1928年已丰富许多，1949年的《厦大校刊》曾这样介绍他："艾锷风：（Dr. G. Ecke）外国语文学系德文教授，德国人。1923年至1928年曾在本大学任哲学及德文教授，颇负盛名。历任北平清华大学、辅仁大学及华文学校教授，近应本校之聘，于去年十二月中旬到校授课。"③

纵观艾锷风在厦门大学的岁月，作为一名大学教师，艾锷风可谓勤勉，在1926年的"各科教员每周授课时数之调查"④中，艾锷风以每周11小时的授课时长排在所有34位文科教员中的第5位。出于对中国文化的喜爱，艾锷风从厦门出发，游历大江南北，研究中国的建筑、雕塑、家具和绘画。泉州开元寺古刹钟声、闽地巧夺天工的明式花梨，是其学术生涯的起点，亦是他了解中国文化艺术的起点。

---

① Ecke，Gustav，Structural Features of The Stone - Built T'ing-Pagoda：A Preliminary Study，in *Monumenta Serica*，vol. 1，2（1935），253-276. JSTOR，http://www.jstor.org/stable/-40725349［2022-5-24］.
② 古斯塔夫·艾克：《中国花梨家具图考》，地震出版社，1991年，第9页。
③ 《厦大校刊》第4卷第3期，1949年1月25日。
④ 《厦大周刊》第168期，1926年12月18日。

第四节　总　结

　　厦门大学保存的众多近现代文献刊物,让我们得以在散落的历史碎片中找到在这所大学中发生的中德文化交流的记录。留学汉堡的语言学家周辨明、情系中国文化的德国教师艾锷风……这些中西学者将个人的学术事业作为桥梁,以他山之石为本民族文化注入新的活力。此外,厦门大学还曾与柏林植物博物院、柏林出版社等机构有过密切联系,共同促进学术研究。①

　　厦门大学成立之始,正值近代中国高等教育的起步时期。同时期的德国国力正迅速强大,作为"迟到的民族国家",展现出"后发而强盛"之势,其影响力也经由一批重要留德学人,在中国的近现代教育史上留下了独特印记。厦门大学作为南方沿海地区重要的高等学府,依托相对自由的交流环境,不可或缺地参与了中德之间的人文交往。无论是理念的影响、人员的流动,还是机构间的往来,厦门大学作为一所处于中西交汇前沿的东南沿海大学,在近现代中德文化交流中展现了不可替代的独特元素。

---

① 《厦大周刊》第117期记载,德国柏林植物园来厦门大学互换植物标本;《厦大周刊》第125期记载,汉堡东亚公会代表摩尔(F. W. Mohr)来厦门大学参观;《厦大周刊》第196期记载,厦门大学参与出版品国际交换,寄往德国国立图书馆;《厦大校刊》第1期第4卷记载厦大图书馆获得来自德马格股份公司(Demag Aktionsgesellschaft)的赠书。

第十一章　德意志地区的福建印记^①

宋元时期,海上丝绸之路的起点泉州就是当时世界海洋商贸的中心。除了丝绸之外,茶叶也是海上丝绸之路运输的主要商品。17 世纪中后期,英国、西班牙、荷兰等国的商船都曾停靠厦门港口,进口茶叶等商品。18 世纪,美国、法国和瑞典也开始从中国进口茶叶。第一次鸦片战争结束之后,福州、厦门等通商口岸开放,英、美、澳三国进口的茶叶中一度有 90％都来自福州口岸。^②

19 世纪后半叶,福州船政学堂开始派遣船政学生出国留学,主要学习造船等科学技术。与此同时,也开始有中国学生通过官派或者自费途径赴德留学,所学专业多样,大大促进了中德之间文化和学术领域的交流。其间涌现出了一批著名的闽籍学者,如严复、林纾、辜鸿铭和林语堂等,其中林语堂、周辨明等人学成归来之后都曾任教于厦门大学。尤其辜鸿铭和林语堂等人长期致力于用英文写作,向西方介绍中国。《清流传》《中国人的精神》《中国牛津运动故事》《吾国与吾民》《老子的智慧》等不同主题和不同题材的著作问世后不久,均被翻译成德语在德国出版,有些作品甚至连续多年一版再版,拥有广泛的读者群体。

第一节　福建与茶叶贸易

中国的饮茶文化历史久远,早在唐朝时期,陆羽所撰写的《茶经》便已系统

---

① 　本章作者:薛梅梅(德国基尔大学)
② 　周玉璠:《福建海上丝路茶贸易史略》,载《中国茶叶》,2018 年第 8 期,第 65 页。

地介绍了茶叶的起源、生产和饮用等相关知识。这一时期的茶叶贸易不再局限于中原地区,而是拓展到了西北边境的少数民族地区,并且形成了独特的茶马互市现象。① 茶叶沿着茶马古道被销售至西亚和阿拉伯国家。此外,日本和朝鲜派遣到唐朝的使团也将茶叶及饮茶文化带回了各自国家。两宋时期,茶叶已经成为中国向东南亚各国出口的重要物资之一。元朝时期忽必烈出征南洋诸国和明朝郑和七下西洋都促进了茶叶向南亚的输出。② 但直到明朝末期(16 世纪),茶这一饮品才出现在欧洲人的视野之中。葡萄牙传教士克鲁兹(Gaspar da Cruz,1520—1570)曾先后在印度、马六甲、柬埔寨等地传教,1556年在广州居住期间,他留意到了当地的饮茶文化。1560 年回到葡萄牙之后,他撰写了第一本有关中国饮茶文化的葡语著作《中国茶饮录》,文中提到广州当地上等人家习惯用茶叶来招待客人,而茶则是一种用草木的叶子所煎成的红色汁液,味道发苦,有一定医用价值。③

明万历十年(1582 年),意大利传教士利玛窦(Matteo Ricci, 1552—1610)乘船抵达澳门,随后暂居香山和广州。直到 1583 年 9 月,时任广西巡抚郭应聘才允许利玛窦一行进入内地,定居肇庆。1589 年,由于教会受到新任两广总督刘继文的排斥,利玛窦被迫移居韶州。1595 年,利玛窦计划前往南京,却遭到时任南京工部侍郎徐大任的反对,只好先暂居南昌。1598 年至 1599 年间,他曾三次试图前往南京,最终于 1599 年 2 月抵达南京。1601 年,利玛窦应明神宗的诏书入京,上奏疏,进贡方物。1610 年,利玛窦病逝于北京。④ 直到这一时期,欧洲对中国茶叶依然知之甚少。利玛窦在其晚年的著作《利玛窦中国札记》中特意向欧洲人介绍了茶树这一植物以及中国的饮茶文化:

> 有一种灌木,它的叶子可以煎成中国人、日本人和他们的邻人叫做茶(Cia)的那种著名饮料。中国人饮用它为期不会很久,因为在他们的古书中没有表示这种特殊饮料的古字,而他们的书写符号都是很古老的。的确,也可能同样的植物会在我们自己的土地上发现。在这里,他们在春天采集这种叶子,放在荫凉处阴干,然后他们用干叶子调制饮料,供吃饭时

---

① 参见朱自振:《茶史初探》,中国农业出版社,1996 年,第 70-71 页。
② 参见管家骝:《中国茶叶外传与"茶之路"》,载《中国茶叶加工》,1999 年第 1 期,第 34-35 页。
③ (美)威廉·乌克斯:《茶叶全书(上)》,中国茶叶研究社社员集体翻译,中国茶叶研究社出版,1949 年,第 15 页。
④ 详见林金水:《利玛窦在中国的活动与影响》,载《历史研究》,1983 年第 1 期,第 26-31 页。

饮用或朋友来访时待客。在这种场合,只要宾主在一起谈着话,就不停地献茶。这种饮料是要品啜而不要大饮,并且总是趁热喝。它的味道不很好,略带苦涩,但即使经常饮用也被认为是有益健康的。

这种灌木叶子分不同等级,按质量可卖一个或两个甚至三个金锭一磅。在日本,最好的可卖到十个甚至十二个金锭一磅。日本人用这种叶子调制饮料的方式与中国人略有不同。他们把它磨成粉末,然后放两三汤匙的粉末到一壶滚开的水里,喝这样冲出来的饮料。中国人则把干叶子放入一壶滚水,当叶子里的精华被泡出来以后,就把叶子滤出,喝剩下的水。①

与利玛窦同属耶稣会的比利时人尼古拉·金尼阁(Nicolas Trigault,1577—1628)将《利玛窦札记》的原稿从澳门带回了罗马,并在途中将该书稿译为拉丁文。1615 年,《利玛窦札记》的拉丁语译本在德国②城市奥格斯堡首次出版。该书面世后立即在欧洲引起了广泛关注,其他欧洲语言译本很快陆续问世,如法语、德语译本等。③ 借由书籍这一载体,中国的茶文化也在欧洲传播开来。

值得注意的是,以上所提著作中对于"茶"采用的都是 Chá(葡萄牙语)或者 Cia(早期意大利语,已不再使用)的音译拼写方式。一方面,明朝实施海禁政策,广州港是唯一开放的港口,无论是葡萄牙传教士克鲁兹,还是意大利传教士利玛窦,都曾在广州港逗留,再从此处进入大陆地区。据利玛窦回忆,当时广东沿海的居民对外国人心存疑惧,只允许葡萄牙人一年举办两次集市,每次为期两个月,地点是在广东省内。④ 根据两词的发音,可以判断对音应源自粤语中"茶"的发音。

17 世纪后半叶至今,在欧洲大陆上还广泛使用着另外一种对茶叶的称呼,如英语中的 Tea,法语中的 thé,德语中的 Tee 等。德国的《德语词源词典》(1993)⑤和《杜登外来词词典》(2003)⑥以及《德语词源词典》(2012)⑦均注明,受到荷兰语

① (意)利玛窦:《利玛窦中国札记(上)》,何高济等译,中华书局,1983 年,第 17-18 页。

② 德国当时处于神圣罗马帝国时期(962—1806)。

③ 参见(意)利玛窦:《利玛窦中国札记(上)》,何高济等译,中华书局,1983 年,中译者序言,第 2、3 页。

④ (意)利玛窦:《利玛窦中国札记(上)》,何高济等译,中华书局,1983 年,第 144 页。

⑤ *Etymologisches Wörterbuch des Deutschen*. Akademische Verlag,1993,1420-1421.

⑥ *Das große Fremdwörterbuch. Herkunft und Bedeutung der Fremdwörter*. Duden,2003,1332.

⑦ *Etymologisches Wörterbuch der deutschen Sprache*. Kluge,2012,911.

中 thee 一词的影响,德语中将茶叶称作 Tee。以辅音字母"t"开头的发音方式源自厦门方言,应与 17 世纪起荷兰东印度公司从福建省采购茶叶有着密切的关系。

最早有关茶叶的荷兰语记载可以追溯到 16 世纪末。当时荷兰航海家林斯豪登(Jan Hugo Van Linschoten,1563—1611)与葡萄牙人同游印度,并且将这一经历记录在了 1595 至 1596 年出版的《旅行谈》中。这部著作于 1598 年被译为英文,在英国伦敦出版。[①] 1607 年,装载着第一批茶叶的荷兰东印度公司商船从中国澳门出发,经由爪哇,最终于 1610 年抵达荷兰阿姆斯特丹。荷兰东印度公司的职员作为最先接触并运输和销售茶叶的人,无论职位高低,都养成了饮茶的习惯。但是,由于荷兰本土茶叶依然稀缺,只有上层社会的人士才能享受得到茶这种饮品。直到 18 世纪之后,饮茶习俗才风靡荷兰社会各阶层,家家户户都设有茶室。[②]

荷兰从福建大批量进口茶叶的历史则要到 17 世纪 60 年代才开始。根据荷兰东印度公司总督与董事会的书信往来,1666 年东印度公司在福建省接受了大量茶叶,一时无法内部消化,便将其中一大部分运回到荷兰。但是东印度公司并未借此机会正式开展茶叶贸易。直到 17 世纪 80 年代,荷兰人私自携带茶叶进入欧洲的情况已成规模,引起了公司董事会的注意。1685 年,董事会在写给荷印总督的信中表示公司将会采购 2 万磅新鲜的上等茶叶并作为商品销售。此后,荷兰才逐步发展成为欧洲最大的茶叶供应国。[③]

与荷兰接壤的德意志地区也受到了荷兰茶叶贸易和饮茶文化的影响。1650 年,茶叶经由荷兰进入德意志地区,到了 1657 年,茶叶已经成为德意志商业市场上的主要商品之一。但茶叶消费主要集中在沿海地带,尤其是直接与荷兰接壤的地方。例如,德意志地区西北部、与荷兰接壤的东弗里斯兰(Ostfriesland)以饮茶文化而闻名。[④] 相较而言,德意志其他地区的茶叶消费发展相对缓慢。

2016 年,东弗里斯兰茶文化(Ostfriesische Teekultur)被收录于德国《联邦非物质文化遗产名录》中。根据德国联合国教科文组织委员会的介绍,约 300 年前,东弗里斯兰人就开始饮茶,并且逐步形成了独特的饮茶文化,其中

① 参见(美)威廉·乌克斯:《茶叶全书(上)》,中国茶叶研究社社员集体翻译,中国茶叶研究社出版,1949 年,第 14、16 页。
② 庄国土:《十八世纪中荷海上茶叶贸易》,载《海交史研究》,1992 年第 1 期,第 87 页。
③ 庄国土:《十八世纪中荷海上茶叶贸易》,载《海交史研究》,1992 年第 1 期,第 88 页。
④ (美)威廉·乌克斯:《茶叶全书(上)》,中国茶叶研究社社员集体翻译,中国茶叶研究社出版,1949 年,第 18 页。

最著名的是东弗里斯兰茶道（Die ostfriesische Teezeremonie）。饮茶时，当地人会先在杯子中放入大块的冰糖（Kluntje），然后将热茶直接倒在冰糖上，紧接着会沿茶杯边缘淋入奶油，这样奶油会先沉入杯底，再慢慢浮起，像云朵一样飘在茶汁表面，这种现象被当地人称作"Wulkje"（茶云）。原则上过程中是不可以搅拌茶的，因为这样才会在喝茶的时候品到三个层次的味道：首先是奶油的绵香，然后是浓烈的茶香，最后是冰糖的甜香。当地最具特色的茶具以红色玫瑰图案为装饰，所以被称为"东弗里斯兰玫瑰"（Ostfriesische Rose），而茶叶则是以真正的东弗里斯兰混合茶（Echt Ostfriesische Mischung）为主。实际上，这是一种以阿萨姆邦茶为基础的混合红茶，味道浓烈，但是当地人认为，只有在东弗里斯兰完成混合的茶才能被称为真正的弗里斯兰混合茶，可见当地人在饮茶一事上的固执之处。①

当然，当地茶文化的传承并不仅局限于家庭内部的代际传承，而且还在当地人定期举办的品茶活动中不断得到强化。此外，当地还设立了茶叶博物馆，即东弗里斯兰茶叶博物馆（Ostfriesisches Teemuseum）。② 该博物馆的常设展览内容从东弗里斯兰本土的茶文化出发，纵观世界茶文化的发展，涵盖了茶叶的种植、加工、东弗里斯兰混合茶的制作以及当地特色茶具的装饰。

今天，茶不再是奢侈品，而是与咖啡、可可等一道，成为全球性的日常饮品。除了德国东弗里斯兰地区以独具地方特色的茶文化而闻名，德国的超市货架上各种茶叶品类应有尽有，与传统的草药茶摆在一起，茶饮已深深融入了德国人民的日常生活之中。

在德语中也出现了很多与 Tee（茶、茶叶）相关的词汇以及衍生词汇（表11-1），这些词汇不仅被收录在《杜登外来词大词典》中，也被广泛收录在《杜登德语大词典》中，这意味着，Tee 这一词汇已成为日常生活中的通用词汇，其外来词的属性逐渐模糊。Tee 在衍生词方面也具有强大的生命力，派生出了Teebäckerei（茶点）、Teebüchse（茶罐）等诸多词汇。除此以外，饮茶文化也体现在德国人生活的方方面面，除了东弗里斯兰等地区独特的饮茶仪式，还有以茶会友的社交文化，如茶话会（Teegesellschaft）。可见，茶叶贸易的发展不仅促进了两国经济上的发展，还培养了德国人消费茶叶的习惯，饮茶成为日常生活和文化的一部分。

---

① 德国联合国教科文组织委员会网站：https://www.unesco.de/kultur-und-natur/immateri-elles-kulturerbe/immaterielles-kulturerbe-deutschland/ostfriesischer-tee，[2022-03-23]。

② 东弗里斯兰茶叶博物馆官方网站：https://teemuseum.de/，[2022-03-23]。

表 11-1 《杜登外来词大词典》(2007)和《杜登德语大词典》(1999)中收录的 Tee 及衍生词

德语中的中文外来词	含义	出处
Tee	茶（叶）	《杜登外来词大词典》(2007)
Orange-Pekoe	白毫（茶）等级的一种	
Pekoe	白毫（茶）	
Souchong	小种（红茶）	
Souchongtee	小种（红茶）	
Tein/Thein	茶碱	
Pu-Erh-Tee/Pu-Er-Tee	普洱茶	《杜登德语大词典》(1999)
Teebäckerei	茶点	
Teebeutel	茶包	
Teeblatt	茶叶	
Teebrett	小型方垫	
Teebüchse	茶罐	
Tee-Ei	泡茶用的圆形空心球状器具	
Tee-Ernte	茶叶采摘	
teefarben	茶色的	
Teefilter	茶滤	
Teegebäck	茶点	
Teegeschirr	茶具	
Teegesellschaft	茶会	
Teeglas	茶杯	
Teehaube	茶罩	
Teehaus	茶馆	
Teekanne	茶壶	
Teekessel	烧茶壶	
Teeküche	茶点准备间	
Teelicht	圆形热茶小蜡烛	
Teelöffel	茶匙	
teelöffelweise	以茶匙为量	
Teemaschine	一种俄式茶壶	
Teemütze	茶壶盖（保温用）	

来源：《当代德语中的中文外来词及其发展趋势》(刘悦,《浙江大学学报〈人文社会科学版〉》,2013 年第 43 卷第 4 期,第 127-131 页）。

第二节　福建的港口及航海文化

　　泉州港曾是宋元时期世界第一大港。明清时期由于海禁政策,福建各港口被关闭。直到第一次鸦片战争战败,清政府被迫签订丧权辱国的《南京条约》,福州和厦门才被迫作为开放的五个通商口岸之二重新对外开放。

　　第二次鸦片战争结束后不久,1861 年 3 月,由艾林波公爵率领的普鲁士东亚特使团抵达中国,旨在为包括普鲁士在内的德意各邦国争取与英国、法国等《天津条约》条约国同样的利益。但是交涉过程并不顺利。清政府迫于无奈签订了《天津条约》,实际上对洋人心怀怨恨,所以对外来公使避而远之,一再推托。与此同时,英、法驻京公使担心,一旦清政府和普鲁士签订条约,自己的既得利益会受到损害,所以周旋其中。[①] 9 月 2 日,双方最终签订了《中德通商条约》[②](Handels- , Freundschafts-und Schifffahrtsvertrag mit China)和《中德通商章程善后条约:海关税则》[③]。《中德通商条约》第六款规定,当时的德意志各邦国国民可以在包括厦门、福州在内的港口居住、往来、贸易、工作。[④]

　　当时随普鲁士特使团来到中国的还有德国著名地理学家李希霍芬男爵,但他此次并没有机会进入中国内陆地区考察。在艾林波公爵与清政府交涉的过程中,他只能在周边地区和国家如中国台湾地区、菲律宾、爪哇等地考察,并且在此基础上撰写研究报告。1862 年,普鲁士特使团与日本、中国和泰国分别达成了贸易协议。但李希霍芬并没有随团返回普鲁士,而是选择从泰国的曼谷出发,穿越缅甸,到达印度。他曾试图规划从印度到中国内地的考察路线,但是碍于清朝新疆地区的民族反抗运动而无法入境。最终,他放弃了考察

---

① 参见王维江:《从德语文献看 1861 年中普通商条约的签订》,载《史林》,2011 年第 6 期,第 79 页。

② 参见王铁崖编:《中外旧约章汇编(第 1 册)》,生活·读书·新知三联书店出版,1957年,第 163-171 页。

③ 参见王铁崖编:《中外旧约章汇编(第 1 册)》,生活·读书·新知三联书店出版,1957年,第 171-175 页。

④ 王铁崖编:《中外旧约章汇编(第 1 册)》,生活·读书·新知三联书店出版,1957年,第 165 页。

中国的计划,前往美国,一边从事德国驻美新闻记者工作谋生,一边继续地质研究。直到 1868 年,李希霍芬才有机会与当时驻中国的美国公使劳文罗斯(J. Ross Browne)一起从旧金山出发,途经日本,最终抵达北京。此次考察获得了加利福尼亚银行的资助。此后从 1868 年 9 月到 1872 年 10 月的四年多时间里,李希霍芬在中国共进行了七次考察,每次路线、任务和目的都不同。他走遍了当时中国十八个省中的十三个,如浙江、江西、安徽等,但未曾到过福建省。①

　　李希霍芬回到德国之后,于 1875 年被波恩大学聘为教授,并且被准许延期四年入职。他利用这段时间总结了自己在中国的考察经历,写作并出版了《中国》(China：Ergebnisse eigener Reisen und darauf gegründeter Studien)②一书的前两卷(图 11-1)。随后,他还曾担任莱比锡大学(1883—1886)和柏林大学(1886—1905)地理学教授以及柏林大学的校长(1903—1905)。③ 1883年,李希霍芬出版了该书的第四卷,并于 1884 年出版了一本聚焦中国北部地区的《中国地图集》(Atlas von China)(图 11-2)。1911 年,即李希霍芬逝世六年之后,他的学生迪森(Ernst Tiesson)主编出版了《中国》的第五卷。1912年,迪森出版了该书的第三卷。同年,格罗尔博士(Dr. M. Groll)编辑出版了第二卷《中国地图集》,收录了中国南方地区的相关地理、地质图。至此,李希霍芬的著作《中国》历时 35 年终于全部问世。1898 年,已进入暮年的李希霍芬又出版了一部题为《山东及其门户胶州》(Schantung und seine Eingangspforte Kiautschou)的著作。④ 这部著作的内容与 1897 年德国出兵强占胶州湾有着密切的关系。书籍主要基于李希霍芬从上海出发去山东考察的经历,着重介绍山东省的地理特征、居民、经济等方面。在该书的第一章,李希霍芬从地理学和经济学两个视角论述了为何要选取胶州湾作为德国海军的未来基地。实际上,包括厦门、泉州和福州在内的东南沿海港口同样在李希霍芬的考虑范围之内,这些港口开放时间早,贸易发展得也不错,但它们各自为营,并没

① 刘心务:《李希霍芬在中国的地质地理旅行考察》,载张寄谦编:《中德关系史研究论集》,北京大学出版社,2011 年。

② 德文版完整题目为 China：Ergebnisse eigener Reisen und darauf gegründeter Studien(意为《中国：亲身旅行成果和在此基础上的研究》)。

③ 参见刘心务:《李希霍芬在中国的地质地理旅行考察》,北京大学出版社,2011 年。

④ Ferdinand Freiherr von Richthofen, Schantung und seine Eingangspforte Kiautschou, Berlin：Dietrich Reimer,1898,https://brema.suub.uni-bremen.de/dsdk/content/titleinfo/2115776,[2022-03-30].

有促进整个东南沿海的海上交通的合作与发展,辐射范围有限。李希霍芬认为,虽然福建省早早便与海外建立了密切联系,例如很多中国人曾从福建出发,移民到东南亚的泰国、新加坡等国。① 但相比较而言,山东省气候宜人,煤矿业和工业都很有潜力,当地居民勤劳聪明,胶州湾则是北方甚至中国经济贸易的命脉,如若能在当地修建铁路,则不仅会促进当地经贸和文化的发展,还会使其成为北方交通和贸易的中心。②

图 11-1 李希霍芬所著
《中国》(1877—1883)封面

图 片 来 源: Ferdinand Freiherr von Richthofen. *China:Ergebnisse eigener reisen und darauf gegründeter Studien*. Berlin: D. Reimer,1877—1912, https://curiosity. lib. harvard. edu/expeditions-and-discoveries/catalog/38-990026006410203941,[2022-06-06].

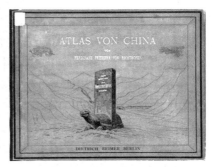

图 11-2 李希霍芬所著
《中国地图集》(1884)初版封面

图 片 来 源: Ferdinand Freiherr von Richthofen. *China:Ergebnisse eigener reisen und darauf gegründeter Studien*. Berlin: D. Reimer,1877—1912, https://curiosity. lib. harvard. edu/expeditions-and-discoveries/catalog/38-990026006410203941,[2022-06-06].

德国著名建筑师、港口工程专家乔治·弗朗鸠斯曾于 1897 年受普鲁士王国的秘密派遣与侄子弗朗茨一起来到东亚,考察香港、广州、厦门、胶州等中国

---

① Ferdiland Freiherr von Richthofen,*Schantung und seine Eingangspforte Kiautschou*,Berlin:Dietrich Reimer,第 245-246 页.
② Ferdiland Freiherr von Richthofen,*Schantung und seine Eingangspforte Kiautschou*,Berlin:Dietrich Reimer,第 305 页.

沿海城市，^①回国后撰写了题为《胶州：德国在东亚的收获》^②（*Kiautschou：Deutschlands Erwerbung in Ostasien*）的考察报告。该报告的第八章《厦门和三沙湾》（*Amoy und die Samsah-Bucht*）专门叙述了其在厦门的考察结果。有关该报告对于德国决定在华军港选址的影响已在本书第二章有过叙述。弗朗鸠斯认为，厦门和三沙湾满足建造一个优良港口的基本条件，但是由于该片水域遍布礁石（例如著名的礁石"幸福礁"等），涨潮时潮水最高甚至能达到 6 米，船只航行受到一定阻碍。此外，厦门内港两岸的花岗石风化严重，需要额外加固航道。与冬季相比，厦门夏季的气候并不宜人，甚至会影响健康。作为对外通商口岸，厦门在贸易领域的发展十分缓慢，甚至出现倒退之势，难以与香港比肩。由于印度、斯里兰卡等地成功地实现了茶叶的大规模种植和生产，并且对本国的茶叶产业实施保护政策，厦门的茶叶出口贸易额锐减，大不如前。弗朗鸠斯认为，这种萧条的贸易状况在可预见的将来是无法改善的。因此他认为，厦门并不是合适的军港选址地。随后，弗朗鸠斯将目光转向鲜为人知的、位于福州北部的三沙湾。德意志帝国的防护巡洋舰"威廉公主号"曾常在这里巡航，因此，弗朗鸠斯很熟悉这里的地理情况。但是，夏季这里的炎热气候对于欧洲人来说依然是个不小的挑战，而且很难被开发成一个交通发达的港口。一方面，陡峭的山脉阻碍了铁路的开发，另一方面，此地也没有丰富的资源可供后续开发。^③ 弗朗鸠斯一行人最终离开了福建，继续前往山东考察。除去对厦门和三沙湾选址可能性的专业分析，弗朗鸠斯还在书中嵌入了当时厦门海岸、鼓浪屿和三沙湾的风景照片（图 11-3）。

　　在福州考察期间，当地独特的交通工具中式帆船（德语称为"Dschunke"）给弗朗鸠斯留下了深刻的印象。中式帆船"多为三桅或四桅的巨型帆船，船尾高高翘起，船身有鲜艳的图案，航运性能十分出众"^④。相比于德国海军的大型轮船，这些小帆船能够在狭窄的航道自在航行，即使海岸周围多山脉，地势险要，

① （德）乔治·弗朗鸠斯：《1897：德国东亚考察报告》，刘妹、秦俊峰译，福建教育出版社，2016 年，第 1 页。

② 译文根据德文名称来自本章作者。该报告已出版的中译本收录于青岛日德战争丛书，具体信息如下：乔治·弗朗鸠斯：《1897：德国东亚考察报告》，刘妹、秦俊峰译，福建教育出版社，2016 年。

③ （德）乔治·弗朗鸠斯：《1897：德国东亚考察报告》，刘妹、秦俊峰译，福建教育出版社，2016 年，第 128-137 页。

④ （德）乔治·弗朗鸠斯：《1897：德国东亚考察报告》，刘妹、秦俊峰译，福建教育出版社，2016 年，第 90 页。

图 11-3　左上：厦门的幸福礁，右上：厦门的海岸风景
左下：鼓浪屿，右下：鼓浪屿上的德国领馆

图片来源：Georg Franzius. *Kiautschou. Deutschlands Erwerbung in Ostasien*. Berlin：Schall & Grund，1898，85-89. https://digi.ub.uni-heidelberg.de/diglit/franzius1898，［2022-06-06］.

它们也能够进入内陆深处。① 德文中"Dschunke"一词的发音方式源自中国南部方言中"船"的发音，经由马来西亚语进入欧洲语言，16 世纪的时候在德语中被称作 giuncho。Dschunke 这一名称在 18 世纪时经由英语(junk)进入德语。②

　　尽管德国海军在胶州湾谋求建立军事基地最终已成定局，在 1898 年的"德意志殖民协会"(Deutsche Kolonialgesellschaft)柏林-夏洛滕堡分会的一次会议上，弗朗鸠斯在做一场题为《胶州游记》的报告时，仍然详细介绍了自己在厦门和三沙湾的考察经历，称厦门是他最先感兴趣的港口，可惜厦门是《中英南京条约》规定的对外通商口岸，英国在此设有租界，拥有"管辖权"，若德国

----

① （德）乔治·弗朗鸠斯：《1897：德国东亚考察报告》，刘姝、秦俊峰译，福建教育出版社，2016 年，第 50-52 页。

② "Dschunke"，in：Wolfgang Pfeifer et al.，*Etymologisches Wörterbuch des Deutschen* (1993)，digitalisierte und von Wolfgang Pfeifer überarbeitete Version im Digitalen Wörterbuch der deutschen Sprache，https://www.dwds.de/wb/etymwb/Dschunke，［2022-03-30］.

想要在此地设立海军基地,可能会受到英国的反对而无法实现。由此可见弗朗鸠斯个人对厦门的偏爱。

第三节　闽籍作家著作的传播与接受

在中国近现代史上,为数众多的闽籍学者在中西方文化交流中留下了重要印迹。19 世纪末期,在西学东渐的思潮下,严复翻译了《天演论》(赫胥黎的《进化论与伦理学》)、《原富》(亚当·斯密的《国富论》)等西方经典著作,林纾则翻译了许多西方经典小说,如《巴黎茶花女遗事》(小仲马著)、《大卫·科波菲尔德》(狄更斯著)等。虽然一些儒家典籍在当时也已有英文译本,但是译者多为传教士,对儒家文化了解并不深。相比之下,辜鸿铭所译的《论语》《中庸》《大学》等作品更具有传播价值。在辜鸿铭的影响之下,林语堂也回归中国传统文化,用英文写作,向西方介绍中国。关于辜鸿铭和林语堂在近现代中德思想文化交流中的角色,本书第七章已有过专门叙述。本章则致力于从中国文化在德国传播和被接受的角度,重点关注二人的著作在德国的出版及其反响。

一、辜鸿铭著作的传播与接受

辜鸿铭出生在马来西亚槟榔屿,从小接受西方教育,曾先后就读于英国爱丁堡大学,德国柏林大学、莱比锡大学,法国巴黎大学,回到中国后,曾担任张之洞的洋文秘书。他推崇儒家精神,将《论语》《中庸》《大学》等经典翻译为英文。[①] 辜鸿铭的译本不同于此前西方传教士的版本,他善于引用歌德等西方作家的言论来为儒家经典作注解,这充分说明他学贯中西,也加强了他在西方读者心目中哲学家或者儒学家的形象。[②] 此外,他还基于对中西方文化和文明的了解,以英文撰写了《中国牛津运动故事》(*The Story of a Chinese Oxford Movement*)、《中国人的精神》(*The Spirit of Chinese People*)两部著作。这两部作品相继被译为德文出版(表 11-2)。《中国牛津运动故事》也称

①　参见孔庆茂:《辜鸿铭评传》,百花洲文艺出版社,1997 年,第 10-20 页。
②　Uwe Riediger. Ku Hung-ming Umriss eines Lebens (？—1928). In: *Oriens Extremus*,1987—1988,Vol. 31 (1987—1988),214,228.

《清流传》,其中提及的"清流运动"指的是清末由张之洞和李鸿章为代表的清流党所倡导的一场运动,目的在于"反对引进那些为李鸿章和中国自由主义者所热衷的外国方法和外国观念,通过呼吁国民更严格地信守儒家原则,来净化民族心灵和规范民族生活"①。

表 11-2　辜鸿铭作品英、德译版本汇总

《中国牛津运动故事》(原名《清流传》)				
英文初版题目	出版年份/出版社	德文初版及再版题目	译者	出版年份/出版社
The Story of a Chinese Oxford Movement	1909	*Chinas Verteidigung gegen europäische Ideen：Kritische Aufsätze*	Richard Wilhelm（卫礼贤）	1911/1921 Eugen Diederichs Verlag
《中国人的精神》(原名《春秋大义》)				
The Spirit of Chinese People	1915 The Peking Daily News	*Der Geist des chinesischen Volkes und der Ausweg aus dem Krieg*	Oscar A. H. Schmitz（施密茨）	1916/1917 Eugen Diederichs Verlag
				2012 Sarastro-Verlag
		Vox clamantis：Betrachtungen über den Krieg und anderes	Heinrich Nelson（亨利希·纳尔逊）	1920/1921 Der neue Geist

1909 年,《中国牛津运动故事》的英文版在上海出版。很多外国读者前往外文书店购买此书。清末学者、政治家沈曾植、赵凤昌等人都对这部作品赞赏有加。据称当时任教于青岛大学的一位德国汉学家还携《中国牛津运动故事》一书登门拜访,请辜鸿铭签名。② 辜鸿铭将该书寄给了与自己有书信往来的列夫·托尔斯泰,不幸的是托尔斯泰于 1910 年逝世,未能来得及回复辜鸿铭。③

1910 年,德国记者、作家阿尔冯斯·帕盖特(Alfons Paquet)在上海结识了辜鸿铭,在他的引荐之下,德国著名汉学家卫礼贤将这本书译成了德文,帕盖特

① 辜鸿铭:《辜鸿铭文集》,海南出版社,1996 年,第 298 页。
② 钟兆云:《辜鸿铭传(下册)》,中国青年出版社,2008 年,第 747、748 页。
③ 钟兆云:《辜鸿铭传(下册)》,中国青年出版社,2008 年,第 752、753 页。

本人为这本译著作序。1911 年,该书由迪德里希斯出版社出版,德文版书名为《中国对欧洲思想的抗拒》[①](*Chinas Verteidigung gegen europäische Ideen*)。[②]

　　该书出版之后,《传教学与宗教学》(*Zeitschrift für Missionskunde und Religionswissenschaft*)[③]等德国众多报刊均刊登了相关讯息,介绍该书的出版信息和主要内容。一些报刊还转载了部分章节,例如 1911 年 11 月 13 日出版的第 39 期《行动》杂志(*Die Aktion*)就刊登了该书第二章的内容,将其重新取名为《中国与欧洲人》(*China und die Europäer*),并注明作者为辜鸿铭。文章结尾简短地介绍了该书德译本的出版信息。[④] 该书评尽管内容相对有限,但它强调指出,德国民众若想了解中国知识分子如何看待欧洲,那么辜鸿铭的这本书绝对值得一读。

　　真正体现德国学界对辜鸿铭著作真实态度的是德国各界学者的书评。德国著名政论家、法学家和国民经济学家弗里茨·维特海默(Fritz Werthimer)认为,虽然辜鸿铭的文字带有强烈的主观色彩,但依然极具吸引力,且触动人心。维特海默肯定了辜鸿铭从历史角度对英国牛津运动与张之洞所领导的"清流运动"所作的对比,认为这一对比分析细腻且具有说服力,深刻描绘了支持者、反对者等各方参与者的内心,阐明了中国抗拒欧洲思想的原因。尽管如此,作为欧洲人,维特海默并不完全赞同辜鸿铭对欧洲人思想和行为的批判,也不赞同清流党的道路,认为辜鸿铭身处清流运动之中,无法对此作出客观的评价。然而,这些都无法掩盖维特海默对辜鸿铭这部著作的欣赏。[⑤]

　　德国学者克里斯多弗·贝姆(Christoph Behm)对辜鸿铭更是赞赏有加,大赞他英译的《论语》行文优美,考证了他与托尔斯泰通信的事实,肯定了他对西方经典和文学大家如莎士比亚、歌德等人的深入了解,甚至为辜鸿铭行文多重复而辩解,认为这是作者认真思考的表现。正如其评论文章的标题《一面中

① Hung-ming Ku, *Chinas Verteidigung gegen europäische Ideen*；Kritische Aufsätze., trans. Ricahrd Wilhelm, Jena：Eugen Diederichs, 1911. 电子版参见：https://archive.org/details/chinasverteidigu00kuhu/mode/2up, [2022-03-29].

② 张东书:《两个世界之间的文化桥梁:卫礼贤和迪德里希斯出版社》,载《国际汉学》,2010 年第 2 期,第 123 页。

③ Ku Hung Ming, Chinas Verteildigung gengen europäische Ideen, in *Zeitschrift für Missionskunde und Religionswissenschaft*. Jg. 1912，177-178.

④ Ku Hung Ming，China und die Europäer，in *Die Aktion*，Jg.1911. Nr. 39. 1219-1223.

⑤ Fritz Wertheimer, Ku Hung Ming. Die Verteidigung Chinas gegen europäische Ideen，in *Die Hilfe*，Jg. 1912，Nr. 3，40.

国的镜子》(*Ein chinesischer Spiegel*)所示,贝姆将这部著作视作了解东方思想的窗口,并且在此基础上反思了欧洲社会所面临的现实困境。[①]

尽管好评如潮,辜鸿铭的这部作品还是收获了一些批评的声音。例如德国历史学家胡格·比贝尔(Hugo Bieber)对辜鸿铭《中国牛津运动故事》的批判就十分犀利。他将关注点放在了辜鸿铭对中国传统文化的维护上,认为辜鸿铭因循守旧,过于保守,没有看清启蒙运动反传统的本质,还在一味宣扬那些不合时宜的、传统的思想。[②]

直到 1913 年,针对该书的书评仍时有出现,可见当时德国知识界对辜鸿铭的关注之高。一方面,早在《中国牛津运动故事》德文版出版之前,一些德国知识分子就曾读过辜鸿铭所翻译的英文版《论语》《中庸》等,对其已经有了一定的了解。另一方面,无论是英文原名《中国牛津运动故事》,还是德译版书名《中国对欧洲思想的抗拒》,这些标题都简单直接地将中国置于欧洲的对立面,更加剧了辜鸿铭著作的受关注度。辜鸿铭在书中传达的反现代化的文化保守主义思想倾向尽管在当时的西方社会中并不稀奇,但与辜鸿铭的东方学者身份存在反差,加之这些著作着重呈现了东西方文明的冲突,从而激发了读者的阅读兴趣,尤其使得它们在德国备受关注。[③]

第一次世界大战爆发后,卫礼贤和辜鸿铭密切关注局势,频繁交换意见。与此同时,辜鸿铭也在不断反思,试图从先贤圣哲的思想中寻找救世良方。最终,他认为欧洲文明已经毫无希望,中国文明才是唯一的出路。卫礼贤鼓励辜鸿铭用德语做"用孔教眼光看一战"的演讲。演讲虽然收费,但是欧美观众络绎不绝,想要一探究竟,了解中国人是如何看待一战的。随后,他还在俾斯麦纪念会上面对百名旅华德人发表了演说。据《辜鸿铭传》描述,辜鸿铭的两次德语演说效果好,令大批旅华德人倾倒,甚至让辜鸿铭在德国本土声名大振。[④]

凝聚了演讲核心思想的《中国人的精神》一书在德国的真实反响究竟如何,可以从该书德文版出版后的评论声音知悉。1915 年,辜鸿铭将自己之前发表的一些英文文章结集成册,取名为 *The Spirit of Chinese People*(《中国人的精

---

① Christoph Behm,Ein chinesischer Spiegel,in *Die Neue Rundschau*,Jg. 1912. Bd. I,863-868.

② Hugo Bieber,Ostasiatische Kulturkritik,in *Deutsche Rundschau*. Jg. 1913.(Jan.-März.),312-317.

③ 方厚升:《辜鸿铭与德国》,上海外国语大学博士论文,2007 年,第 75、76 页。

④ 参见钟兆云:《辜鸿铭传(下册)》,中国青年出版社,2008 年,第 951-957 页。

神》），还特意请书法家梁敦彦和梁鼎芬题写了中文书名《春秋大义》和《原华》，旨在呼应孔子在《春秋》中所传达的儒学经义。[①] 1916 年，德国知名作家奥斯卡·施密茨（Oskar Adolf Hermann Schmitz）将这部作品翻译成德文，[②]在德国引发了更为强烈的反响，首版很快售罄，于次年再版印制（图 11-4）。[③]

图 11-4　《中国人的精神》(1917)德文版封面

这本书在德国引发的讨论基本都是围绕"世界大战""中国思想""儒家学说""欧洲思想""基督教思想"等关键词展开的。德国神学家海因里希·德尔根斯（Heinrich Doergens）从天主教立场出发，引用欧洲神学经典，几乎全盘否定了辜鸿铭的观点，尤其是其对基督教的批判。[④] 德国社会学家马克斯·勃姆（Max Hildebert Boehm）则对辜鸿铭想要拯救欧洲于水火之中的想法表示蔑视，认为中国传统文化在当时的中国社会并没有发挥积极的作用，更遑论将

---

① 　钟兆云：《辜鸿铭传（下册）》，中国青年出版社，2008 年，第 968-970 页。

② 　德文版书名为 *Der Geist des chinesischen Volkes und der Ausweg aus dem Krieg*.

③ 　Hung-ming Ku, *Der Geist des chinesischen Volkes und der Ausweg aus dem Krieg*, trans. Oscar A. H. Schmitz, Jena：Eugen Diederichs, 1917, https://archive.org/details/dergeistdeschine00kuhuuoft/mode/2up? ref＝ol&view＝theater, [2022-03-30].

④ 　Heinrich Doergens, Weltkrieg, Konfuzianismus und Christentum, in *Theologie und Glaube*, Jg. 1918，176-184.

这一文化强加给欧洲社会。勃姆称,自己以欧洲文明为傲,找寻出路是欧洲人自己的任务。[①] 即使是心态相对开放的德国哲学家鲁道夫·冯·德里乌斯(Rudolf von Delius)也不认同辜鸿铭所指的道路,认为要在包括德国在内的欧洲社会引入一种新的世界观及文化绝非易事,即便引入也不一定适用,相反,欧洲应当发展属于自己的独特世界观和文化。相较而言,德里乌斯更倾向于反思欧洲文明在发展过程中忽视精神建设的问题。[②]

无论是出于对基督教传统的维护,还是对欧洲文明的自信,德国的读者普遍无法直接接受辜鸿铭所给出的建议。所以,《中国人的精神》这部作品虽然直击当时德国社会最关注的战争出路问题,但由于其过于坚定地守护儒家学说的立场,尤其在"中国的妇女"一章中对传统中国社会的"三从四德"、纳妾论等观念的维护,不免激发德国读者的质疑。此外,书中对基督教思想以及欧洲文明的批判也让德国读者难以接受。

尽管褒贬不一,但是随着《中国牛津运动故事》和《中国人的精神》这两部作品在短期内的出版和再版,当时的德国还是出现了一场"辜鸿铭热"。

据当时留学德国哥廷根大学的中国学者魏时珍[③]回忆,他在拜访德国哲学教授莱昂纳德·奈尔逊(Leonard Nelson,1882—1927)时,后者曾主动谈及辜鸿铭。作为中国人,魏时珍只是听说过辜鸿铭的名号,知道他是一个穿长衫、留长辫的"老顽固",并不受当时中国年轻人的喜爱。这令奈尔逊教授十分诧异。后者的书架上摆着三本辜鸿铭的著作,分别是《呐喊》《中国人的精神》《中国牛津运动故事》的德译版本。阅读完这些作品之后,奈尔逊教授十分敬佩辜鸿铭,并且强烈推荐魏时珍去阅读这些书籍。无独有偶,当时的另一位中国留学生章用[④]告诉魏时珍,自己所认识的两位哲学教授也十分敬仰辜鸿铭。其中一位甚至要求学生必需要读辜鸿铭的著作,若对辜鸿铭一无所知,则不能参加研讨课。在追忆辜鸿铭先生的一篇文章中,魏时珍一直在强调中德两国对待辜鸿铭的态度的巨大反差——在中国国内,辜鸿铭似乎为年轻人所诟病,被视作老古董,但在德国,他却备受对中国感兴趣的学者的推崇。[⑤]

---

① Max Hildebert Boehm, Chinesentum, Europäismus und Weltkrieg, in *Die Hilfe*, 1917, No. 2, 26-28.

② Rudolf von Delius, Ku Hung Ming, in *Die Tat*, 1916/17. Bd. I., 544-547.

③ 魏时珍(名嗣銮)于 1920 年赴德留学,1925 年在德国哥廷根大学获得博士学位。

④ 章用,曾就读于德国哥廷根大学,曾任山东大学数学系讲师、浙江大学数学系教授。

⑤ 参见嗣銮:《辜鸿铭在德国》,载辜鸿铭:《辜鸿铭文集(下卷)》,黄兴涛等译,海南出版社,1996 年,第 590-592 页。

1920 年,当辜鸿铭的论文集《呐喊》在德国翻译出版时,他在德国的热度几乎已完全散去,该书在德国学界基本没有激起什么波澜。正如《呐喊》的译者亨利希·奈尔逊(Heinrich Nelson,1854—1929,莱昂纳德·奈尔逊的父亲),在序言中所言,辜鸿铭是"一个极不平常的人,一个还远没有引起人们足够重视的人"[1],是"欧洲尤其是德国人民真正的和正直的朋友"[2]。他认为,战后的德国人民应该看看这位中国人如何分析这场世界大战,从而能够正视西方文化的弱点,有选择地吸收中国文化,"学习中国人极其聪明、有高度教养、明智而又人道的优良品格",在此基础上反思和重建自己的世界观。[3]

综上可见,辜鸿铭之所以在德国备受瞩目,原因有二:一方面得益于他的著作对中西文化经典的信手拈来,对包括儒家学说在内的中国传统文化的深刻认识,甚至有几分偏执,迎合了当时欧洲社会对东方世界的好奇心;另一方面,无论是论述中国对欧洲思想的抗拒,还是论述将中国人的精神作为战争的出路,他都将欧洲社会的历史和现状作为分析和对比对象,让读者获得了很深的代入感,为当时的德国人民提供了一个反思社会以及战争的新视角。

二、林语堂著作的传播与接受

林语堂本科毕业于上海圣约翰大学,1919 年前往美国哈佛大学继续学业,最终获得语言学硕士学位。1922 年,林语堂开始在德国莱比锡大学汉学系攻读博士学位,1923 年凭借论文 *Zur Altchinesischen Lautlehre*(《汉语古音学》,又译《古代汉语音韵学》)获得哲学博士学位。

第一次世界大战结束前夕,林语堂还在德国莱比锡大学读书。当时辜鸿铭在德国已颇有名气。在林语堂的印象中,辜鸿铭"是一个怪物但不令人讨厌,因为他是具备一流才智的人,而且最重要的是他有见识和深度,不是这时代中的人能有的。在中国的人没有一个能像他这样用英文写作,他挑战性的观念、目空一切的风格,那种令人想起马太·安诺德的泰然自若及有条有理地展示他的观念和重复申说某些句话的风格,再加上汤玛斯·喀莱尔的戏剧性

---

① (德)亨利希·纳尔逊:《呐喊》(译者前言),载《辜鸿铭文集》,海南出版社,1996 年,第487 页。

② (德)亨利希·纳尔逊:《呐喊》(译者前言),载《辜鸿铭文集》,海南出版社,1996 年,第489 页。

③ (德)亨利希·纳尔逊:《呐喊》(译者前言),载《辜鸿铭文集》,海南出版社,1996 年,第487-490 页。

的大言,及海涅的隽妙……"①。在辜鸿铭的启发之下,林语堂也开始回归中国的思想传统,去发现中国传统文化的价值。

1923年回国之后,林语堂先后在北京大学和北京师范大学教授英文课以及语言学课程,也曾与沈兼士合办方言调查会,与钱玄同、赵元任一起探索国语罗马字方案。② 1926年5月,林语堂担任厦门大学文科主任兼语言学正教授、国学研究院总秘书。任职期间,他不仅参与了文学院院系课程的教授和教学大纲的调整,还参与筹备厦门大学国学研究院,力荐知名学者来国学院任职,组织学术活动,编撰国学院丛书以及相关刊物,促进了厦门大学人文学科的学术繁荣。此外,林语堂本人还出版了《汉代方言考》,与顾颉刚合作了《七种疑年录丛编》,发表了题为《闽粤方言之来源》的学术演讲,著述颇丰。③

1927年从厦门大学离职之后,林语堂开始将重心放在写作和翻译上。秉持着"两脚踏东西文化,一心评宇宙文章"的理念,他向西方世界介绍中国文化,向中国读者介绍外国文化。林语堂的写作和翻译活动经历了三个不同的时期,这也与其生活状态的变化有关。1920年到1936年,林语堂先后在厦门大学和武汉大学任教,这一时期,他主要从事中英文双语写作和翻译工作。1936年后,林语堂赴美生活三十年,致力于用英文写作,向海外介绍中国文化。1966年,林语堂回到中国台湾定居,同时回归中文写作。④

1935年,林语堂的英文成名作《吾国与吾民》(*My Country and My People*)在美国出版。该书一经面世便备受好评,一版再版,这是促使林语堂赴美工作与生活的直接原因,也使得他后来全面转向英文写作。这本书是在美国作家赛珍珠(Pearl Sydenstricker Buck)的引荐下面世的。1932年,赛珍珠凭借描述中国农民的小说《大地》(*The Good Earth*)获得普利策奖,1938年获得诺贝尔文学奖。赛珍珠在文学领域颇有造诣,对中国文学也有着深入的了解。1934年,赛珍珠受美国约翰·戴出版公司(The John Day Company)的委托,寻找一位精通英文、深谙中国文化的中国作家来撰写一部介绍中国的书籍。偶然之间,她在《中国评论周报》(*China Critic*)上读到了林语堂的作

---

① 林语堂:《从异教徒到基督教》,谢绮霞译,载《林语堂名著全集(第十卷)》,东北师范大学出版社,1994年,第67页。

② 高永安:《"林语堂"之谜及其博士学位论文平议》,载《吉林大学社会科学学报》,2022年第62卷第2期,第181页。

③ 柯文溥:《语言学家林语堂》,载《厦门大学学报(哲学社会科学版)》,2002年第5期,第0页。

④ 王珏:《林语堂英文译创研究》,华东师范大学博士学位论文,2016年,第29页。

品,认为林语堂可担起向西方世界介绍中国的重任,便与林语堂取得了联系。① 赛珍珠认为,《吾国与吾民》符合她对以阐述中国为主题的著作的要求,内容上能够真实而全面地介绍中国和中国人,在行文上亦能做到既优美又幽默。②

　　除《吾国与吾民》以外,林语堂在美国期间还以英文撰写并出版了多部作品,如《生活的艺术》(*The Importance of Living*)、《京华烟云》(*Moment in Peking*)、《老子的智慧》(*The Wisdom of Laotse*)等。这些作品不仅在美国一版再版,而且也被译成中文在中国国内出版,版本众多。林语堂的作品被译成德语,在德国出版的部分见表 11-3。

表 11-3　林语堂作品英文、德译版本汇总

《吾国与吾民》

英文版（初版）		德文版		
题目	出版年份/出版社	题目	译者	出版年份/出版社
My Country and My People	1935 New York：John Day Co.	*Mein Land und Mein Volk*	Wilhelm Emanuel Süskind（聚斯金德）	1936/1946 Stuttgart：Deutsche Verlags-Anstalt 2015 Esslingen：Drachenhaus-Verlag 2021 Leipzig：Deutsche Nationalbibliothek（1946 年版的电子版本）

① 冯智强、庞秀成：《林语堂海外成名作〈吾国与吾民〉版本考》,载《翻译史论丛》,2020 年第 2 期,第 95 页;王珏：《林语堂英文译创研究》,华东师范大学博士学位论文,2016 年,第 38 页。

② 赛珍珠：《吾国与吾民》(序言),黄嘉德译,载《林语堂全集(第 20 卷)》,东北师范大学出版社,1994 年,第 5 页。

续表

《生活的艺术》				
英文版（初版）		德文版		
题目	出版年份/出版社	题目	译者	出版年份/出版社
The Importance of Living	1937 New York：John Day Co.	*Weisheit des lächelnden Lebens*	Wilhelm Emanuel Süskind（聚斯金德）	1938/1949/1952/1955/1959/1979/1982 Stuttgart：Deutsche Verlags-Anstalt
				1953 Frankfurt a. M.：Büchergilde Gutenberg
				1960/1962/1963/1982/1984/1986/1988/1991/1994 Hamburg：Reinbek bei Hamburg
				2004 Frankfurt a. M.：Insel-Verlag

《京华烟云》				
英文版（初版）		德文版		
题目	出版年份/出版社	题目	译者	出版年份/出版社
Moment in Peking	1939 New York：John Day Co.	*Peking. Augenblick und Ewigkeit*	Lino Rossi（力诺·罗西）	1938/1943 Zürich：Büchergilde Gutenberg
				1950/1951 Frankfurt a. M.：S. Fischer

续表

《讽颂集》				
英文版（初版）		德文版		
题目	出版年份/出版社	题目	译者	出版年份/出版社
With Love and Irony	1940 New York：John Day Co.	*Ein wenig Liebe ...ein wenig Spott*	Ines Loos （伊内丝·洛斯）	1943/1953 Zürich：Rascher

《风声鹤唳》				
英文版（初版）		德文版		
题目	出版年份/出版社	题目	译者	出版年份/出版社
A Leaf in the Storm	1941 New York：John Day Co.	*Blatt im Sturm*	Lino Rossi （力诺·罗西）	1944 Zürich：Büchergilde Gutenberg
				1953 Frankfurt a. M.：S. Fischer
				1960/[1961] Stuttgart：Europäischer Buchklub Verlag

《杜十娘》				
英文版（初版）		德文版		
题目	出版年份/出版社	题目	译者	出版年份/出版社
Courtesan (Miss Tu)	1950 London：William Heinemann Ltd	*Die Kurtisane*	Leonore Schlaich （莱诺雷·施莱赫）	1951/1952/1964 Stuttgart：Deutsche Verlags-Anstalt
				1966 München：Goldmann
				1983 Frankfurt a. M.：Ullstein Verlag
				1989 Stuttgart：Engelhorn-Verlag

《唐人街》				
英文版（初版）		德文版		
题目	出版年份/出版社	题目	译者	出版年份/出版社
Chinatown（*Family*）	1949 New York：John Day Co.	*Chinesenstadt*	Leonore Schlaich（莱诺雷·施莱赫）	1952 Stuttgart：Deutsche Verlags-Anstalt
				1953/1955 Frankfurt a. M.：Büchergilde Gutenberg
				1966 Klagenfurt：Kaiser
				1967 München：Deutscher Taschenbuch-Verlag
				1983 Frankfurt a. M.：Fischer-Taschenbuch-Verlag

《老子的智慧》				
英文版（初版）		德文版		
题目	出版年份/出版社	题目	译者	出版年份/出版社
The Wisdom of Laotse	1948 New York：Random House	*Die Weisheit des Laotse*	Gerolf Coudenhove（格洛夫·库登霍韦）	1986/1987/ 1988/1989/ 1990/1992/ 1994 Frankfurt a. M./ München：Fischer-Taschenbuch-Verlag

续表

《中国传奇》				
英文版（初版）		德文版		
题目	出版年份/出版社	题目	译者	出版年份/出版社
Famous Chinese Short Stories. Retold by Lin Yutang	1952 New York：John Day Co.	*Die Botschaft des Fremden：Chinesische Geschichten*	Ursula Löffler（乌尔苏拉·洛夫勒）	1954 Stuttgart：Deutsche Verlags-Anstalt

《朱门》				
英文版（初版）		德文版		
题目	出版年份/出版社	题目	译者	出版年份/出版社
The Vermilion Gate	1953 New York：John Day Co.	*Leb wohl Sungano：Roman aus einem fernen Land*	Maria Wolff（玛利亚·沃尔夫）	1954 Frankfurt a. M.：S. Fischer

《武则天传》				
英文版（初版）		德文版		
题目	出版年份/出版社	题目	译者	出版年份/出版社
Lady Wu. A True Story	1957 London：William Heinemann	*Lady Wu：Das ungewöhnliche Leben e. Kaiserin*	Ingeborg Feltrin（英格博格·费尔特林）	1959 München：Kindler Verlag

《信仰之旅（从异教徒到基督徒）》				
英文版（初版）		德文版		
题目	出版年份/出版社	题目	译者	出版年份/出版社
From Pagan to Christian	1959 Cleveland：The World Publishing Co.	*Kontinente des Glaubens：Mein Weg zurück zum Christentum*	Marta Hackel/Christa Pfaff（玛塔·哈克尔/克里斯塔·普法夫）	1961 Stuttgart：Deutsche Verlags-Anstalt

续表

《古文小品译英》				
英文版（初版）		德文版		
题目	出版年份/出版社	题目	译者	出版年份/出版社
The Importance of Understanding	1960 Cleveland：The World Publishing Co.	*Glück des Verstehens*	Liselotte Eder/ Wolff Eder （莉泽洛特・埃德/沃尔夫・埃德）	1963/1966 Stuttgart：Ernst Klett Verlag
				1969 Stuttgart：Europäische Buch-u. Phonoklub；Europäische Bildungs-gemeinschaft
				1981 Frankfurt a. M.：Ullstein Verlag

《辉煌的北京：中国在七个世纪的景观》				
英文版（初版）		德文版		
题目	出版年份/出版社	题目	译者	出版年份/出版社
Imperial Peking. Seven Centries of China	1961 New York：Crown Publishers	*Schatzkammer Peking：Sieben Jahrhunderte Kunst und Geschichte*	Irmtraud Schaarschmidt-Richter （伊姆特劳德・沙尔施密特・李希特）	1963 Frankfurt a. M.：Umschau Verlag

《红牡丹》				
英文版（初版）		德文版		
题目	出版年份/出版社	题目	译者	出版年份/出版社
The Red Peony	1961 Cleveland：The World Publishing Co.	*Die rote Peony*	Iris Foerster，Rolf Hellmut Foerster （伊立斯・费斯特，罗尔夫・赫尔穆特・费斯特）	1964 Zürich：Diana Verlag
				1966 Stuttgart：Deutscher Bücherbund
				1967 Berlin：Deutsche Buch-Gemeinschaft
				1969 Frankfurt a. M.：Büchergilde Gutenberg

续表

《中国画论》				
英文版（初版）		德文版		
题目	出版年份/出版社	题目	译者	出版年份/出版社
The Chinese Theory of Art. Translations from the Masters of Chinese Art	1967 New York: Putnam's Publishing Co.	*Chinesische Malerei，eine Schule der Lebenskunst：Schriften chinesischer Meister*	Liselotte Eder（莉泽洛特·埃德）	1967 Stuttgart: Ernst Klett Verlag

《人生的盛宴》				
英文版（初版）		德文版		
题目	出版年份/出版社	题目	译者	出版年份/出版社
/	/	*Festmahl des Lebens：Eine Geschichte u. Gedanken aus China*	Maria Wolff/ Wilhelm E. Süskind（玛利亚·沃尔夫/聚斯金德）	1959 Freiburg: Hyperion-Verlag

注：德文版作品的出版信息来源为德意志国家图书馆官方图书目录（https://portal.dnb.de/opac.htm，［2022-06-09］）。

其中许多作品的德语译本在英文版问世不久便问世，《生活的艺术》《老子的智慧》等著作更是连续多年再版。但是德语版问世之后并未引发学界的广泛关注，只有《吾国与吾民》和《古文小品译英》引发了较大反响。

《吾国与吾民》于 1936 年由德国记者、作家、翻译家聚斯金德（Wilhelm Emanuel Süskind）翻译成德语，同时保留了赛珍珠女士所作的序言，由德意志出版社（Deutsche Verlags-Anstalt）出版（图 11-5）。

作为一部介绍中国、中国人和中国人生活各层面的英文著作，《吾国与吾民》在德国的接受总体而言是成功的。众多德国学者都被林语堂优美而幽默的行文风格所折服，对他客观而犀利的观点留下了赞美之词。这本书让德国读者看到了刻板印象之外的中国，或者说是未经美化的、真实的中国。

图 11-5 《吾国与吾民》(1936)德文初版封面和扉页

图片来源:德国古籍在线检索平台 ZVAB(Zentrales Verzeichnis Antiquarischer Bücher),https://www.zvab.com/,[2022-3-23]。扉页为林语堂手持水烟的照片,与英文版一致。

德国地理学家海因里希·施密特纳(Heinrich Wilhelm Schmitthenner)[①]于 1937 年在《地理学杂志》上发表了对《吾国与吾民》的书评。施密特纳曾任教于德国海德堡大学、莱比锡大学和马尔堡大学。除了从事地貌学研究之外,他还专注于东亚区域研究,曾在 1913 年和其博士论文导师、海德堡大学地理学教授阿尔贝特·黑特纳(Albert Hettner)一起从西伯利亚经中国到爪哇。从 1925 到 1926 年,他曾经在中国游历了十个月,活动区域主要在长江三峡地区。

施密特纳一开篇就肯定了林语堂良好的教育背景以及行文中秉持的客观态度,认为他既不驳斥其他观点,也不为自己的观点辩护,而是以对比中西方异同的写作方式尽可能呈现中国和中国人的各个层面。对于这位地理学家来说,地理学研究与当地人文有着密切的联系,正是独特的民族特质造就了中国人与当地自然之间的独特关系,造就了独特的文明。因而,施密特纳强烈推荐所有对中国或者东亚感兴趣的人阅读这本书。[②]

德国动物学家和生理学家阿尔弗莱德·库恩(Alfred Kühn)在 1937 年的书评中也高度赞扬了林语堂的作品,认为林语堂的论述公正而不失主见,既描绘了中国人民闪光的一面,也批判了其阴暗的一面,寄希望于人民的内在力

---

① Heinrich Wilhelm Schmitthenner:https://www.deutsche-biographie.de/sfz114128.html,[2022-03-23].

② Heinrich Wilhelm Schmitthenner, Yutang, Lin. Mein Land und mein Volk (Book Review). In:*Geographische Zeitschrift*,1937,Vol.43,Nr.12,464-465.

量，为当时中国持续几十年的政治和文化混乱找到了出路。库恩认为，也许林语堂的作品会因为过于犀利而被一部分人诟病，也许读者无法赞同他的每一个观点，但其实林语堂对中西方一视同仁。林语堂的文笔生动且贴近生活，有时极尽嘲讽，有时一笔带过，有时又很有煽动性。库恩本人深深地被这本书所吸引，并且乐于推荐给德国读者。①

为《吾国与吾民》撰写书评的还有时任柏林大学东亚系教授的佩尔尼茨（M. G. Pernitzsch），他曾撰写德国汉学教科书《中国宗教》（*Die Religionen Chinas*，1940）和 64 页的《中国国情研究》（*China Auslandskunde*，1940）来介绍中国。② 佩尔尼茨认为，林语堂的《吾国与吾民》在过度批判和过度美化之间找到了平衡，它虽然并不是一部学术著作，但其内容涵盖了中国人的德性、心灵和人生理想，以及妇女生活、社会生活、政治生活、艺术家生活等方方面面，值得汉学及相关学科的学者一读。③

除《吾国与吾民》之外，林语堂的另外一英文作品《古文小品译英》（*The Importance of Understanding*）也在出版后不久被翻译成德语，于 1960 年出版。德文版的译者是莉泽洛特·埃德（Liselotte Eder）和沃尔夫·埃德（Wolff Eder）。该版本并未将题目逐字直译，而是将 Importance（重要性）一词译为了 Glück（幸福/快乐）。该书德文版出版后的一篇书评正是从英文和德文题目的差异出发，认为德文题目强调了阅读古文作品所带来的乐趣，让人的心灵、灵魂和精神都得到滋养，获得力量。该书评的作者安德烈·埃卡德（Andre Edkardt）为德国韩国学者，曾先后任教于布伦瑞克工业大学和慕尼黑大学，被誉为德国韩国学的创始人。作为一名东亚学家，他对中国以及中国文字也有一定的了解，例如他曾在汉字的基础上发明了一种名为 Safo 的通用书写符号（Pasigraphie）。④ 埃卡德在书评中介绍了林语堂翻译这些古文小品的困难所在，认为中文文学的表达方式及其中蕴含的诗意远比内容更重要，与当下的氛围和感觉密切相关。对于中国人来说，阅读是一件关于精神的事情，滋

---

① Alfred Kühn，Lin Yu-tang，Mein Land und mein Vol（Book Review），in *Artibus Asiae*，1937，Vol.7，No. 1/4，267-268.

② Harmut Walravens，Streiflichter auf die deutsche Sinologie 1938-1943 sowie drei Dokumente zur deutschen Japanologie，In：*NOAG*，1999，199.

③ M. G. Pernitzsch，Lin Yutang，Mein Land und mein Volk（Book Review），in *Orientalistischen Literaturzeitung*，1938，Nr. 4，263.

④ Andre Edkardt：https://www. evolution-mensch. de/Anthropologie/Andre_Eckardt，［2022-03-30］.

养心灵,赋予生活价值和意义。埃卡德称,《古文小品译英》不仅仅是一本关于中国人的智慧和生活艺术的书,更是一部能够带领西方读者进入中国文学世界的作品,让读者走近中国人的生活,体验到中国古文小品的趣味所在。①

第四节 总 结

福建作为我国自古以来重要的茶叶出口地,当地生产的茶叶不仅被运往东南亚各国,也远销英国、西班牙、荷兰等国。17世纪初叶,荷兰人将茶叶带入欧洲,17世纪末叶,荷兰东印度公司开始大规模进口茶叶到欧洲。与此同时,[te/]这一发音也率先被荷兰人使用,并影响了包括德语在内的部分欧洲语言。在 Tee 被德语吸收为外来词之后,相关词汇和衍生词汇也不断丰富,涉及德国人生活的方方面面,既有不同茶叶种类的名称如 Pekoe(白毫茶)、Souchong(小种红茶)等,也有 Teebäckerei(茶点)、Teebüchse(茶罐)等饮茶仪式必备的食物和茶具,还有以茶会友的茶话会(Teegesellschaft),德国的东弗里斯兰地区甚至发展出了独特的饮茶文化。从茶叶这一商品的进口和消费,到 Tee(茶、茶叶)这一词汇被吸收为外来词,源自福建,漂洋过海而来的中国茶文化融入了德国人日常生活,成为他们文化和生活的一部分。

除了以上语言文化中的印记,在近现代的德国,虽然并未出现专门传播闽地文化的著作,但一些具有留德背景的近现代闽籍学者,如辜鸿铭和林语堂,致力于对外传播中国典籍,向西方世界介绍真实而全面的中国,仍给近现代中德交流留下了珍贵的印记。辜鸿铭的作品多基于中西方文化对比,具有很强的话题性和时代性,契合当时德国读者的阅读需求,在分析一战的同时介绍儒学经义,因而在德文版初问世时便引发了德国学界的广泛关注和讨论。林语堂的作品则更为多样,拥有更为广泛的受众,《杜十娘》《红牡丹》等小说连续多年一版再版,《吾国与吾民》《古文小品译英》等作品则更为直接地传达了中国人的思想传统和审美范式。

---

① Andre Edkardt,Lin Yutang:Glück des Verstehens(Book Review),in *Philosophischer Literaturanzeiger*,1964,Vol.17,125-127.

第十二章　福建的德国印记^①

从 1864 年德意志诸邦在闽设立领事馆开始,德意志在政治、经济、军事、社会、教育和文化等领域在福建的近现代历史上留下了诸多印记。这些印记以建筑和器物为主,成为后人记忆的历史文化载体。尽管现有的近现代中德交往历史建筑和器物遗存已屈指可数,但无论是追溯中德关系,还是追溯近现代福建各地的社会发展历史,这些历史的"见证者"都具有不可低估的研究价值。本章涉及的德国驻闽领事馆、"客邮"和博闻书院的概况此前已在第三章进行了叙述,下文更多是从相关文化印记的变迁展开。

第一节　德国驻福建领事馆

1844 年,福州开埠,英国率先要求在福州建立领事馆。起初,英国首任领事李太郭(G. T. Lay)计划在福州城内设领事馆,但遭到当地民众强烈反对。因为福州的商业贸易(包括对外贸易)始终在城外进行,闽浙总督刘韵珂要求英国人在城外设领事馆。1845 年,英国领事馆在仓山乐群路落成。^②

---

① 本章作者:戴冰枝(厦门大学)。
② 福州市地方志编纂委员会:《福州市志(第一册)》,方志出版社,1998 年,第 37 页。

神光寺事件①之后,英国人在福州城内设馆的企图再次以失败告终。② 有鉴于此,西方各国领事馆或代办处先后在福州城外的仓山设立,其中也包括德意志领事馆。

汉堡德商禅臣洋行(Siemssen & Co.)的创始人格奥尔戈·提奥多·希姆森(Georg Theodor Siemssen)较早就意识到,福州作为连接中国与汉堡的通商港口,在中德商贸往来中的作用将与日俱增。1853 年,希姆森向汉堡议会提议在福州建立领事馆。由于当时福州并没有从事汉堡相关业务的德商,所以希姆森建议,由美商旗昌洋行(Russell & Co.)的负责人斯普纳(C. W. Spooner)担任德意志驻福州领事,但是该建议并未被采纳。1856 年初,代表汉堡担任德意志驻上海领事的霍格(William Hogg)提议在福州设立领事馆,并由他本人兼任福州领事,这一建议后被议会采纳。不久后,霍格被正式任命为福州领事,因其本人身在英国,居住在福州的意大利人斯图亚特(A. Stuart)被任命为驻福州副领事,负责领事事宜。1859 年,霍格从福州领事一职上离任,福州领事一职随后由当时禅臣洋行的福州分行负责人古斯塔夫·施韦曼(Gustav Wilhelm Schwemann)担任,德国人居茄(H. Krüger)担任其副手。③

1864 年,德意志驻福州领事馆在仓山建立。福州历来多发火灾,甚至因此有着"纸裱福州城"的名号。德意志驻福州领事馆建馆十余年后即遭遇了一场大火。据记载,"光绪年间,延烧百间的火灾有 37 起,延烧千间有 7 起,均发生在南台。其中光绪二年(1876)十月十二日大火,从上午八点烧到下午四点半,'行栈铺户共焚去六千余间,货物更难数计'"④。文献中的南台即属于今天的仓山区。当时设在仓山的德领馆也难逃此劫,大部分重要文件在大火之

---

① 发生于 1850 年 6 月至次年 1 月的福州反入城斗争。1850 年 6 月,英国驻福州领事馆翻译官、代理领事金执尔(William Raymond Gingell)违反中英《南京条约》的规定,擅自带一名英籍传教士和一名英籍医生,向南门乌石山神光寺僧人租屋两间。侯官知县兴廉在租契上盖印批准,开了英国人在通商口岸入城的先例。英国人租住神光寺的消息一传开,福州人民群情激奋,强烈抗议。林则徐联合士绅上书地方官,要求以强硬态度驱逐英人。从 8 月到 9 月,多名官员纷纷具折上奏,咸丰帝后亦传旨申饬。次年 1 月,英国人被迫交出神光寺房屋。

② 陈旭麓、方诗铭、魏建猷:《中国近代史词典》,上海辞书出版社,1982 年,第 534 页。

③ Bernd Eberstein, *Hamburg-China: Geschichte Einer Partnerschaft*, Hamburg: Christians, 1988, 97-98.

④ 徐文彬:《近代福州火灾与地域文化变迁》,载《地方文化研究》,2016 年第 1 期,第 16 页。

中烧毁殆尽。[①]

1894 年,福州禅臣洋行的创办者谢弥沈(Gustav Theodor Siemssen)被任命为德国驻福州署理领事,后将领事馆设于其居所禅臣花园里。作为福建最早的西式花园,禅臣花园里不仅种植着各种奇花异木,还设有喷泉水池等西式园林小品,其玻璃暖房当年曾轰动一时。[②]

由于德国海军军官和政府要员在福州没有合适的居住地,德国驻福州领事馆还需要承担接待任务。1898 年,德国皇帝威廉二世胞弟海因里希亲王的到来成为禅臣花园的高光时刻。1897 年,海因里希亲王乘坐"德国号(Deutschland)"舰船从基尔港出发前往青岛去担任东亚分舰队司令。海因里希亲王夫妇一行于 1898 年 4 月从香港取道福州,下榻禅臣花园,后于 5 月抵达青岛。[③]

除禅臣花园外,谢弥沈还在鼓岭上修建了禅臣别墅(图 12-1),作为度假避暑之用。因福州夏季天气炎热且高温时间长,而鼓岭因地势较高,天气凉爽,各国官员及侨民纷纷在鼓岭兴建和租住别墅,建立医院、学校、邮局等基础设施,一时呈现一派热闹景象。谢弥沈将禅臣别墅设在梁厝,坐北朝南,供一大家人避暑之用。该别墅为石木结构,面阔三间,悬山屋顶,面宽 11 米,进深5.5 米。房屋目前已部分毁坏,残存 1 000 米院墙。墙边保存一块地界碑,上书"禅臣界"[④]。别墅后还有一口水井,用于夏天保鲜牛奶,不可谓不奢华。当时,每隔三四年,禅臣家族的部分成员便会回到位于德国大普伦湖南部东岸的博绍(Bosau)避暑,其余大部分夏日时光都是在鼓岭度过。[⑤] 另外,早在 1887年,"万国公益社"(又称"鼓岭联盟会")就已在鼓岭成立。19 世纪在中国厦门传教的美国牧师毕腓力(Philip Wilson Pitcher)的《鼓岭及四周概况》曾记载道:"人们集中在草坪上,享受茶、糕点、三明治与咖啡等,还有精心安排的乐器

---

① Bernd Eberstein, *Hamburg-China*: *Geschichte Einer Partnerschaft*, Hamburg: Christians, 1988, 98.

② 福州市政协文史资料委员会编:《烟台山史话》,海峡书局,2014 年,第 154 页。

③ 参见 Bernd Eberstein, *Hamburg-China*: *Geschichte Einer Partnerschaft*, Hamburg: Christians, 1988, 31.

④ 黄荣春:《鼓岭史话》,海峡书局,2012 年,第 89-139 页。

⑤ 参见 Christoph Knüppel/Frieder Knüppel, *Von einem*, *der in Shanghai überlebte*, *dort die Frau für's Leben fand und in Kasseedorf starb*. www.ferienhus-oh.de/RHerz261015.pdf, [2022-01-03].

演奏、歌唱、朗诵、阅读等活动。"①此外,侨民们还在鼓岭崎头顶共建了 7 个网球场,每天下午 4 点至 6 点,中外人士皆可打球。

图 12-1　鼓岭禅臣别墅

　　图片来源:照片出自希姆森家族相册,由林轶南提供。另见《鼓岭"巨石阵"石将重现百年旧貌》,来源:福州市鼓岭旅游度假区管委会,https://gl.fuzhou.gov.cn/zz/glzx/xwdt/202103/t20210308_4045524.htm,[2022-01-01].

　　历经一个多世纪沧桑变化后,鼓岭只留存了少量别墅,由于无人使用和维护,破损程度较高。例如,禅臣别墅的屋顶就在 20 世纪七八十年代的一场台风中受损,后逐渐坍塌,破败不堪。② 2020 年,鼓岭一条近一公里的古道得到修复,在修复过程中逐渐显现出来的别墅遗址被鼓岭旅游度假区管委会列入了修缮计划,相关修缮工作也于 2021 年逐步展开。③ 谢弥沈后人留存的禅臣别墅的老照片,为修复工作提供了指引。④

---

① 　黄荣春:《鼓岭史话》,海峡书局,2012 年,第 89-139 页。

② 　《鼓岭禅臣别墅》,来源:福建老建筑百科 http://www.fzcuo.com/index.php? doc-view-799.html,[2022-01-01]。

③ 　《鼓岭"巨石阵"石将重现百年旧貌》,来源:福州市鼓岭旅游度假区管委会,https://gl.fuzhou.gov.cn/zz/glzx/xwdt/202103/t20210308_4045524.htm,[2022-01-01]。

④ 　《鼓岭"巨石阵"石将重现百年旧貌》,来源:福州市鼓岭旅游度假区管委会,https://gl.fuzhou.gov.cn/zz/glzx/xwdt/202103/t20210308_4045524.htm,[2022-01-01]。

　　相对于驻福州领事馆的熙熙攘攘、美轮美奂，德意志驻厦门领事馆则堪称风吹浪起，瞬息万变。1843 年厦门开埠后，英、美、德、日等列强纷纷涌入，在此建立自己的领事馆。早在 1853 年，汉堡禅臣洋行的创始人格奥尔戈·提奥多·希姆森就在一封呈递给汉堡参议院的信中提议在厦门建立领事馆。同时他还推荐已经在厦门站稳脚跟的威廉·曼辛（Wilhelm Mensing）担任领事一职。汉堡接受了他的建议，任命威廉·曼辛为领事。但由于中国内部政治环境不稳定，曼辛同年便重返欧洲。此后驻厦门领事一职一直空闲，直至 1859年首家德商宝记洋行（Pasedag & Co.）在厦门落户。1864 年，宝记洋行创始人巴仕楠（Charles Julius Pasedag）作为第一位德意志邦国代表被委任为厦门领事。巴仕楠起初仅代表汉堡，后代表汉诺威、奥尔登堡和普鲁士。[①]

　　1871 年德意志帝国统一后，1873 年，时任德国驻福州领事理查德·柯劳尔（Friedrich Richard Krauel）在一封致汉堡议会的信中分析了在厦门开设领事馆的利弊，并将其与自己所在的福州领事馆的情况进行对比。他指出，虽然福州和厦门的人口以及公司数量都不足以证明在两地设立专业领事馆的必要性，但福州作为一个省会城市和茶商贸易的重要港口，其地位仅次于上海和广州。同时，厦门作为海岸贸易的重要港口，其重要性日益凸显。为保障德国在华南港口的航运利益，以及为商业发展提供相应的领事保护，他提议应在厦门开设领事馆。1874 年的信件往来显示，他的提议最终得到了接纳，他自己也被调至厦门担任领事。[②]

　　1880 年前后，德国就已开始在鼓浪屿上兴建驻厦门领事馆（图 12-2）。领事馆建筑今已无存。通过对历史照片的对比分析，可以推断德国领事馆馆址位于英国领事馆旧址附近，楼前曾有旗杆。"其外廊整齐地排列着摄政样式白色古典列柱，列柱间安装着地方做法的菱形格栅，格栅遮阳而透风、透光，格栅的中间扇还可以向上开启，增加通风的效果。"[③]德国领事馆前有个码头，因这个码头靠近原西、德、英三国领事馆，主要为外国人过渡歇脚所用，所以曾被本地人称为"西仔路头"。又因该码头由德国人建立，主要供德国领事馆及其所

①　Bernd Eberstein，*Hamburg-China：Geschichte Einer Partnerschaft*，Hamburg：Christians，1988，103.

②　Manuel Rigger，*German Involvement in Xiamen After the First Opium War* 1842—1917，Xiamen University，unpublished master thesis，2015，16-17.

③　钱毅：《西方古典复兴建筑在鼓浪屿近代建筑中的影响》，载《鼓浪屿研究》，2019 年第 2期，第 28 页。

属洋行使用,所以又叫"德国路头"。^① 20 世纪 20 年代之后,随着填海造陆的开展,曾经的西仔路头随之消失,因此我们今天只能在老鼓浪屿人口口相传的地名以及历史文献资料中想象其曾经的繁忙景象了。德国在第一次世界大战战败后,德国领事馆被撤销,领事也被撤回。德国驻厦门领事馆馆址在 20 世纪 20、30 年代曾被用作武荣中学(初级中学)的校址。该校由南安公会主办,注重体育教育,后因生源有限,经费支绌而停办。^②

图 12-2　1880 年前后的德国驻厦门领事馆

图片来源:《西方古典复兴建筑在鼓浪屿近代建筑中的影响》(钱毅,《鼓浪屿研究》,2019 年第 2 期,第 28 页)。

　　此外,德国当年还在鼓浪屿的旗尾山上设有领事官邸,原址于 1919 年被用作建立新华中学,后来新华中学因武荣中学的创立被抢占了部分生源,经费无法维持而停办。当时的厦门养婢成风,虐婢现象频发,为解救婢女,厦门爱国社会活动家许春草和张圣才于 1930 年成立"中国婢女救拔团"以收容婢女,并为其提供教育,选址就定在原来的德国领事官邸。^③

　　除德国领事馆外,鼓浪屿上还有一家由德国人卢卡森(F. H. Lucassen)建立的酒店,名为"新厦门酒店"(The New Amoy Hotel)。本书第四章对此酒店已有所记述。该酒店的具体地点如今已无法考证,关闭时间也无从知晓。德国汉学家葛禄博(Wilhelm Grube)在游历中国时,曾在此酒店住宿并评价

---

① 杨纪波:《地名漫话》,1998 年,第 93-94 页。(非正式出版物)

② 中国人民政治协商会议厦门市委员会文史资料研究委员会编:《厦门文史资料·第 16 辑:厦门的租界》,鹭江出版社,1990 年,第 60 页。

③ 来源:钱毅:《西方古典复兴建筑在鼓浪屿近代建筑中的影响》,载《鼓浪屿研究》,2019 年第 2 期,第 28 页。

其房间舒适，食物美味。德国汉学家福兰阁到德国驻厦门领事馆上任前亦曾暂住此酒店。[①]

第二节　博闻书院

1874 年，任职宁波海关的巴德热（H. Budler）离职，进入德国驻厦门领事馆担任翻译。[②] 抵厦之后，巴德热提议在厦门城内建立博闻书院，为中国人提供一个读书的场所，这一提议得到了时任德国驻福州领事柯劳尔的支持，最终促成了厦门"博闻书院"的创办。这家创建于 1875 年的书院，是当时厦门城内唯一的一家公共图书馆。[③]

据记载，1875 年，时任闽浙总督李鹤年致总署[④]信函称："本年八月初四日，据署兴泉永叶道永元禀，准厦口德国领事克劳尔，英国领事费立士，税务司康发达德逵那、白兰多、协品多等联名函称，拟特仿上海规模，在厦捐创博闻书院［……］名另具。康发达。克劳尔。费立士。卜德荣。德逵那。白兰多。协品多。"[⑤]根据发音判断，信中所指的"卜德荣"应该就是巴德热。另外信中提及的"上海规模"指"格致书院"，后者由时任英国驻沪总领事麦华佗（Walter Henry Medhurst）于 1874 年提议建立，并得到了李鸿章的大力支持，遂由中外人士联合创办，于 1876 年落成。[⑥] 在德国领事柯劳尔、官员巴德热、英国领事费立士等外籍人士以及福建巡抚李鹤年等各方的努力之下，博闻书院最终在厦门岛三十六崎巷落成。厦门"博闻书院"和上海"格致书院"都为中外合办，都以引入西学为目的。不同于格致书院以教书授课为主，当时的博闻书院

---

① 参见 Manuel Rigger, *German Involvement in Xiamen After the First Opium War 1842—1917*, Xiamen University, unpublished master thesis，2015，43-45.

② Shocking Suicide in Canton. *The Singapore Free Press And Mercantile Advertiser*，27 November 1893，3，https://eresources. nlb. gov. sg/newspapers/Digitised/Article/singfreepressb18931127-1.2.13，[2022-01-03].

③ 厦门市志编纂委员会、《厦门海关志》编委会：《近代厦门社会经济概况》，鹭江出版社，1990 年，第 281 页。

④ 清总理各国事务衙门的别称。

⑤ 高时良：《洋务运动时期教育》，上海教育出版社，1992 年，第 822-823 页。

⑥ 管仲乐：《晚清公共阅读空间中的"隐性启蒙"——以厦门博闻书院为中心的考察》，载《图书馆》，2020 年第 1 期，第 9 页。

已经初步具有了公共图书馆的功能,以"开启厦门地区阅读风气,使中外艺学并兴"①为宗旨。同时博闻书院提供公共阅读,对访客阶层设限相对较小,对除"工匠、仆役及粗俗、轻浮、下贱之人"以外的"厦地仕宦绅商文雅之士,有志欲来书院观看各书各报者"全部开放。②

此外,博闻书院藏书丰富,不仅贮藏中国典籍,文献类型多样,还紧跟时事,引进《万国公报》《中西闻见录》《申报》等报刊。书院实行现代化的借阅制度:"本书院定于每日早晨十点钟开门,以日没之时关闭,天长约以六、七点钟为度,天短约以五、六点钟为度。院内皆不继灼。"③此外,借阅者还需取得类似于今天的读者证,有效期三个月,逾期更换。与此同时,书院还有一些具有现代特征的院规,例如"凡来看书之士,须各安心静坐观阅,不得言语喧哗,以及谈说闲话。倘如不知自爱者,面斥莫怪"。④

博闻书院的开设,不仅大大促进了厦门地区公共阅读的风气,给市民提供了开拓眼界的机会,还为新式书院的发展提供了借鉴。但即便博闻书院意义重大,因其受众面小,经营状况一度并不理想。1884 年,厦门海关税务司成为书院的名誉秘书和司库。1893 年,刚刚上任的英籍厦门海关代理税务司贾雅格(J. W. Carrall)在查看博闻书院时发现其管理不善,遂同厦防同知张兆奎商量筹资事宜。后在三十六崎顶附近背山面海之岗仔山顶(今水仙路)购建两层住宅作为书院新址,并聘请林古徒为董事,自此之后,其经营状况才逐渐改善。⑤ 时任海关税务司的英国人习辛盛(C. Lenox Simpson)于 1901 年 12 月 31 日提交的《海关十年报告 1892—1901》中称,博闻书院在这十年间有所扩展,添置了书籍和报刊。⑥

然而好景不长,1917 年 9 月 12 日,数十年不遇的台风席卷厦门,博闻书

---

① 管仲乐:《晚清公共阅读空间中的"隐性启蒙"——以厦门博闻书院为中心的考察》,载《图书馆》,2020 年第 1 期,第 8 页。

② 管仲乐:《晚清公共阅读空间中的"隐性启蒙"——以厦门博闻书院为中心的考察》,载《图书馆》,2020 年第 1 期,第 10 页。

③ 高时良:《洋务运动时期教育》,上海教育出版社,1992 年,第 824-825 页。

④ 高时良:《洋务运动时期教育》,上海教育出版社,1992 年,第 824-825 页。

⑤ 李启宇:《厦门书院史话》,鹭江出版社,2015 年,第 85-96 页。

⑥ 厦门市志编纂委员会、《厦门海关志》编委会:《近代厦门社会经济概况》,鹭江出版社,1990 年,第 323 页。

院不幸遭受严重损坏,院址也被变卖,所得暂存银行。① 1919 年,厦门知名教育家周殿薰等人在文渊井筹办厦门图书馆,其经费来源为"由玉屏、紫阳两书院经费拨充,另拍卖博闻书院院舍所得之资"②。前博闻书院董事林古徒也将书院藏书两万余册以及书橱设施等一并赠予厦门图书馆。至此,博闻书院的历史落下帷幕,但仍以另一种方式在厦门延续下来。

第三节　军事设施

洋务运动期间,出于在欧洲购买武器的目的,清政府曾向欧洲派遣一支考察团,以对当地武器进行详细的考察。在先后考察了数十家兵工厂,并对各国大炮进行详细比对之后,清政府考察团决定购买德意志克房伯所生产的大炮,李鸿章于 1874 年的奏折中称:"惟德国克房伯四磅钢炮可以命中致远,质坚体轻,用马拖拉,行走如飞,现在俄德英法各国平地战阵皆以此器为最利,陆军炮队专用此种,所需子弹之价格与炮价相等。"③

厦门军事战略意义重要,素有"八闽门户"之称。为守住这一门户,巩固海防,抵御外侵,1888 年,闽浙总督卞宝第上奏,希望在闽江口及厦门口岸建造新式炮台,购置德国克房伯大炮安放。奏案被光绪帝批准,但银两却需自行筹备。由于时间紧,资金缺口巨大,卞宝第情急之下于 1890 年越过朝廷先和德商签订合同,后再筹办经费。后来,继任闽浙总督谭钟麟在压力之下不得不继续采购合同,奏请朝廷截留新海防捐输,同时发动厦门地方绅商募捐集资,因资金仍旧缺乏,最后向德商上海德华银行贷款凑足成数才得以建成。④

胡里山炮台由德国人汉纳根(Constantin Alexander Stephan Von Hanneken)设计。⑤ 汉纳根曾担任李鸿章的军事顾问,奉命参与或主导了大沽、旅

---

① 管仲乐:《晚清公共阅读空间中的"隐性启蒙"——以厦门博闻书院为中心的考察》,载《图书馆》,2020 年第 1 期,第 10 页。
② 管仲乐:《晚清公共阅读空间中的"隐性启蒙"——以厦门博闻书院为中心的考察》,载《图书馆》,2020 年第 1 期,第 10 页。
③ 宋路霞:《李鸿章家族》,重庆出版社,2005 年,第 68 页。
④ 全国政协文化文史和学习委员会:《近代中国要塞》,中国文史出版社,2019 年,第 200-226 页。
⑤ 王珍捍:《中德军事交往录》,解放军出版社,2016 年,第 43 页。

顺、威海等多座炮台的修建工事。① 汉纳根尽管没有亲临厦门，但凭借丰富的经验，依旧根据胡里山的地势特点，设计出了一座性能优良的炮台。福建官兵及工匠借助其方案，在厦门岛南部海岬突出部胡里山建造了一座半地堡式、半成垣式的大型炮台，也就是今天的"胡里山炮台"。

克虏伯大炮漂洋过海运送到厦门，过程极为艰难。1893 年，2 门克虏伯大炮自德国由洋轮运至闽江口船厂暂放，再由福州船政造方舟在 1896 年将之转运至厦门。克虏伯大炮运输途中由两艘军舰"琛航号""靖远号"护航，候补光泽县知县李麟瑞负责押运。监工张启正带领工匠赶至厦门起驳上台，将两门口径 280 毫米，重 87 吨，360 度射角，最远射程近 20 千米的克虏伯大炮安置完毕。经过一百多年的风雨，其中一门大炮目前仍依原状摆放在胡里山炮台，是世界上现存于原址的最古老、最庞大的 19 世纪海岸炮，可谓当时当之无愧的"世界炮王"。② 这座大炮对准海平面，肃然冷酷，似乎在向敌人宣告"进犯者，必诛之"。

1923 年 7 月至 1928 年 5 月，在抵御段祺瑞政府的北洋海军四次攻打厦门的战役中，胡里山炮台攻防兼顾，数次击退军舰进攻。在抗日战争中，胡里山炮台同样发挥了重要的作用。1937 年 9 月 3 日，日本三艘驱逐舰及一艘补给舰从小金门海域入侵厦门，并向白石炮台、胡里山炮台和磐石炮台发起进攻。战斗过程中，日方"箬竹号"驱逐舰被胡里山炮台发射的炮弹一举击沉，"羽风号"战舰被击伤，日军舰队败退。③ 胡里山炮台浓缩了厦门近代海防和抗击帝国主义侵略的历史记忆，蕴含着不屈的民族气节，承载了可歌可泣的文化记忆。

1949 年，厦门解放，中国人民解放军进驻胡里山炮台。1957 年，为在胡里山炮台建立福建前线广播电台厦门有线广播站的主机房，开展对小金门、大担岛、二担岛的政治战、攻心战，驻厦部队曾于全民大炼钢铁运动中，拟将两门克虏伯大炮卖给厦门钢铁厂。后因市委书记出面协调，东炮台幸得保存，未被拆卸。西炮台被拆卸熔铸后所剩的一节炮管交由厦门市博物馆收藏。1980 年，厦门成为经济特区。为推进厦门经济特区发展，驻守炮台的解放军于 1984 年

---

① 刘晋秋、刘悦：《李鸿章的军事顾问汉纳根传》，文汇出版社，2011 年，第 121 页。

② 参见全国政协文化文史和学习委员会：《近代中国要塞》，中国文史出版社，2019 年，第 225 页。

③ 参见韩栽茂：《胡里山炮台》，中央文献出版社，2007 年，第 8 页。

将胡里山炮台移交厦门市旅游局并对外开放。[①] 如今，胡里山炮台已经是全国重点文物保护单位、国家 4A 级景区和厦门著名景点，游客纷至沓来，一览炮台雄风。

　　除胡里山炮台之外，位于福州连江县电光山上的长门电光山炮台（长门要塞的主炮台）和位于福州马尾区马限山上的中坡炮台（又称马江海战炮台）都曾安装克虏伯大炮。《近代中国要塞》一书中对这两处炮台进行了详细的描写：

　　　　电光山炮台共安装德国和英国造的大炮 5 门，其中德造 280 毫米克虏伯炮两尊，身长 38.5 倍，射程为 1.34 万米，又 120 毫米克虏伯炮 1 尊，身长 40 倍，射程为 1.1 万米，又英国 150 毫米阿姆斯特朗炮两尊，射程 6 583 米，配官兵 145 名；并配兵 10 名照看探照灯装备，供夜间监视敌舰。［……］光绪七年（1881 年）又增建礼台，用以酬答各国军舰礼仪，装有德国克虏伯炮 9 尊。[②]

　　　　中坡炮台配德国克虏伯后膛炮三尊（210 毫米的一尊，120 毫米的两尊）。[③]

　　电光山炮台在抗日战争期间屡遭日机轰炸，长门陷落，炮台被毁。新中国成立后，该地一直为军事驻防要地。1980 年，驻军撤走，长门炮台被列为县文物保护单位，当地省文物处、县财政、镇政府等随即筹资修复，今天原貌犹存。1991 年，电光山炮台被列为省级文物保护单位。而中坡炮台则在新中国成立后荒废，几近湮灭，后在 1991 年终于得到重修，1996 年被列为全国重点文物保护单位。

　　除德国产克虏伯大炮之外，德国制造的毛瑟枪、子弹等军火也曾在 19 世纪 80、90 年代畅销一时，甚至在抗日战争期间，国民政府还大批量购进德制毛瑟枪，其强大的火力性能可见一斑。清政府曾分批次、多种类、大数额地向德国采购武器装备，其中购买量最大的要数北洋大臣、直隶总督李鸿章。截至 1894 年底，李鸿章累计批准购买毛瑟枪22 000支、连珠快炮 8 尊、小口径毛瑟

---

①　参见韩栽茂：《胡里山炮台》，中央文献出版社，2007 年，第 147-148、152 页。

②　全国政协文化文史和学习委员会编：《近代中国要塞》，中国文史出版社，2019 年，第 200 页。

③　全国政协文化文史和学习委员会编：《近代中国要塞》，中国文史出版社，2019 年，第 219 页。

五音快枪四批共10 000支,大小口径快枪300支,子弹近1.5亿发。①

除枪炮之外,德制的军用光学器材也是热销的军需产品,其中以德国卡尔·蔡司(Carl Zeiss)公司生产的望远镜最受将领们青睐。在福建长汀县博物馆里还保存着国家一级文物——德国卡尔·蔡司公司产的黑色双筒望远镜,这是长汀县籍解放军将领杨成武将军(1914—2004)使用过的装备。② 抗日战争爆发前,国民党军队多从柏林葛尔茨望远镜公司和蔡司公司订购望远镜,其中又从蔡司公司订购数量最多。据统计,1930至1935年间,国民政府因从蔡司公司进口军用光学器材,累计耗用国币455万元,数额巨大。③ 但是解放军的望远镜则多靠缴获,据此推测,杨成武将军的望远镜也应是在某场战役中缴获得来的,惜具体细节已无从考证。

第四节　电信设施

1897年,德商禅臣洋行在仓山程埔头装设磁石式电话总机一座,容量100门,供各领署、洋行、外国人住宅使用,为福州市内电话使用之开端。④

1906年,官商合办的福建电话公司成立,这是福建省最早由国人创办的商业性市话机构。1912年,禅臣洋行所设立的电话机以及福建电话公司被福州工商业者刘健庵兄弟等人收买,改为民营福建电话股份有限公司。⑤ 从此,福州电话通信开始蓬勃发展。

除福建省外,放眼近现代中国电信事业的发展,也不乏德商的影子。20世纪初,清政府不允许任何国家和个人在中国私设无线电台,但日、美、法、英、俄等国仍偷偷在中国境内私自建台。清政府交涉无效,不得不采用高价收买的方式,将私设电台移装在中国的电报局内。例如,1908年,英商在上海英租

---

① 关捷、唐功春、郭富纯等总主编:《中日甲午战争全史·第二卷·战争篇(上)》,吉林人民出版社,2005年,第102-103页。

② 闽西红色文化系列微视频第九集:百战将星杨成武,https://mp.weixin.qq.com/s/3QdtvCq0DkvwYmYqBawayg,[2022-01-03]。

③ 曹永明:《望远镜和抗战!》,https://mp.weixin.qq.com/s/Cbk8_7D3A43SJUb6gxp05w,[2022-01-03]。

④ 陈建国:《福州电信志》,福州电信志编纂委员会,2000年,第4页。

⑤ 陈建国:《福州电信志》,福州电信志编纂委员会,2000年,第70页。

界汇中旅馆私自设立无线电台与海上船舶通报,被清政府发现,立即由邮传部与英国驻华公使交涉。1909年清政府出价收买该无线电台,将其移装至上海电报总局。[①]

1911年,德国德律风根公司(Telefunken)向清政府提出申请,要在北京与南京之间进行远距离无线电通信试验。获得清政府许可后,德律风根公司分别在北京东便门和南京狮子山安装了5千瓦无线电台,通过试验后提出将电台卖给清政府,当时被清政府拒绝。后来辛亥革命爆发,南北有线电报通讯一时阻断。湖广总督瑞澂从武汉乘军舰逃到南京,不得不用军舰上的无线电台与南京狮子山的电台通信,再由狮子山与北京东便门电台联系,才得以与朝廷沟通消息。此时清政府才意识到无线电台的作用,遂派海军部出面与德律风根公司协商购买电台。德律风根公司没有放过这次赚大钱的机会,最后海军部出高价将无线电台买下。[②] 然而,这一努力并没有改变清政府垮台的必然命运。

进入北洋政府时期之后,交通部、海军部和陆军部竞相发展无线电报。如在1912年,交通部向德律风根公司订购火花式电台5部,分别在1913年至1915年间装设在张家口、吴淞、广州、武昌以及福州。1915年,交通部又在福州汤门设长波无线电台,次年5月1日福州无线电局正式开业。福州无线电局安装德律风根瞬灭火花式发讯机和真空管式收报机,发讯机电力5瓦,通信距离为白天325公里,晚上650公里,专门收发船舶电报。该电台在同年由福建政府接管。[③]

第五节　邮　局

第一次鸦片战争还未结束,英国侵略军头目璞鼎查(Henry Pottinger)就以"香港英国总督"的名义,宣布成立"香港英国邮局"。《南京条约》签订之后,英帝国主义在通商口岸大肆设立邮局,将其设在领事馆内。按照国际惯例,外交公文可由专差递送。英国以此为凭据,在随意开办邮局的同时,还任命各商

---

① 参见朱永胜:《民国时期中外无线电合同交涉探析》,湖南师范大学硕士学位论文,2009年,第8页。

② 参见刘海波、郭丽编:《北京通信电信博物馆》,同心出版社,2014年,第85页。

③ 陈建国:《福州电信志》,福州电信志编纂委员会,2000年,第170页。

埠的英国领事作为邮局的代理人,将邮局称作"领事邮政代办所"①。清政府此时还没有意识到这是侵犯主权的行为,甚至在后来签订的《天津条约》中允许列强在中国沿海任何地方传送外交公文。《天津条约》第四款中规定,"大英钦差大臣并各随员等皆可任便往来收发信件,行装囊箱,不得有人擅行启拆,由沿海无论何处皆可送文,专差同大清驿站差使一律保安照料"②。清政府由此默认了英国在领事馆内设立邮局的合法性,甚至还有保护这些邮政机构和往来信件的责任。清政府将这些邮政机构美其名曰"客邮"。继英国之后,法、美、日、德、俄等国也相继打着"利益均沾"的名号在上海开设了自己的邮局。1886 年,德国在上海建立邮政代办所(Postagentur),设一个邮政局长、一个经收员、两个信差,后于 1897 年改为邮局。

　　1900 年,德国在福州建立邮局,并将之设在同是福州领事馆所在地的禅臣洋行内,投递范围扩展到全城内。③ 1902 年,德国在厦门建立邮局,同样将其设在领事馆内。④ 厦门的德国邮局使用的邮票为当时通用的人头像图案普票,在其上加盖"China"(中国)字样,面值一般分为"1 仙"⑤和"4 仙"两种。除此之外,还有一些在厦门印制发行的"商埠邮票"。例如,厦门工部于 1895 年6 月 8 日第一次发行的邮票绘有五种白鹭图,由德国普鲁士杜林城(Karl Schleicher and Schull)公司承印,包括半仙绿色、1 仙红色、2 仙蓝色、4 仙棕色、5 仙枯黄色;1896 年 5 月 11 日,还发行了 15 仙灰黑色、20 仙蓝紫色、25 仙玫瑰色三种邮票,仍由该德国公司印制。不同于第一次印制,此次印制的邮票上印有"厦门"二字。⑥ 但由于在闽德国人数量较少,需求有限,另外 1896 年大清邮政局陆续在全国建立,1914 年中国还加入了万国邮政联盟,德国客邮持续受到冲击,经营不善,面临较大经济压力。第一次世界大战爆发后,随着中德断交,德国在华邮局随之关闭。

　　说到大清邮政局的建立,曾长期在天津担任海关官员的德国人德璀琳(Gustar Von Detring)的作用也是无法忽视的。1877 年起,德璀琳依照时任

---

① 修晓波:《邮政史话》,社会科学文献出版社,2000 年,第 10-12 页。

② 中国近代经济史资料丛刊编辑委员会:《中国海关与邮政》,中华书局,1983 年,第 ii 页。

③ 张天禄总编,福州市地方志编纂委员会编,陈金清(册)主编:《福州市志·第 3 册》,方志出版社,1999 年,第 557-559 页。

④ Consular Reports, May, Commerce, Manufactures, ETC. (VoL. LXX11. No. 272.). Washington: Covernment Printing Office,1903,99-100.

⑤ "仙"是当时对英文"分"(Cent)的音译,1 仙指 1 分钱,下同。

⑥ 厦门市地方志编纂委员会编:《厦门市志·第 1 册》,方志出版社,2004 年,第 634 页。

海关总税务司的英国人赫德(Robert Hart)的要求,主持我国早期邮政的创办工作,以及1878年中国第一套邮票"大龙邮票"的印制和发行。该邮票图案以蟠龙为主,衬以云彩水浪。全套三枚,面值用关平银计算:1分银(绿色、印刷品邮资)、3分银(硃红色、普通信函邮资)、5分银(黄色、挂号邮资),存世数量非常稀少。[①]

第六节　宗教机构及附属设施

据《福建省志》记载,1922年,经罗马教廷批准,德国救世主会首次进入福建,成为入闽传教的第五个天主教修会组织。[②] 同年3月,德籍神甫温崇德(A. T. Winhter)等三名会士被派遣至福州。12月,三人抵达邵武,着手建立邵武监牧区。为维持自身生存和发展,救世主会开始兴建学校、医院、孤儿院等设施。1926年秋,温崇德将创立于1921年、1925年停办的邵武县扬光初级小学更名为"三育小学",由德籍神甫赖世珍及教徒李克峻负责。1951年,该学校正式由中华人民共和国政府接收,改名为建民小学。同样于1926年建成的还有崇德初小学校,历任校长为德籍神甫裴学良和金师道,该校于1946年停办。[③] 1929年,邵武监牧区正式成立,隶属德国救世主传教会区,温崇德担任监牧。

邵武救世医院由德国传教士王德俊(Inigo Maximilian König)于1940年10月开办,院址设在东关总堂内。截至1950年,该院有楼房4幢,占地面积达12 000平方米,开设外科、内科、妇产科、泌尿科、小儿科等科室。该院曾于1950年停办,1951年由当地人民政府接管,改名为邵武县立医院。[④] 据《邵武市志》记载,1940年,邵武鼠疫暴发,救世医院收容抢救了不少病人。其中作为救世医院护士长的德国人毕姆姆(外文姓名不详)冲在疫情前线。她和另外

---

① 金燕、叶美兰:《英国与晚清中国邮政发展研究(1840—1911)》,载《南京邮电大学学报(社会科学版)》,2014年第4期,第82页。

② 福建省地方志编纂委员会编:《福建省志·宗教志》,2014年,第358页。

③ 政协邵武市文史资料委员会、邵武市民族与宗教事务局编:《邵武宗教寺院概览》,2018年,第143-144页。

④ 政协邵武市文史资料委员会、邵武市民族与宗教事务局编:《邵武宗教寺院概览》,2018年,第143-144页。

两个外籍护士每日两次从东门天主堂步行至福山寮,为患者送饭、护理伤口。邵武鼠疫愈发严重,死亡人数每日递增,同行的两名外籍护士因为惧怕鼠疫中途离开,毕姆姆不顾个人安危,继续救死扶伤,1943 年不幸感染鼠疫殉职。①

1927 年,德国天主教多明我会女修会在光泽县城关设立光泽孤儿院,该院 1952 年由当地人民政府接管;1937 年,德国救世主会修女在邵武县城关设立邵武孤儿院,后亦于 1952 年由当地人民政府接管。②

此外,还有一些德籍宗教人士在邵武地区的地方志中留下了记录。如在1936 年,德国救世主会传教士王望德(外文姓名不详)在泰宁县朱口镇传教时,发现当地医疗卫生条件低下,曾开设诊所,借此场所传教布道,最后修建教堂。③

在闽天主教建立邵武监牧区后,1923 年,罗马天主教廷又宣布建立汀州监牧区,由德国多明我会接管闽西教务,任命传教士欧倍徒(Pelzer Egbert)为监牧。多明我会在汀州监牧区同样着力建立学校、医院、孤儿院等设施以维持自身发展。如 1922 年,天主教神父欧倍徒在武平城关建立武平私立唯一中学,后该校于 1927 年停办。

第七节　上李水库

1919 年,出生于福建南安的印度尼西亚华侨黄奕住将毕生积累的巨额财富带回福建,结束了 35 年的印尼侨居生活,定居厦门鼓浪屿。这位著名华侨富商在往返厦门鼓浪屿的过程中,发现厦门水资源稀缺,用水条件恶劣,亟待改善。

厦门原本只是一个小海岛,淡水稀缺,在市政府大规模实现自来水供水之前,用水主要依靠人工的"船仔水"④。此外,由于装水设备简陋,极容易产生污染问题,进而诱发传染病。特别在春夏之交,鼠疫、霍乱横行。此外,水资源

---

① 卓朗然主编,邵武市地方志编纂委员会编:《邵武市志》,第四十篇《人物》,群众出版社,1993 年,第 1237 页。
② 福建省地方志编纂委员会:《福建省志·宗教志》,2014 年,第 430 页。
③ 福建省地方志编纂委员会:《福建省志·宗教志》,2014 年,第 427 页。
④ 福建省水利厅、人民网福建频道编:《寻访福建水文化遗产》,海峡文艺出版社,2016 年,第 37-41 页。

匮乏还导致市容肮脏不堪,社会秩序混乱,一旦发生火情,必定损失惨重。

在深入了解厦门用水情况后,1920 年,黄奕住决定发起筹办厦门自来水公司。经过商议,他与厦门本地的富户林振勋、中国银行厦门分行经理陈实甫、英商汇丰银行买办叶孚光以及几位华侨开始募股集资。林振勋之子林全诚曾就读于美国麻省理工学院,专攻水利建设工程。1921 年,黄奕住聘请林全诚担任建设中的自来水公司的总工程师。随后,经过探测水源、选择厂址、设计施工等一系列程序,林全诚最终敲定在曾厝垵上李村修建水库,此处地理位置优越,三山环抱,砌石筑坝,可将雨水和泉水收集储存于此。1923 年 5月,商办厦门自来水股份有限公司建立,黄奕住为第一大股东。

水库设计完成后,1924 年,公司将所有的自来水工程,包括蓄水池、沙滤池、水管、水塔及公司建设等项目放在上海进行投标。包括英、美、德、日、荷在内的诸多国家均参与了此次竞标。德国西门子公司的投标价虽非最高,但综合考虑该公司的技术优势,商办厦门自来水股份有限公司终与西门子在上海签订了建设合同。

上李水库于 1924 年动工,1926 年开始送水,1927 年全部工程竣工。据《福建近代经济史》记载,上李水库含一座 290 万加仑的蓄水池、三座日滤水225 加仑的滤水池、一座 100 万加仑的清水池以及其他配套设施,设备齐全,设施完备。[①] 除硬件设施修建到位之外,上李水库坝体建筑庄重典雅并具有欧式建筑风范,形制简洁精炼,比例和谐。[②] 水库与周边环境融为一体,互相映衬,更显悠然。前为山坞,万木葱郁;后为平湖,水波荡漾,无愧于其"鹭岛天池"之美誉。

20 世纪 70 年代以后,因为上李水库附近居民发展养殖和种植业,水库一度遭到污染,水质迅速下降。加上厦门人口不断增多,需水量增大,上李水库的供水量难以满足社会需求,厦门市从 20 世纪 80 年代起,改用从漳州九龙江口抽取的江水制造自来水供厦门居民使用。上李水库从而转用作备用水源。随着水质不断恶化,上李水库的储水终于无法再满足饮用标准,它曾经的辉煌消失不再。2015 年,上李水库改为公园,向公众开放。

事实上,追溯福建近现代历史,福建与西门子公司的经济往来一度非常频繁,绝不仅限于上李水库。德国人维尔纳·冯·西门子(Ernst Werner von Siemens)于 1847 年在柏林设立西门子公司。1866 年时,西门子发明了直流

---

① 林庆元:《福建近代经济史》,福建教育出版社,2001 年,第 379 页。

② 福建省厦门市公路局:《厦门文曾路》,厦门大学出版社,2013 年,第 191-194 页。

发电机,后来被认为是他最伟大的发明。西门子认为电力技术将会开创一个新纪元。如果说电力技术给西门子公司的发展开创了一个新纪元,那么西门子公司则为福建地区电力事业的发展揭开了新的篇章。1911 年,厦门电灯电力公司创办。起初,电厂只有一部 300 千瓦发电机。但随着公司不断发展,先是更换了一个 800 千瓦发电机,后又向德国西门子公司购置了一组 1 500 千瓦的蒸汽发电机,该发电机于 1926 年安装发电后,发电量增至 2 300 千瓦。①1938 年,日本侵略者向福建省沿海地区发起进攻,福建省政府机关迁至永安。为解决政府机关办公用电问题,省政府在永安城关桥尾观音阁兴建火力发电所。同年 7 月 1 日,永安电厂成立。同年 12 月,该厂在永安建立第一座发电所时,就安装了德国西门子公司生产的三相四线式 380 伏 50 赫兹 37 千瓦发电机 1 台,以木炭、煤炭做燃料,搭配一台道奇牌 40 匹马力单杠卧式煤气机。②

第八节　鼓浪屿上的德国琴声

厦门成为通商口岸之后,西方音乐文化开始登陆鼓浪屿。因为教会学校要求学生们吟唱"圣诗",教会学校的出现成为当时鼓浪屿音乐发展的重要节点。为了扩大西方音乐的传播范围,19 世纪 50 年代左右,有外国传教士甚至发明了一种厦门话的罗马字拼音方案,当地人称之为"白话字"③。通过学习"白话字",当地人能够快速根据简谱用方言吟唱"圣诗"④。

同时,钢琴在鼓浪屿上的出现也激发了岛上居民对西方音乐的喜爱。早在 19 世纪中期,鼓浪屿就已出现了第一架钢琴。这架钢琴为美国牧师罗蒂(Elihu Doty)的妻子玛丽·史密斯·罗蒂(Mary Smith Doty)所有。据罗蒂的女儿回忆,"母亲是鼓浪屿上唯一一个拥有钢琴的人[……]岛上有几台小型

---

① 苏文菁总主编,洪卜仁、周子峰主编:《闽商发展史·厦门卷》,厦门大学出版社,2016年,第 153-154 页。

② 福建省三明市地方志编纂委员会编:《三明市志(上)》,2002 年,方志出版社,第 786-787 页。

③ 何丙仲:《何丙仲学术文集》,鹭江出版社,2018 年,第 165 页。

④ 何丙仲:《何丙仲学术文集》,鹭江出版社,2018 年,第 165 页。

簧风琴,但没有其他的钢琴"。^① 据称这架钢琴奏响之时,不分男女老少,不分种族,人们都被吸引,共同欣赏一首首动听的乐曲。^②

19、20 世纪之交,"新学"大兴音乐教育,不仅让西方音乐走进了普通学生的课堂,还推动了西方音乐在鼓浪屿的发展。随着西方音乐的盛行,越来越多的钢琴被带到鼓浪屿,钢琴练习者也越来越多。到了 20 世纪 20、30 年代,西方音乐在鼓浪屿逐步盛行,中西方音乐不断碰撞、融合、发展,岛上频频举办"家庭音乐会"。

到 20 世纪中期,整个鼓浪屿已拥有 500 多架钢琴。^③ 2000 年 1 月,设在台湾爱国富商林尔嘉私人别墅菽庄花园中的鼓浪屿钢琴博物馆落成,馆内保存了出生在鼓浪屿的钢琴家胡友义毕生收藏的钢琴珍品。后经源源不断的扩充,博物馆内目前共收藏德制钢琴 41 台,生产时间最早可追溯到 19 世纪初。^④ 馆内收藏着一架 1937 年在德国莱比锡生产的布鲁斯纳(Bluthner)三角九尺钢琴,这架钢琴堪称当时发达的德国钢琴制造业的巅峰。此琴音色圆润、温暖醇厚,高音部有四条琴弦,但演奏时琴锤只敲击其中三条,另外一条琴弦随着其他三条发出的共鸣声产生振动。^⑤ 这些德制钢琴不仅代表着当时德国钢琴工艺的强大和钢琴文化的繁盛,还象征着中西文化的交流与互动,见证着历史的车轮滚滚前进,承载着鼓浪屿人的文化记忆。

来自他乡的钢琴在鼓浪屿上落地生根,成就了今天的"钢琴之岛"。一架架钢琴,作为独特的文化载体,见证了东西方的音乐交流和精神世界的交流与融合。德制钢琴和它们曾经飘荡在鼓浪屿上的悠扬琴声,已变成这座小岛上近现代中西方交汇的重要文化印记,记录下了中西之间在文化交流中各美其美、美美与共的景象。

---

① 玛丽·奥古斯塔·罗蒂:《中国故事:罗蒂女儿回忆厦门生活(1851—1859)》,周维江、黄秀君译,厦门大学出版社,2020 年,第 30 页。

② 玛丽·奥古斯塔·罗蒂:《中国故事:罗蒂女儿回忆厦门生活(1851—1859)》,周维江、黄秀君译,厦门大学出版社,2020 年,第 30-31 页。

③ 宿亮、新历史合作社:《琴岛咏叹·鼓浪屿上的音乐传统》,福建人民出版社,2016 年,第 66 页。

④ 鼓浪屿钢琴博物馆,https://piano.glyylq.com/index/index/index.html,[2022-01-03]。

⑤ 海鹰:《一世琴缘:鼓浪之子胡友义》,厦门大学出版社,2014 年,第 159 页。